"粤派教育"丛书　熊焰　高慎英　于慧　主编

◎ 广州市第八期卓越中学校长培养对象跟岗学习培训项目

校长学习力之一
——我眼中的名校成长基因

熊　焰　陈淑玲

版权所有　翻印必究

图书在版编目（CIP）数据

校长学习力之一：我眼中的名校成长基因/熊焰，陈淑玲主编．—广州：中山大学出版社，2019.12

（"粤派教育"丛书/熊焰，高慎英，于慧主编）

ISBN 978-7-306-06647-3

Ⅰ．①校… Ⅱ．①熊…②陈… Ⅲ．①中小学—师资培训—文集 Ⅳ．①G635.12—53

中国版本图书馆 CIP 数据核字（2019）第 124452 号

XIAOZHANG XUEXILI ZHI YI

出 版 人：	王天琪
策划编辑：	张　蕊
责任编辑：	谢贞静
责任校对：	梁嘉璐
封面指导：	李冬梅名教师工作室
封面设计：	林绵华
责任技编：	何雅涛
出版发行：	中山大学出版社
电　　话：	编辑部 020-84111997，84113349，84110779
	发行部 020-84111998，84111981，84111160
地　　址：	广州市新港西路 135 号
邮　　编：	510275　　　传　真：020-84036565
网　　址：	http://www.zsup.com.cn　E-mail：zdcbs@mail.sysu.edu.cn
印 刷 者：	虎彩印艺股份有限公司
规　　格：	787mm×1092mm　1/16　16.5 印张　350 千字
版次印次：	2019 年 12 月第 1 版　2019 年 12 月第 1 次印刷
定　　价：	45.00 元

如发现本书因印装质量影响阅读，请与出版社发行部联系调换

总　　序

　　教育与文化总是相伴而行、共荣共生的。与文化相比，教育的内涵和外延要更明晰具体。可以说，文化是一种内涵非常丰富、外延又极其宽泛的社会现象。人类在长期的社会历史发展过程中，形成了不同的大文化圈，大文化圈中又存在着许多的小文化圈。某个特定文化圈中的文化既保持着所属大文化圈的共同特质，又具有鲜明的民族特色和地域特色，置身其中的人类既创造文化，也深深地受文化的滋养与约定。当代著名作家梁晓声在解读"文化是什么"时，用四句话涵盖文化的内涵品质——文化就是"植根于内心的修养；无需提醒的自我；以约束为前提的自由；为别人着想的善良"。可以说，文化之根浸润教育之根，文化对教育具有巨大影响和价值引领。

　　作为省属师范类高校，广东第二师范学院在中小学教师和校长培训领域有着诸多思想理论和实践模式创新。在党和国家高度重视教育问题、多次强调发展教育的重要意义的形势下，基于对广东基础教育的责任感、使命感，广东第二师范学院教师研修学院研究团队最先提出基于岭南文化的"粤派教育"理念，努力为广东教育发声。为了进一步改革创新、奋发进取，坚定粤派教育的文化自信，提炼粤派教育的成功经验，创新素质教育的广东范式，建设南方教育高地，以新的更大作为开创广东基础教育改革发展新局面。教师研修学院于2018年分别在肇庆和广州番禺举办了粤派教育高峰论坛，产生了开创性的效应。在这样的背景下，以挖掘岭南文化之根、探寻滋养教育的动力之泉、从文化视角看教育的现实样态与应有之义为宗旨的"粤派教育"就非常值得从理论和实践两个层面进行深入的分析与探究。

　　这里，有三个关键词需要澄清，即"文化""化""教育"。"文化"乃是"人文化成"一语的缩写。此语出于《易经·贲卦·象辞》："刚柔交错，天文也；文明以止，人文也。观乎天文，以察时变，观乎人文，以化成天下。"按照《现代汉语词典》（商务印书馆，第7版）的解释，"文化"就是指"人类在社会历史发展过程中所创造的物质财富和精神财富的总和，特指精神财富，如文学、艺术、教育、科学等"。"化""教化"和"化育"三个词的意义大体相同，就是"感化、滋养、养育"。由此看来，教育其实就是一种使人"文"化、在文化的浸润中实现文化认同与文化理解的过程。"教育"做动词时的意思就是"按一定要求培养""用道理说服人使照着（规则、指示或要求等）做"。

一

关于"岭南文化"有多种理解，我们可以把岭南的概念想象成"粤派"，两个概念可以互换，岭南文化和粤文化有一点儿差别，粤的范围较岭南小，但精神上是一致的。

岭南文化是在兼容中迅速崛起的，有学者认为，岭南文化主要经历了古代、近代和当代三次大的兼容，也出现了三次发展高峰。① 能够称得上岭南文化名片的重要历史人物有：唐代的六祖慧能，明代的陈献章（陈白沙）、湛若水（湛甘泉），清末民初的康有为（康南海）、梁启超、孙中山等。

历史上岭南地区被称为"南蛮之地"，陈白沙是岭南地区唯一获准从祀于山东曲阜孔庙的文人，故被称为"岭南第一人"。陈白沙出生于新会县（今属江门市新会区）新会村，他开启了明儒心学的先河，创立了"以道为本，以自然为宗，学贵自得，学贵知疑"的"白沙学说"（或称"江门学派"）。后经湛若水的完整化、精致化、思辨化的发展，岭南形成了一个异于正统理学的理学新派——陈湛学派。湛若水，字元明，号甘泉（明代时期的增城县新塘镇叫甘泉都），他师承陈白沙，在"以道为本，以自然为宗"的学说上，提出"随处体认天理"的主张，深得陈白沙的赞赏，陈白沙临终前将其讲学场所——钓鱼台，交与湛若水，以示衣钵相传。

湛若水考中进士，被任为翰林院庶吉士，赴京就任，而王阳明正在吏部讲学。当时王阳明34岁，湛若水40岁。湛、王二人的相遇，对于二人来说，都是人生发展的重要标志事件，并相互成就了对方。王阳明遇上湛若水，成为王阳明研究心学的重要转折点，开始归正于圣贤之学。之前王阳明涉猎广泛，兴趣多样，被湛若水称为"五溺"：一溺于任侠之习，二溺于骑射之习，三溺于词章之习，四溺于神仙之习，五溺于佛氏之习。

湛若水与王阳明在维护各自学术主张的前提下，又共同推进明代心学的发展与完善。35岁时，王阳明遭贬，在贵州龙场悟道，悟出"本心"强大，"心即理"，内心强大与意志力是最重要的。五年后，王阳明遇赦，他与湛若水誓约终生共同求学，致力于圣学的昌明。50岁时，湛若水回到增城。57岁时，王阳明在广西平定宁王之乱后，到增城与湛若水相见，为湛若水撰写诗文《甘泉居记》。在回浙江余姚的途中，不幸去世。湛若水为王阳明撰写墓志铭。

其实，儒学的这种心学传统并非始于陈献章。在唐代，韩愈感慨"道之不传久矣"，提出要维护儒学"道统"，当儒学面临佛老之学的冲击时，韩愈坚决

---

① 黄明同：《岭南文化的三次大兼容与三个发展高峰》，载《学术研究》2000年第9期，第98-101页。

拒斥。北宋时期，儒学家不再简单排斥，而是既深入研究佛老学说，又着手重建新儒学。南宋时期，形成"陆王心学"和"程朱理学"两大流派。到了明代，陈白沙上承宋儒理学的影响，下开明儒心学之先河，在中国哲学思想史的发展上，具有承前启后的地位和作用。加上湛若水和王阳明对心学体系的系统化和精致化研究，二人的主张各有侧重，但都致力于彰显和弘扬明儒的心学传统。到了清代，广东南海人康有为同样选择了心学之路。

岭南文化是如何延续、承接中国历史上的心学一脉的呢？一个重要的文化源头就是要探寻六祖惠能的《坛经》。六祖惠能，南派禅宗的创立者，广东新兴人，史称"六祖"，中国禅宗杰出大师。他生于岭南，长于岭南，弘法于岭南，圆寂于岭南。其弟子集其语录编为《六祖大师法宝坛经》，它是南禅顿教形成的标志，是唯一一部中国人撰述而被称为"经"的佛教典籍，曾被列入"中国最有代表性的十本哲学著作"，而惠能本人被欧洲人列为"世界十大思想家之一"，与孔子、老子并列为"东方三圣"。

惠能对岭南心学的影响主要体现在方法论上。他的一个信念就是"自我解脱"。这种自我解脱，有时需要借助外缘的启发，如所谓的禅机、机锋，但关键的一步全靠"自修自悟"。自修自悟，如人饮水，冷暖自知，听别人说千万遍不如自己亲身感受的亲切、深刻。

禅宗思想中国化，首先在于它从生活方式和生产方式上的中国化。禅宗在经济体制上与中国封建社会融洽一致，不劳而食的习惯有所改变，减少了被攻击的口实。其他宗派的寺院经济来源多是靠别人的劳动，与地主和政府有一定的利益矛盾，其发展和生存受到较多限制。在生存竞争中，禅宗的优势更明显：自食其力，可以不受经济来源断绝的威胁，一代一代传下去。修行之人，除了不能结婚生子外，与常人生活没有太多差别。僧人们在日常生活中体悟，在亲身劳作中自修自悟、自我解脱。六祖惠能强调"自度""自悟"的方法论意义被陈献章所吸取。

陈献章融合儒、释、道三教精义，强调"静中养出端倪"，以"宗自然"与"贵自得"为基调，既有庄子"坐忘"的影子，又有佛者"坐禅"的路数，倡导"心在万物上""贵在自得""彻悟自省"。湛若水沿着"宗自然"与"贵自得"的路径，进一步提出"随处体认天理"，鼓励"学贵自得"。

影响岭南文化与教育改革的重要文化之源，就蕴含在强大的心学传统之中。当我们把心学传统与学校教育和人的学习与发展相联系时，就会发现，心学所倡导的"内心强大""意志""自得"和"静悟"等自我修炼和治学方法，对一个人的学习、发展是非常重要的。

由此，岭南文化与粤派教育所强调的第一个纲领，就是想尽一切办法让学生学会"自学"。第一步，要尽可能做到"静"。静能生慧，凝神静气，宁静致远，要安静、沉静、宁静，从身到心。第二步，要努力拓展"能"。丰富知识、提升能力、增长本领、培养多方面兴趣。第三步，要整体感悟，融会贯通，自成体系，"取之左右逢其源"，超越一切具体知识和细节知识。

二

岭南文化的第二个源头就是南洋精神。"闯关东""走西口""下南洋"都是近代中国老百姓外出务工、人口迁徙的重大历史性事件，而"下南洋"是中国近代史上规模最大、路程最远的一次跨国大迁徙，其路途危险程度和谋生的难度远非国内迁徙可比。与"闯关东""走西口"相比，"下南洋"更为壮观，经历的时间更长，历史影响更深远。

中国人下南洋的迁徙历史，打造出中华民族伟大的"迁徙精神"，这是中国人的现实主义、英雄主义和浪漫主义情怀的集中体现，支撑着中国人追求美好生活、跨越任何艰难险阻所需的勇气、信心和力量。中华民族的发展史，总是与大规模的人口迁徙纠缠在一起。每当成千上万的人们开始打点行囊、准备远离故土的时候，历史就将从此翻开新的一页。

下南洋的岭南人用自己的勤奋与努力，改变了岭南人的命运。中国人在近代大规模向海外迁移的同时，也将中华文化传播到异域，在侨居地形成以中国为认同取向，以儒家思想为价值体系核心，同时兼容吸收异域文化的华侨文化。在中国文化地图上，华侨文化是岭南文化结构的独特形态，广东"侨文化"特色鲜明，它形成于异国，反哺于祖国，集中体现为敢为人先、爱国爱乡、兼容中西、包容开放的文化特质。

近代岭南文化的兼容性和开放性，带来中国思想文化尤其是岭南文化的又一次大飞跃。康有为融古今中外文化为一体，创立近代中国第一个以变革为主旋律的维新思想体系。孙中山在承传中国传统文化的同时，大量地"撷取"西方文化，从而创立最具时代精神的"三民主义"学说。康有为、孙中山二人由兼容而创立的思想学说，不仅是近代岭南文化的丰碑，而且是近代中华文化最高成就的体现，岭南文化正因此而取得主流文化地位。

康有为系统地提出"三世说"，即据乱世、升平世（小康社会）、太平世（大同社会），构筑别具特色的大同理论。康有为在继承中国传统文化的同时，又大胆地吸取东方与西方各国文化之精华，熔古今中外文化于一炉，树起了中国文化向近代转换的丰碑，建造了近代社会变革斗争的强有力的理论武器，其影响远远超出岭南而及于全国乃至世界。康有为与梁启超组成"康梁学派"，推崇"心学"，推崇《春秋》，重新发现"三世说"。

康有为的"三世说"对岭南文化与教育改革具有重大的意义与价值。他认为据乱世、太平世和升平世不只是时间概念，还是空间概念，这是康有为独特的发现。

如果用康有为的"三世说"来解读学校教育与学生成长，可以这样理解：据乱世需要的是刚性气质；太平世需要的是柔性气质；升平世居于中间状态，需要的是双性气质。相应地，据乱世需要刚性教育，需要强调体育、劳动、道德与法制的教育。太平世强调柔性教育，强化的是智育、美育、德育等，倾向于浪漫主义教育学派。也就是说，如果在据乱世与升平世阶段，不恰当地实施柔性教育，则很容易从文明走向文弱，例如，宋朝文教政策强调"重文抑武"，历史教训就是发达文化和文明并没有带来国力的增强。升平世要求的是努力奋斗、艰苦创业，同时要有忧患意识。升平世需要的是刚柔相济，倡导"新六艺"教育，即"文武双全"（智育+体育），"劳逸结合"（劳动+美育），"通情达理"（德育+情感）。升平世既有据乱世的艰难，又有太平世的追求，要德、智、体、美、劳全面发展。教育要同时抓两个方面：一方面，要有文化教育，让学生变得文明，让学生学会游戏，学会享受情感生活，可以称之为柔性教育；另一方面，要有野性教育，要重视体育和劳动，让身体保持一定的野性。通过刚柔相济的教育，让国家保持长期的强盛。

三

如何用岭南文化精神引领教学改革的方向与路径？岭南文化的重要组成是心学，当我们站在心学立场之上，用岭南文化的风格解读和设计教学改革时，就会发现：处理好知识学习中的情理关系、学思关系和知行关系变得特别重要。在情与理之间，情比较重要；学与思之间，思比较重要；知与行之间，行比较重要，这不仅包括学生行动，还要参与真实的社会实践活动，更重要的是体验职业生涯规划，用生活志向和职业理想带动学生学习。

基于心学立场的教学改革的方向与相应路径主要有三个方面。

第一，激发自信与自学的兴发教学。注重情感教学、整体探究学习、生涯教育与自学。让学生自信，这是情，"情"通则"理"达；让学生自学，这是思，以"思"促"学"；生涯教育是行，用"行"兴发出"自学"和"自悟"。由此，粤派教育的典型特征之一就是，想尽一切办法让学生自信；想尽一切办法让学生自学；想尽一切办法让学生自食其力。

第二，动静相宜，劳逸结合。睡眠是最好的静修，《黄帝内经》把充足的睡眠当作头等大事，认为"心藏神""肝藏魂"。白天的意识行为尤其是"聚精会神"的意识行为一直在耗神、费神，使得心神或灵魂处于被驱使的劳役状态，只有进入睡眠之后，"神"才成为主角。"静坐"接近于睡眠，是人在无法睡眠时让自己暂时处于类似睡眠的催眠状态。"静"可以让躁动的生活重新归于从容淡定。从这种意义上讲，睡眠比运动和学习更重要。动生阳，静生阴。吃饭运动生阳气，睡觉休闲生阴气。动静相宜、劳逸结合的理想状态就是，从容不迫，张弛有度。

第三，勇毅果敢，意志力强大。人是否强大，主要指人的精气神、意志力是否强大，身体强壮、知识丰富、能力高超并不等同于意志力强大。孟子倡导"浩然之气"、讲"天将降大任于斯人也，必先苦其心志，劳其筋骨，饿其体肤，空乏其身……"，陈白沙提倡"心在万物上"，等等，都是强调一个人只有内心强大、志向坚定，才能拥有强大的意志力，才能成就最好的自己。

置身于粤派教育中的学校、校长、教师和学生，需秉承岭南文化精神，弘扬心学优秀传统，致力于教育实践改进，深化学校教育研究，凸显粤派教育特色。广东第二师范学院教师研修学院结合广东省与广州市"百千万人才培养工程"名校长、名教师培养项目，提出编写校长和教师培训成果系列丛书，并将其命名为"粤派教育"丛书，一方面期望凝聚广东中小学校长、教师优质资源，深化岭南文化与"粤派教育"的系统化研究，生成"粤派教育"理论内涵与实践范式，让"粤派教育"发出应有的声音；另一方面旨在总结、研讨和探究粤派校长和教师专业成长路径，开启粤派校长和教师成长密码，探寻培养"一大批新时代好校长、好教师"的路径，"创新体制机制，激活一批校长和教师"。

遵循习近平总书记"讲好中国故事"的指示和要有"文化自信"的启示，教师研修学院在汇编粤派教育丛书时力求突出区域文化特点，讲好广东校长和教师成长的故事，要求校长和教师总结提炼自己的教育主张、办学特色或教学风格。同时，组织相关专家就案例写作进行系列化指导、整体讲座、分组评审、分科答辩等，期望校长和教师在写作过程中，探寻自我成长的规律、路径、特点，以此振兴杏坛作为，为其他校长和教师"六下功夫"和夯实专业素养提供范例，也为建设广东教育高地、培养德智体美劳全面发展的社会主义建设者和接班人略尽绵薄之力。"粤派教育"整个丛书大体分几个系列，以校长/名师/骨干教师群、区域/项目/学科/幼儿园等为分类线索。设总序，突出粤派教育和岭南文化特色；设分册序，内容包括项目介绍、与总序的衔接回应、板块导读语、供稿教师姓名罗列（按内容顺序）；等等。

"教师系列"分为学段、学科、区域，各分册独立成书，采用教师叙事研究方式，致力于找寻一些规律性的所谓"粤派教育"的优势特色。各分册既保持统一体例，又允许呈现自己的特色。体例主要以学科板块的形式呈现，每个学科板块包含5～8位教师的成果，同时分为5～8个学科板块，每个学科板块包括以下几个方面：

（1）导读语：教师肖像、教师成长要素、学科特色及教师风格归类小结。

（2）名师成长档案：自拟主标题，以"我"的成长历程为蓝本，在成长中，生活、求学、教学所在地域风俗文化对自己的影响，在文化认同的过程中如何处理文化冲突与文化理解。凸显教师的成长要素和关键事件：文化浸润、热爱学习、勤于实践、重视研究、善于反思和注重写作。

（3）学科教育观：自拟主标题，由"我的教学风格解读、我的教学主张与他人眼中的我"整合完善而成。可添加真实的教学案例、教学过程材料等补充说明。如助力学生成长、课堂教学改进、师生关系培育等。

（4）育人故事：自拟主标题，以学生喜欢的教育方式为主线，讲述"我"与学生的故事，如激励学生、指导学生个体学习或班级管理智慧等。

附录——教学现场与反思（"我的教学实录"，增加本节课的自我反思）。重点反思三个方面：一是课程（文化，含地域文化）资源开发与教学设计；二是课堂教学对话与教学生成；三是教师教学风格与教学艺术。

"校长系列"根据学段、区域、任务驱动，既保持统一体例，又允许各分册呈现自己的特色。主要通过行动研究、叙事研究、案例研究，致力于在以下几个方面找到一些规律性的所谓"粤派教育"的优势特色：校长成长的地域文化影响，校长关注、思考、研究的主要问题，校长的办学思想、教育哲学，学校改进实践的关键要素与路径等。根据校长专业发展阶段和成果类别，主要从"校长学习力——我眼中的名校成长基因""校长思想力——办学思想的探寻与凝练""校长行动力——学校改进与教育实践创新"三大子系列呈现粤派教育和岭南文化的特色。

本套"粤派教育"丛书努力做到三个超越：第一，超越教学风格或管理风格，打造粤派教育；第二，超越课堂教学或办学经验，展现教育智慧；第三，超越常规培训成果体例，凸显启发性和可读性。

本套丛书之以所以能够成书，得益于各方力量的聚合和支持。首先，感谢广东第二师范学院闫德明教授，本套丛书"教师系列"的体例设计有所选择地采纳了其主编的"我的教学风格"丛书的基本框架，并在此基础上进行了创新。其次，感谢华东师范大学刘良华教授，其对粤派教育的开创性研究成果被充分运用到本套丛书的顶层设计之中。最后，感谢长期以来关心支持教师研修学院培训工作的领导、专家和同事，感谢各位主编和供稿的广大中小学校长和老师的辛勤付出，感谢中山大学出版社的鼎力支持。

"粤派教育"丛书编写组
2019 年 3 月

前　言

校长是一所学校的灵魂，是学校改革发展的带头人，是保证学校办学质量的前提。一个好校长，可以成就一所好学校。《国家中长期教育改革和发展规划纲要（2010—2020年）》第十七章指出："制定校长任职资格标准，促进校长专业化，提高校长管理水平。推行校长职级制。""创造有利条件，鼓励教师和校长在实践中大胆探索，创新教育思想、教育模式和教育方法，形成教学特色和办学风格，造就一批教育家，倡导教育家办学。"规划纲要中阐述了校长的专业化及倡导教育家办学。

习近平总书记在第三十个教师节提出了"四有好教师"，在第三十二个教师节提出了"四个领路人"，这是对广大教师提出了时代要求和期待，更是对校长提出了新的时代命题。校长既要为学生成长发展指引方向，也要做教师发展的引路人，指导和激励教师做师德楷模，用一流的教师做一流的教育。

教育部颁布的各级校长专业标准对新时期我国校长必须履行的专业职责提出了六方面的角色要求，这就需要校长在办学实践中成为学校发展的规划者、育人文化的营造者、课程教学的领导者、教师成长的引领者、内部管理的优化者以及外部环境的调适者。

校长的发展离不开学习、反思与研究，本书围绕规划学校发展、营造育人文化、领导课程教学、引领教师成长、促进学生发展和优化内外管理等六个方面，以小组校长跟岗实践为主线，将校长的跟岗学习研究与点面深度反思有机结合，形成六大能力方面的案例文章。文章依据跟岗名校管理案例，结合小组校长的学校实践，通过细致梳理，进一步提升校长的专业反思与研究能力，以期显现粤派教育的特色。

目录 CONTENTS

新时代背景下的学校发展规划研究/1

第一章　学校发展规划的基本认识/3
第二章　学校发展规划的案例分析与思考/24
第三章　一份好的学校发展规划的内涵要素/56

感悟文化的力量/59

第一章　选题的背景和意义/61
第二章　学校文化育人功能与途径探析/69
第三章　学校文化建设的反思与建议/92

新时代教育的学校课程建设实践与探索/95

第一章　新时代教育及学校课程建设溯源/97
第二章　新时代教育学校课程建设的本源/101
第三章　青岛二中学校课程建设的实践与探索/106
第四章　广州两所不同层次中学学校课程建设的实践与探索/113
第五章　新时代教育学校课程建设的建议与策略/124

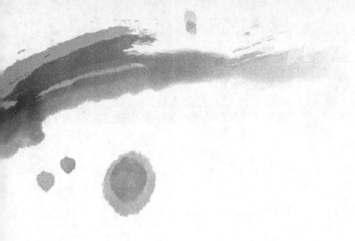

引领教师走向专业成长的自觉之路/133

第一章　问题的提出/135
第二章　研究思路、目的及意义/140
第三章　研究方法/142
第四章　案例呈现、分析及启示/143
第五章　引领教师专业成长的策略/152
第六章　结语及研究的局限/156

生涯规划教育的实践探索及启示/161

第一章　研究的缘起/163
第二章　我国部分地区中学阶段开展生涯规划教育的现状及启示/173
第三章　中学阶段开展生涯规划教育的实施策略设想/183
第四章　结语/194

优化学校内外管理　促进学校内涵发展　实现师生共同成长/199

第一章　引言/201
第二章　文献综述/203
第三章　现状及问题/211
第四章　案例分析与借鉴反思/215
第五章　优化学校内外管理的启示与建议/247

新时代背景下的学校发展规划研究

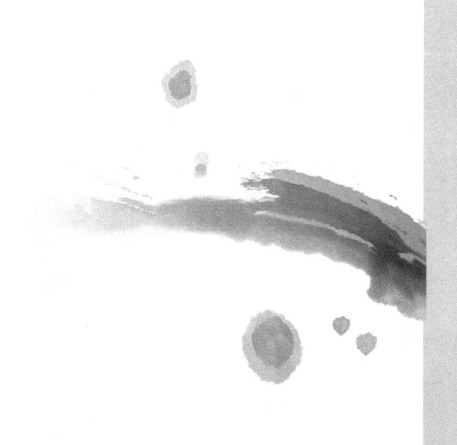

案例小组名单

小组成员：高钜杨　广州市花都区花东镇榴花初级中学

　　　　　梁仲明　广州市荔湾区双桥学校

　　　　　陈宏伟　广州市天河区暨南大学附属实验学校

　　　　　陈建国　广州市第七中学

　　　　　张　炽　广州市花都区教育局城区教育指导中心

　　　　　单楚宗　广州市增城区石滩中学

导　　师：陈昌贵　胡展航

摘　要　本章以党的十九大报告及国家政策文件为研究背景，以跟岗学校发展规划案例文本为基础，从研制学校发展规划，撰写学校发展规划文本，实施与监测评价学校发展规划等观察点进行研究，经过理性的分析及深入的思考，形成对学校发展规划的认识，包括对学校发展规划的基本认识及案例分析，最终形成一份好的发展规划的内涵要素。

第一章 学校发展规划的基本认识

 研究背景

党的十九大报告指出,"经过长期努力,中国特色社会主义进入了新时代","意味着近代以来久经磨难的中华民族迎来了从站起来、富起来到强起来的伟大飞跃,迎来了实现中华民族伟大复兴的光明前景"①。新时代要有新思想、新气象、新作为,承载着培养未来人才重任的教育事业要启航新的征程。新时代对教育提出了新的需求和更高的要求,教育在坚持基本立场、基本方向和基本原则的基础上,还必须坚持教育的内在规律,把握传承与创新、交流的关系,长远规划学校发展,保障教育能适应社会对未来人才的需求。党的十九大报告指出,我国社会的主要矛盾已经转化为"人民日益增长的美好生活需要和不平衡不充分的发展之间的矛盾"。教育领域的突出矛盾就是教育的公平问题和均衡化发展问题,"努力让每个孩子都能享有公平而有质量的教育"是新时代党和人民对教育提出的新要求。处于新时代,肩负新使命,开启新征程,中小学校长必须具备制订学校发展规划和选择教育发展战略的能力,准确把握教育的内在发展规律,基于学校的实际情况,调整学校的发展规划和战略部署,使学校的教育事业能适应时代发展需求。

党和国家始终把教育放在优先发展的地位,把建设教育强国作为实现中华民族伟大复兴的基础工程,对教育工作进行了长远规划、精心部署,以培养德智体美全面发展的社会主义事业建设者和接班人。近几年来,随着国家综合实力快速发展,各级教育行政部门对教育做出了极具针对性和前瞻性的战略部署,出台了一系列教育发展指导纲要,如教育部 2010 年发布《国家中长期教育改革和发展规划纲要(2010—2020 年)》,广东省教育厅于 2012 年 6 月发布《广东省中长期教育改革和发展规划纲要(2010—2020 年)》,广州市教育局于 2017 年 6 月印发《广州市教育事业发展第十三个五年规划(2016—2020 年)》。2016 年 9 月教育部基础教育司发布《中国学生发展核心素养》的总体框架,2017 年 12 月教育部印发《义务教育学校管理标准》,2018 年 2 月中共中央、国务院印发《关于全面

---

① 习近平:《决胜全面建成小康社会 夺取新时代中国特色社会主义伟大胜利——在中国共产党第十九次全国代表大会上的报告》,人民出版社,2017 年版,第 10 页。

深化新时代教师队伍建设改革的意见》，2018年2月教育部等印发《关于切实减轻中小学生课外负担开展校外培训机构专项治理行动的通知》等。这些政策措施的出台，体现着国家和地方教育行政部门对教育发展的战略部署，是引领学校发展的政策性纲领，是校长制订学校发展规划的依据，校长必须深刻领会这些文件的精神，及时调整学校的发展战略，科学规划学校的发展举措，才能适应新时代教育发展的需求。

近年来，全国各地掀起了"新高考"改革浪潮。广东省人民政府颁发了《关于深化考试招生制度改革的实施意见》，备受关注的高考综合改革在2018年正式启动，2021年广东省将实行新的高考综合改革方案，"选课""走班制""两依据""一参考""多元录取"等新名词将成为落实新高考政策的热点话题，用党的十九大精神统领高考命题工作，全面落实立德树人要求是高考改革的核心观点。2017年12月，广东省教育厅印发了《关于进一步推进高中阶段学校考试招生制度改革的实施意见》，这是与高考改革同步进行的中考改革实施意见。为落实实施意见，适应高（中）考改革的要求，学校必须调整课程设置、班级管理模式、授课方式、评价制度等。校长作为学校的行政负责人，肩负着领导和管理学校的责任，必须要未雨绸缪，制订适应新高（中）考综合改革的发展规划。

教育部颁布实施的《义务教育学校校长专业标准》和《普通高中校长专业标准》中，以专业的标准提出了校长以德为先、育人为本、引领发展、能力为重、终身学习等五个基本理念，并明确了校长规划学校发展、营造育人环境、领导课程教学、引领教师成长、优化内部管理、调适外部环境等六项专业职责。其中，规划学校发展是中小学校长的首项专业职责，是校长专业标准的灵魂，是校长实现持续发展的战略关键。因此，中小学校长要以专业的要求熟练掌握学校发展规划的制订、方法与技术的要领、实施与评价的策略。

我们通过对省内外优质学校的跟岗学习、交流研讨、自主研修与思考，在充分认识到学校发展规划是对过去的办学行为进行诊断和分析的基础上，提出学校发展设想的持续行动过程，它强调学校发展动态规划、实施、监测与评估的过程。学校发展规划是一种管理的手段，而不是一个管理的目的①。它是校长专业标准的客观要求，是校长职业角色的专业定位，是满足学校自主发展的真实诉求，作为学校领导者，校长肩负着学校可持续发展的责任。

---

① 孙远航：《学校发展规划与特色发展》，高等教育出版社，2017年版，第63页。

概念界定

（一）什么是规划

在《辞海》中，"规划"是谋划、筹划的意思，意指较全面或较长远的计划。在《现代汉语词典》中，"计划"是指工作或行动以前预先拟定的具体内容和步骤。可见，规划是较长远的、具有战略意义的计划，而计划则是具体的实施方案、措施等。规划属于计划的一种类型，一般只确定目标，提出保障措施、实施步骤，而不具体确定工作内容、方法和进度，是具有战略性、比较全面的发展计划。计划则是对未来一段时期的工作做出的部署和安排。由此可以，规划是具有前瞻性、综合性，涉及管理行为改变等相关活动和过程的一种谋划或策划活动①。

（二）什么是学校发展规划

1. 国外研究概述

英国学者戴维斯和埃里森②认为：学校发展规划是指在国家和地方教育政策指导下，回顾检查学校的活动并对这些活动优先排序，为学校发展提供实际可行的策略，进而达到有效管理学校的目的的活动。学校发展规划最终应能达到提高教育质量的结果。

英国学者哈格里夫和霍普金③指出：学校发展规划是为了学校的发展、管理变化而采取的必要行动，是对学校发展过程进行描述且更为规范化的一种解释，是施加给学校的一种有创造性的革新方式。

英国学者斯特安基·伊恩④认为，学校发展规划是为了管理变化、分享责任以及为学校发展提供支持能力而进行的活动。

2. 国内研究概述

孙远航等认为：学校发展规划是指在学校层次通过自下而上的方式，在未来三至五年要达到的主要目标和发展途径。它包括确定社区未来三至五年对学校的

---

① 楚江亭：《校长如何规划学校发展》，北京师范大学出版社，2016 年版，第 26 页。

② 陈建华：《学校发展规划》，北京大学出版社，2013 年版，第 6 页。

③ Hargreves D. H., Hopkins D., "Development Planning a Practical Guide：Advice to Governors, Headteachers and Teachers (School Development Plans Project2)" (University of London, 1991).

④ Stronach Ian, "Quality Assurance in Education：Plans, Targets and Performance Indicators, Current Issues" (University of Stirling, 1993).

需求，寻找学校发展过程中存在的主要问题，展望学校发展的前景和目标，提出实现这些目标优先需要解决的问题、办法、行动计划和措施①。

陈建华认为：学校发展规划是通过系统地诊断学校的原有基础，确立学校的办学方向和发展目标，分析学校的优先发展项目并制订相应的行动计划，促使学校挖掘自身潜在资源，提高学校的管理效能和教育质量。学校发展规划必须要关注两点：一是"学校共同体"，制订学校发展规划必须发挥学校共同体成员的协同作用，而不能由其中一方"单打独斗"；二是学校发展规划从本质上讲是一种过程，它立足过去，指向未来，既有对过去的诊断分析，又有对未来的预测和憧憬。它强调的不仅仅是静态的规划结果，更关注动态的规划实施和评价过程。因此，规划本质上讲不是一种结果，而是一种过程②。

楚江亭认为：学校发展规划既是一种学校管理方式的更新，又是通过学校共同体成员来制订和实施学校发展综合性方案的过程，是为学校发展提供支持能力，并不断探索学校的发展策略，持续改进教育教学质量而进行的管理行动③。学校发展规划不仅仅是学校发展方案，它还是研制发展方案并确保这一方案产生效果的活动或过程。

综上所述，我们认为：学校发展规划是学校全体成员共同参与制订和实施的学校发展综合性方案，是全体成员为实现学校共同价值追求而制定的发展策略，是实现学校自主发展，为学校可持续发展激发内在动力的管理行动。学校发展规划强调对学校管理的整体思考，关注学校的内在发展，是全员参与谋划学校发展的愿景、任务和策略并监测与评估的过程。

  学校发展规划的理论基础

（一）德鲁克目标管理理论

以泰勒为代表的科学管理学派从泰勒的任务管理制开始逐渐认识到组织目标的重要性；以法约尔为代表的管理过程学派将制定目标上升为组织的一项重要职能；人际关系学派的先驱福莱特认为管理的首要任务就是使组织的总目标成为组织成员的共同目标，只有员工认可了组织的目标并把它转化为自己的目标，才会自愿地、主动地给予合作；以巴纳德为代表的社会系统学派强调组织目标与个人目标要相互协调，避免二者相互背离。组织目标的实现要有优先次序，同时也要

---

① 孙远航等：《学校发展规划与实施》，华东师范大学出版社，2017年版，第43－44页。
② 陈建华等：《参与式规划学校发展》北京大学出版社，2010年版，第6页。
③ 楚江亭：《校长如何规划学校发展》，北京师范大学出版社，2016年版，第29页。

随着环境的改变而改变。

德鲁克在批判吸收前人理论的基础上，形成一个完整的目标管理体系：目标管理就是运用行为科学理论，由企业主管与职员一起商讨，共同制订目标，目标将决定管理者要做什么事情，需要达到什么标准，以及如何实现这一标准，目标的实施过程由员工自我控制、自我评定。他指出，一个企业的使命和任务，必须转化为目标。各级管理人员只有通过这些目标对下级进行领导，并以目标的实现程度来衡量每个人的贡献，才能保证一个组织的总目标的实现。目标管理是德鲁克提出的一种为了使管理能够真正达到预期效果，并实现企业目标而在企业管理过程中采用的以自我控制为主导思想、以结果为导向的过程激励管理方法。现在，目标管理已经发展为一种相对较为成熟的管理模式。

(二) 组织生命周期理论

组织生命周期理论强调以生物进化的方式来类比解释组织的成长与改变等现象，将组织的发展特性视为与生物一样，因其所承担的任务、服务的群体以及环境的变化而产生、发展和消亡的过程。组织生命周期理论认为：组织的发展具有明显的生命特征和固定的生命周期，以生物进化的方式来类比解释组织的成长与改变现象，将组织的发展特性视同生物体，经历产生、发展、衰退和死亡的生命阶段。该理论最大意义在于协助管理者处理组织的路径改变，提出相应的发展策略。

学校组织系统是学校内部按照一定的原则所确立的组织结构及其相互关联的一整套组织体系，是学校管理整体性和根本性的组织制度。学校组织系统包括学校干部队伍工作、教师队伍工作、德育工作、教学工作、体育卫生工作、心理健康工作、校园文化建设、教育资源管理和学生素质发展水平等多个工作子系统。学校子系统的发展并非齐头并进，有的方面发展得快些，有的慢些；有的方面已经发展得比较成熟，值得总结和提炼经验，有的方面还存在方向性或策略性的问题亟待改进。因此，基于组织生命周期理论的学校发展阶段并非指学校整体运行发展所处的阶段，而是指学校各项工作发展所处的不同组织周期阶段。

(三) 校本管理理论

校本管理（school-based management）模式起源于 20 世纪 60 年代中后期澳大利亚建立学校与社区合作的学校管理模式。进入 20 世纪 80 年代后，西方国家纷纷开始进行教育改革，校本管理逐渐成为各国中小学管理改革的主要措施之一。1983 年开始的美国重建教育运动主张成立地方学校理事会，实施以学校为基点的学校管理模式（即校本管理）。在此前后，英国、加拿大、新西兰相继开始实验与施行校本管理模式改革。20 世纪 90 年代以后，校本管理逐渐从西方发达国家传播到其他国家和地区。我国的香港地区则于 1992 年开始按照自愿参加的原则正式实施校本管理的改革实验。目前，校本管理正在成为学校管理改革的一个世界性热点。

四、学校发展规划的特征

学校发展规划有着自身的本质特征，主要体现在六个方面。

（一）系统性

学校内部由多个部门组成，每个部门承担着学校正常运作的职能，各个部门构成学校的组织系统，系统内部的各个组织只有协调好关系，才能确保组织的正常运作。除此以外，学校还是社会组织系统的一部分，必须要处理好学校与外部社会环境的关系。学校发展规划是实现学校可持续发展的策略和管理行动，它不但要协调好学校内部各个部门的关系，还要协调好学校与外部环境的关系，形成宏观的战略规划和各个部门的行动计划，最终整合为有内在结构的系统规划。

（二）发展性

学校发展规划是促进学校可持续发展的方案、策略和行动，学校的发展主要体现在人的发展，即学生和教师的发展。对学生而言，学校发展规划应当满足学生学习的需求和关注学习质量的提升；对教师而言，学校发展规划应当有利于教师专业发展。学校发展规划只有达到帮助学生成长和教师专业发展的目的，才能实现学校的发展，才是一个有战略目的意义的发展规划。

（三）协同性

学校发展规划既是全体教职工共同参与、凝聚共识达成的，同时也要得到上级教育行政主管部门、社区和家庭的支持。因此，这是一个由相关利益共同体协同实施的过程，共同勾勒学校发展的愿景和蓝图。学校发展规划不但取决于校长和学校中层领导的协同合作，还要征求教职员工、学生、家长和地方教育主管部门的意见。

（四）持续性

学校发展规划关注的是动态的规划实施和评价的过程，它基于学校的实际情况，进行自我诊断与分析，筛选出学校最优先解决的问题，明确学校发展的目标，设计并实施学校发展的任务、措施和策略，并注重对实施过程进行评价和调整，以保证规划的实施是可持续进行的循环过程。学校发展规划是动态的、持续的、不断调整修正的过程。

（五）前瞻性

学校发展规划表明未来学校的发展状态，因此，发展规划是对学校未来的预见。学校发展规划要在实事求是地进行校情分析的基础上，提出学校未来的发展要求，创造发展条件，制定发展措施，以前瞻的要求预见未来。

（六）特色性

追求学校特色是现代教育改革与发展的必然要求，真正意义上的学校特色既是独特的，又必定是符合素质教育要求的[①]。每一所学校都有自己的办学资源优势，每一所学校都可以发展自己的办学特色，没有特色就没有个性。对已经形成的学校特色需要规划"呵护"和发展，对未来追求的学校特色需要规划发展的思路作引导。

五　制订学校发展规划的原则

（一）前瞻性原则

发展规划最重要的特点是应具有预见性和方向性，即在实事求是地分析、估价学校现实状况以及存在问题的基础上，提出多方参与者的共同愿景（对未来进行展望）、发展目标、发展要求等，并以此制定有关的策略、措施和具体实施方案。

（二）可操作性原则

发展规划要能够在现有的或可能的条件下付诸具体的实施。据此要求，发展规划中应有相应的指标体系，有可以获得和测量的可比性数据，有具体的、可以量化的行动对策、评估程序、有关规定等。同时，发展规划的具体内容也应简单明了、通俗易懂，容易被人理解。

（三）准确性原则

发展规划要建立在对学校自身核心竞争力和比较优势的认知、培育的基础上。作为学校，要认知自身的核心竞争力，就需要对学校的现状做出系统的分析，明确在同一地区、同类学校中所处的位置，也就是说，要找准坐标或竞争对

---

① 陈建华等：《参与式规划学校发展》，北京大学出版社，2010年版，第8页。

象。只有找准坐标,才能进一步明确未来的努力方向和发展水平。现状分析要求对自身的优势、劣势有清醒的判断,这一点对于发展规划的制订尤其重要。现状分析一般从学校管理、教学、科研领域入手,比如分类统计管理中存在的问题、教师数量及结构、在校生人数与结构、图书资料类别与结构等,同时与有关学校做比较,并在此基础上对学校的人才培养质量和为经济、社会服务的能力进行纵、横向可比性分析,从而获得对学校的发展水平、阶段和发展要素的准确认知。只有在此基础上充分认识核心竞争力之所在,才能在制订学校发展规划时能够抓住主要矛盾或矛盾的主要方面,处理好重点与非重点之间的关系。

(四)有效性原则

制订学校发展规划是为了合理配置学校资源,获取尽可能多的效益,而提高教育投资效益的根本目的就在于通过提高学校的管理能力,提升学校的教学、科研实力,多出人才,出好人才。应尽量避免人力资源浪费和结构性浪费,制定合理的编制标准,确定每一位教师负担的学生数、教学要求,精简机构和人员,调整管理、教学和科研结构,使其更合理、科学,力争在小而精的基础上,获得更大的效益。

 制订学校发展规划的过程

一般情况下,制订学校发展规划的过程包括准备阶段、校情分析、发展定位、发展举措、监测评估等五个方面,其中后四个方面相互之间紧密联系,而且都受到学校教育哲学的影响。教育哲学既是发展规划的重要内容,又对学校发展规划的各项工作起指导作用。教育哲学是学校文化的灵魂,凝聚着全校师生的教育价值追求,是引领和指导学校发展的核心价值观,保障学校各项工作围绕既定的共同目标前进。(图1-1)

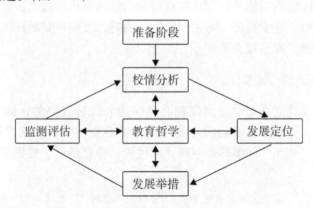

图1-1 学校发展规划过程及其逻辑关系

由于每所学校的基础条件不同，存在主客观因素上的差异，因此不同的学校制订发展规划的过程不尽相同，但学校的发展规划均体现着学校理性发展的过程。据案例组成员对省内外优质学校的调查，可以发现学校在制订发展规划时一定是基于学校的主客观条件，遵循着对学校发展理性思维的规律，涵盖着决策过程的基本要素。

（一）准备阶段

1. 成立学校发展规划领导小组

制订与实施学校发展规划是一个系统的工程，需要有专门的组织机构对学校发展规划的制订与实施进行监督、检查和评估，保障其过程顺利开展。学校发展规划领导小组的成员主要包括校长、中层干部、教职工代表、学生代表、家长代表以及社区居民代表等，重点是与学校发展规划密切相关的各个利益群体的代表，一般控制在10人左右。成员的职责主要是参与制订与实施学校发展规划的过程，对学校发展的重大决策进行表决，并对学校发展规划的制订与执行情况进行监督与评估。

2. 宣传动员

学校发展规划是与学校密切相关的各个利益群体参与学校发展战略决策的过程，既要让他们对制订与实施学校发展规划有一个认识和心理上的准备以适应过程，还需要在专业层面上对他们进行必要的辅导与培训，让他们掌握制订与实施学校发展规划最基本的技术要领。因此，开展广泛的宣传动员活动显得非常必要。根据优质学校的成功经验，宣传动员工作做得越到位，后续工作的开展就越顺利。

3. 理念和技术培训

学校发展规划的制订与实施需要各个利益相关的学校共同体参与，而制订与实施学校发展规划不但需要了解一定的理论基础，还需要掌握一定的专业知识和技术方法。因此，需要对本校的全体教师和相关人员进行培训、辅导，尤其重要的是通过培训与辅导，能够让教师们理解、接纳和认同学校发展规划，并自觉参与到学校发展的全过程，成为学校管理的主人，促进学校的发展。培训的内容主要包括学校发展规划的理念、意义以及相关的技术和方法。

4. 拟订工作日程表

在经过前期的宣传动员和培训、辅导工作后，学校发展规划领导小组就要着手开展具体的工作，并拟定详细的工作日程表（表1-1），以保证各项工作有序开展。

表1-1 制订和实施学校发展规划日程（样例）①

工作内容	时间	负责人	准备所需资料
成立学校发展规划领导小组		校长	
校内宣传动员及培训，召开师生大会、主题班会等		学校发展规划领导小组	培训教材、宣传手册及资料等
召开校外相关利益人员的动员会，宣传制订学校发展规划的意义和内容，并争取他们积极参与		学校发展规划领导小组	培训教材、宣传手册及资料等
对学校内外部环境进行扫描，运用技术方法对学校现状进行分析，列出学校优先解决的问题，明确学校发展的目标，确立学校发展的任务、策略、保障措施		全体教职工及相关利益群体代表	校情分析的自我评估技术及工具
引进学者、专家，指导发展规划制订工作		校长	制订学校发展规划的基本构思
广泛向各利益相关方征求意见		学校发展规划领导小组	制订学校发展规划的基本构思
撰写学校发展规划文本初稿		校长	
提交教代会讨论修订		学校发展规划领导小组	学校发展规划讨论稿
修改文本		校长	
准备文本答辩		校长	制作学校发展规划汇报PPT，透彻理解发展规划内容
组织文本答辩		校长	邀请上级领导、专家、学者参加答辩
修订文本		校长	根据领导、专家、学者的意见和建议修改
召开教师大会解读发展规划文本		校长	人手一份发展规划文本
送上级部门审批		校长	

---

① 楚江亭：《校长如何规划学校发展》，北京师范大学出版社，2016年版，第99页。

续表 1-1

工作内容	时间	负责人	准备所需资料
开始实施文本		校长	
对学校发展规划定期监测与评估		学校发展规划领导小组、校监会	制定监测与评估工具

（二）校情分析

学校发展基础是制订学校发展规划的前提条件和起点，制订学校发展规划必须基于学校的发展基础，以学校未来发展目标为导向，辩证、科学地分析学校的实际情况并做出理性的判断，理清学校应该优先解决的问题，从而制定出有针对性和可操作性的发展举措。因此，校情分析是制订学校发展规划的重要环节和基础。校情分析一般包括的内容和过程如图 1-2 所示。

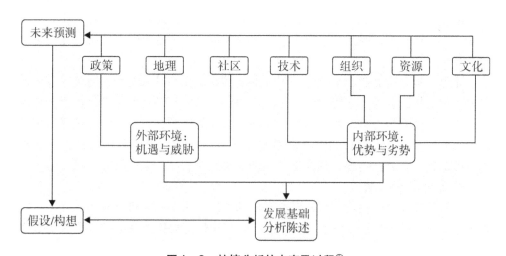

图 1-2 校情分析的内容及过程①

1. 环境扫描

环境扫描的任务就是对学校所处的内外部环境进行系统的扫描分析，力求真实、客观地反映学校目前的发展基础，让学校发展规划领导小组成员充分了解学校目前的内部发展优势、劣势，外部的机遇和威胁，为规划学校发展奠定充分的信息基础。

---

① 孙远航：《学校发展规划与特色发展》，高等教育出版社，2017 年版，第75 页。

（1）学校外部环境分析。

学校的外部环境即学校组织存在的外部背景，是可以直接影响学校运作的外部因素的总和①，是学校发展面临的机遇和威胁，主要包括三个方面：一是政策因素，如教育法律法规的出台、相关教育方针和政策导向、地方教育管理部门和地方行政管理机构的扶持力度和关注程度等；二是地理环境，如所在地的地理位置和经济文化等综合状况、区域内处于相互竞争的同类学校状况、人口发展趋势与结构状况等；三是社区资源，如周边社区人员素质、各种社会组织对学校的支持程度、社会文化氛围等。这些外部环境因素都是影响学校发展的重要变量，是学校制订和实施发展规划所依据的重要背景信息。学校在制订发展规划的过程中必须对这些外部环境进行全方位的扫描和充分的分析。

（2）学校内部环境分析。

学校内部环境分析即学校深刻分析自身办学过程中的有利因素和不利因素，明确办学的优势和劣势，主要包括四个方面：一是技术方面，包括课程设置、教学特色、科研能力、管理能力、活动项目等；二是组织方面，包括学校的组织结构、管理机制等；三是资源方面，包括生源的素质与家庭状况、教师素质、设施设备、学校规模等；四是文化方面，包括办学理念、传统特色、校园文化、师生行为习惯等。

外部环境分析能够使学校全面了解影响学校发展的外部变量，清楚学校面临的机遇和威胁，有利于学校发展目标的正确定位。内部环境分析能够使学校认清自己的办学优势和劣势，明确当前存在的或潜在的问题，有利于学校选择发展的抓手或突破口。校情分析的作用就是利用优势，挖掘机遇；利用优势，克服威胁；捕捉机遇，克服劣势；减少劣势，规避威胁。

2. SWOT 分析法

学校发展规划的校情分析有多种科学的方法，主要有事件优先矩阵法、环境结构分析法、SWOT 分析法等。本文重点介绍 SWOT 分析法在学校发展规划过程中的应用。

（1）SWOT 分析法的概念。

SWOT 分析法是通过具体的状况分析，将学校内部的主要优势因素、劣势因素和学校外部的机会因素、威胁因素分别进行呈现、分析、评估，以矩阵的形态进行科学的排列组合分析，最后提出相应对策的方法②。其中，"S"是指组织内部的优势，"W"是指组织内部的劣势，"O"是指组织外部环境的机遇，"T"是指组织外部环境的威胁。

---

① 楚江亭：《校长如何规划学校发展》，北京师范大学出版社，2016年版，第115页。
② 楚江亭：《校长如何规划学校发展》，北京师范大学出版社，2016年版，第119页。

（2）学校发展规划过程中运用SWOT分析法作校情分析的步骤。

A. 罗列学校SWOT各因素情况。

B. 进行SWOT排列组合，形成SO、ST、WO、WT策略。SO策略是指利用内部优势，抓住外部机遇。ST策略是指利用内部优势，规避外部威胁。WO策略是指利用外部机遇，弥补内部劣势。WT策略是指克服内部劣势，规避外部威胁。（表1-2）

表1-2 A校SWOT校情分析案例

组合因素	优势（S） 1. 品牌大学附属学校的品牌优势。 2. 具有"科研立校"的强烈意识。 3. 教师培训渠道拓宽，确保教师专业化发展。 4. 人口导入区的区位和生源优势	劣势（W） 1. 学校建校历史短暂，缺少名师效应。 2. 学校条线工作发展不均衡
机遇（O） 1. 属地化后的政策和资源为学校进一步发展提供了保障。 2. 体育俱乐部、小伙伴艺术团基地的奠基、多区联动关系的建立，为教师搭建了学习、实践的新舞台，也为学校办学以特色取胜提供了有力保障	SO策略：利用内部优势，抓住外部机遇。 发挥区位、科研等优势，抓住政策、资源转机，和谐合作，以规划促发展	WO策略：利用外部机遇，弥补内部劣势。 多元伙伴合作，充分利用资源，以创建特色取胜
威胁（T） 1. 学校周边历史名校较多，学校和教师面临的压力较大。 2. 生源来源多样，家长背景、层次不同，需求多样，学校管理、教师对学生的教育教学等众口难调	ST策略：利用内部优势，规避外部威胁。 专家引领，以研促教，激发教师活力和创造力，实现教育教学创新，管理体制创新	WT策略：克服内部劣势，规避外部威胁。 发挥资源优势，打造品牌教师，实现体制机制创新，凸显特色，实现异军突起

（3）SWOT分析法各因素的内容指标。

A. 竞争优势（S）是指一所学校超越其竞争对手的能力，或指学校所特有的能提高学校竞争力的资源。其内容见表1-3。

表1-3 竞争优势内容指标

因素	具体内容指标
技能优势	教师的语言表达技能、教学技能、教育教学研究能力等
设备优势	先进的现代化设备、优美的校园环境、布局合理的校园建筑、充足的教室和专用活动场室、丰富的图书资料等
文化优势	优秀的学校品牌形象、良好的社会信誉、积极进取的学校文化等
人力资源优势	拥有具示范引领作用的骨干教师、积极上进的教师队伍、教师有很强的组织学习能力、教育教学经验丰富等
制度优势	高质量的学校管理机制、完善的信息管理系统等
能力优势	良好的教育质量、与家长和社区的良好伙伴关系、广泛的社会支持等

B. 竞争劣势（W）是指学校缺少或做得不好的方面，或指某种会使学校处于劣势的条件。其内容主要包括：缺乏有竞争力的技能技术；缺乏有竞争力的有形资产、无形资产、人力资源和组织资产；关键领域里的竞争能力正在丧失；等等。

C. 潜在机遇（O）是指未来的相关发展趋势与潮流，以及政府的方针政策、社区等因素，这些因素可与学校资源匹配、使学校获得竞争优势的最佳机会。潜在的发展机会可能是：学生群体的扩大趋势或教育服务的层次类型分化；技能技术向新领域转移，为更为广泛的学生群体服务；教育资格准入门槛降低；获得合并竞争对手的机会；教育需求增长强劲，可快速扩张；等等。

D. 外部威胁（T）是指学校外部环境所带来的限制，以及社区发展、竞争学校崛起等可能带来的威胁。学校的外部威胁可能是：出现将进入教育领域的强大的新竞争对手；教育方式革命，出现新的教育形式；优质教育资源的退化；骨干教师或优秀教育群体的离开；家长教育需求的转变；等等。

3. 问题汇总及排序

（1）问题汇总。

在经过前期的对校内、外环境扫描分析和广泛征求意见后，接下来工作的重点就是将问题进行汇总、整理、归类和评判。首先是对问题进行梳理。对前期征求意见阶段所收集到的问题进行澄清、梳理，理解其真正所表达的意思并清晰地罗列出来。然后是将问题按照类别归类整理。归类整理时必须尽量涵盖学校工作的各个层面，而且是学校可以力所能及的问题，要体现学校的办学特色和价值取向，始终围绕教与学问题为中心，把确保学生享有公平而有质量的教育列为核心问题。

(2) 问题排序。

在制订学校发展规划的过程中,由于所面临的问题是多种多样的,不可能同时解决所有的问题,因此,需要对这些问题加以分析汇总,然后根据师生和学校相关利益群体的意见,把这些问题按轻重缓急排出优先次序,便于集中有限的学校资源解决最迫切需要解决的问题。常用优先排序法和对比排序法,本文主要介绍优先排序法。

优先排序是指个人将某一组问题按一定的标准进行先后排序,并标出序号,最优先解决的标"1",次之标"2",依此类推,然后将每个人对同一组问题排序的序号相加,按由小到大的顺序进行排列。序号总和最小的就是参与排序人群认为应该最优先解决的问题。(表1-4)

表1-4 优先排序①

排序 问题	个人排序					序号小计	排序结果
	张某	王某	陈某	何某	……		
具体问题一							
具体问题二							
具体问题三							
具体问题四							
……							

(三) 发展定位

发展定位是在对学校进行客观、全面、深入的校情分析的基础上,关于学校发展战略思想和优先发展项目的定位,主要包括发展理念定位和发展目标定位。

1. 发展理念定位

发展理念是指在校情分析的基础上,正确认识学校的发展基础,指导学校决策、实现学校各方面发展的战略思想和观念。发展理念是学校的教育哲学,它必须回答"学校为谁服务?""学校将提供什么服务?""学校如何提供服务?""学校发展的使命与愿景是什么?"等问题,是学校共同体的教育理想,是全体教职员工认可和接纳的共同理想、价值观念和行为准则的综合反映,是学校文化的体现。在形式上,发展理念通常表现为办学宗旨、办学思想、发展战略、教育价值观等,是学校所有工作的指导思想。

---

① 楚江亭:《校长如何规划学校发展》,北京师范大学出版社,2016年版,第129页。

2. 发展目标定位

发展目标是根据学校的发展理念和发展基础，确定学校在一定时期内的优先发展项目和达到的最终结果，包括办学目标、育人目标、阶段目标等。学校应当重点考虑如何转变学生的学习方式，提高学生的学习质量，从系统的事情中选择能对学校发展产生关键影响的优先发展项目，并明确在一定时期内的最终发展结果。校长在考虑优先发展项目时要注意：

（1）与学校领导班子成员一起探讨学校优先发展项目。

（2）向全校教师公布草拟的优先发展项目，让教师共同参与讨论优先发展项目。

（3）通过各种会议，如教师大会、学生大会、家长会议等，向学校利益共同体征求意见，优化调整优先发展项目。

（4）督促教师把工作重心放在学校优先发展项目上。

（5）制订与优先发展项目有关的行动计划。

一个好的发展目标的定位，需要根据"校情分析—问题确定—发展目标"，由问题来确定目标，由目标派生措施。发展目标要具备 SMART 特点的要求①，即目标必须是具体的（S）、可测量的（M）、可实现的（A）、真实相关的（R）、有明确的时间限制（T）。只有符合 SMART 要求，才具备真正的价值，才具有可操作性。

（四）发展举措

发展举措是根据学校的教育哲学和目标定位，为实现学校发展规划目标而采取的一系列具体行动，包括具体的途径、措施、策略等。每一项发展措施都要与目标对应，实现一个目标需要一个或多个活动，而且这些发展措施之间要有一定的逻辑关系和时间上的连贯性，所选择的活动必须能最大限度地满足目标实现的要求。由于不同的学校校情不同，发展目标和重点发展的内容不同，因此各学校所采取的发展措施肯定也有所不同，但据案例组学员所研究的省内外多所优质学校的发展规划案例，基本上包括学校文化、管理机制、队伍建设、德育活动、课程体系、课堂教学、特色建设等。发展措施的确定通常可以通过采用"头脑风暴法"或"问题树"而产生。学校发展规划中的各项工作措施最终要通过制订相关的工作计划来分解任务去落实，一般情况下，工作计划包括学校工作月历计划、部门工作计划和教师个人工作计划。

1. 学校工作计划

学校工作计划是学校工作的基本框架和整体安排，不应要求过细，宜以月历

---

① 陈建华：《参与式规划与学校发展》，北京大学出版社，2010年版，第12页。

形式呈现。学校发展规划文本中各个目标的实现以及所采取的活动和措施,要通过月历表来体现。"目标""活动与措施""月历表"三者之间相互联系,"目标"要通过"活动/措施"来实现,"活动与措施"要通过"月历表"来反映,见表1-5。

表1-5 学校发展规划××××年度月历计划

时间	工作目标	活动与措施	活动实施保障条件	预期效果	监测评估依据	责任部门及负责人	备注
1月	目标1	活动1					
		活动2					
		活动3					
		……					
2月	目标2	活动1					
		活动2					
		活动3					
		……					
3月	目标3	活动1					
		活动2					
		活动3					
		……					
……	……	……					

2. 部门工作计划和教师个人工作计划

部门工作计划和个人工作计划是对学校"月历计划表"的再细化,应根据学校"月历计划表"的安排确定其主要内容。其实质是学校发展规划文本中的配套文本,即各职能部门以及个人以学校规划为蓝本,结合自身的工作需要来制定相应的任务安排,既要统筹安排学校的整体工作,又要兼顾部门和个人的自身工作。工作计划能够使学校各部门及个人的工作具有针对性、计划性、统一性,克服工作中的盲目性、重复性、无序性。

教师个人工作计划是学校发展规划中最基本的组织部分,教师个人工作计划应每学期做一次。在制订前,教师本人要充分征求上级、所属部门、同年级和学科组教师以及所任班级学生的意见和建议,这样既能够保证完成组内分解的目标任务,又能解决好自身存在的主要问题。

（五）监测评估

学校发展规划是以一定的文本形式呈现的，但制订规划后不能束之高阁，而必须付诸行动，发挥其真正的引领、促进作用，这才是制订发展规划的意义所在。在学校发展规划付诸实施后，既需要对实施过程进行阶段性总结，及时反馈、处理出现的问题并进行调整，也需要对发展规划进行总体回顾，对实施结果有一个明确的认识。只有不时地对规划执行过程进行内部监测和外部评估，才能及时发现问题、诊断问题进而解决问题，使规划的各个环节经过实践的检验调整得更为合理、有效，使全体教职员工对于该阶段规划的实施的结果有一个清晰、深刻的认识。据案例组学员调查的省内外多个案例，不少学校普遍反映的一个问题就是在具体的规划实施过程中，那些精心讨论并审核通过的学校发展规划文本往往被束之高阁，规划执行过程的监测和评估也基本上没有落实。因此，对学校发展规划展开监测与评估是落实发展规划的必要环节，它包含内部监测和外部评估两个方面。由于外部评估主要是由上级教育行政管理部门或有关专家来进行，不属于本文讨论的范畴，因此本文只讨论内部监测的问题。

1. 内部监测的步骤

一般来说，学校发展规划的内部监测工作可分为四个步骤：

（1）成立自我监测评估小组，成员一般由校务委员会成员、学校部门负责人以及师生代表组成。

（2）让小组成员熟悉学校发展规划监测评估的基本内容，主要包含对学校发展规划文本的制订、实施、回顾与总结这三个方面。

（3）在监测评估的过程中组织研讨分析，对各项工作进行反思、调整和改进。

（4）总结反馈、上报自评报告，以对下一轮规划的制订提供经验借鉴。

2. 对文本制订过程的自我监测

监测发展规划文本制订的过程，首先要考察问题的收集是否能够反映学校及社区不同群体平等参与了学校管理，校情分析是否倾听了弱势群体的声音，是否真正做到了不同群体的广泛参与，是否做到了群策群力。其次，要考察学校发展规划的目标是否符合 SMART 原则。最后，在文本撰写完成之后，还要整体考察文本是否能够搜集到必要的信息，与各方面的沟通渠道是否畅通无阻、清晰明确，学校全体教职员工是否认同该项目及其目标，学校各职能部门是否清楚了解自己应当做什么等。只有这样，整个文本的实施才会井井有条、重点突出、有序推进。对学校发展规划文本的监测评估可使用表 1-6。

表 1-6 学校发展规划文本制订情况监测评估

项目内容	监测项目内容	监测结果		主要存在问题	改进建议	监测者		
		达到	未达到			姓名	职务	时间
现状分析及理念依据	对学校现状有全面、深刻的分析，符合校情，明确编制规划的起点							
	规划的主题体现以学生发展为本，注重人的可持续发展和终身发展能力的教育理念							
	规划的编制依据党和国家的教育方针、政策、法律、法规，体现新时代中国特色社会主义思想，符合教育改革的要求							
目标定位与措施策略	学校发展目标的定位符合校情实际与教育改革和发展的要求，具前瞻性；实施策略中的工作目标、年度任务内容、目标完成标志的表述明确、清晰，具可行性；实施措施具体，具可操作；职责到部门与责任人；监测、评估方法可测性强							
目标定位与措施策略	规划有实现学校发展目标、形成特色的全校性实验项目或科研课题							
	注重德育工作，把课程改革、人才培养模式、提高教学质量作为规划的重要内容加以反映							
保障体系	保障体系切实可行，即规划在可用时间、人、财、物、社区等资源条件下是可管理和可实现的							
	规划的编制体现民主性，师生、家长和社区的参与度高							

3. 对规划实施过程的自我监测

实施过程中自我监测的主要任务是对学校发展规划文本中的内容完成情况进行核对，即要对文本中设计的"学校发展规划月历计划表"等各种表格里包含的"目标""活动/措施执行情况""效果"等内容进行客观、全面的评价，如实填写完成或实现情况。此外，还要对各个目标的完成质量以及活动和措施的有效性进行监测评估。只有落实了学校发展规划文本中的绝大部分活动和措施，才能完成学校各部门的行动计划，进而保质保量地完成学校的发展目标。（表1-7至表1-9）

表1-7　学校发展规划实施情况自我监测评估

问题分类	目标序号	目标内容	执行时间	活动/措施		监测者		
				执行情况	效果	姓名	职务	监测日期
类别一	1							
	2							
	3							
	……							
类别二	1							
	2							
	3							
	……							
类别三	1							
	2							
	3							
	……							

表1-8　部门工作计划执行情况自我监测评估

周次	工作内容	负责人	部门工作计划		监测者		
			执行情况	效果	姓名	职务	监测日期
一							
二							
三							

续表1-8

周次	工作内容	负责人	部门工作计划		监测者		
			执行情况	效果	姓名	职务	监测日期
四							
五							
六							
七							
……							

表1-9 教职员工工作行动计划监测评估

目标	活动措施	执行时间	工作行动计划		监测者		
			执行情况	效果	姓名	职务	监测日期

在学校发展规划的实施过程中，进行内部自我监测是保障发展规划按预定发展目标实施的重要手段，而对每一过程进行监测评估最重要的在于形成阶段性总结、反馈，从而对该阶段出现的具体问题进行诊断分析，并提出合理建议和思考，进而及时修改与调整规划，保障学校发展规划在动态的调整完善过程中贯彻实施。

第二章 学校发展规划的案例分析与思考

 学校发展规划之校情分析的思考

（一）校情分析的意义

校情分析就是一种用系统、辩证的思想与方法客观地综合分析学校的现状，认清学校得以生存发展的现实基础，使学校对自身进行正确定位，从而为学校未来发展规划的制订提供科学客观依据的活动[①]。全面而透彻地分析学校发展的现状，是学校制订未来发展规划的前提，学校发展规划必须建立在系统、客观、正确的校情分析基础之上，只有这样，才能有针对性地确定发展的目标和举措。

科学的校情分析可以对学校发展的各种判断和预想进行汇聚和梳理，对学校当前面临的现状和亟须解决的问题有清晰的认识，对学校的资源优势和发展空间有正确把握，最终寻找思想上的聚焦和共识，形成对未来的共同愿景，为规划学校的未来发展提供了最为直接、充分的依据。

（二）校情分析的原则

校情分析可以采用多种方法和手段，但必须在学校的办学思想指导下，遵循一定原则而开展。

1. 民主参与原则

校情分析要客观、综合、全面地分析学校现状，不能单靠学校行政领导来完成，应该是全体教师、学生及家长代表、社区代表、校外专家等学校利益共同体合作参与、完成的过程。

2. 系统性原则

校情分析把学校视为一个独立系统，从整体与部分之间相互依赖、相互制约的有机联系中，揭示出学校内部系统的特征及其在各种因素构成的外部系统中运动发展的规律，从而优化学校系统的整体功能，实现学校发展的目标。在校情分析工作中切忌将学校内外部因素机械分割，只有将整体思维贯穿于整个校情分析过程中，才能有效优化学校系统整体，发挥学校系统整体功能的目的。

---

① 李丹：《学校发展规划视野中的校情分析研究》，上海师范大学，2011年。

3. 问题导向原则

校情分析、制订学校发展规划是为了解决学校发展中存在的问题，因此，在校情分析中要坚持以解决问题为方向，少做或不做与问题关联不大或无关的无用功。

4. 轻重缓急原则

在校情分析中，我们不能面面俱到、平均使力，要分清主次，抓住重点才能纲举目张。对学校存在的各种问题要按"轻重缓急"的次序进行优先排序，抓大放小，避轻就重，抓住并分析影响一所学校发展的关键性因素，以统御全局，顺利高效地完成校情统计任务。

（三）案例分析与思考

1. 案例的评析

校情分析一般是通过访谈、调查问卷、问题树、头脑风暴、召开座谈会等各种方法和途径，对学校发展的外部与内部环境信息进行搜集，通过对学校内外部环境进行辩证、系统的扫描，用以 SWOT 分析为主的方法对优势与劣势、机遇与威胁等维度进行系统分析，明确学校发展的有利条件与不利条件，以及应该优先解决的问题，从而制订出具有针对性、适用性较强的发展规划。

案例1：省内A学校发展规划之校情分析（节选）

一、基本概况

A校是深圳市罗湖区老牌重点中学，深圳市十大名校之一，广东省一级学校，广东省首批国家级示范性高中，教育部"全国名校三百家"之一。

高中部位于罗湖区东门北路，交通便利，环境幽静，是典型的"生态校园"。

初中部位于罗湖区怡景路，占地面积3.38万平方米，建筑面积1.65万平方米，校园绿化面积1.78万平方米，是深圳市"绿色学校"。

A校创建于1964年，原名"深圳×××中学"。1966年改名为"深圳××中学"，1969年又改名为"深圳××中学"。1998年合并原××中学，将之设为初中部。2007年成立A中学东晓校区，形成"一校三部"的宏大办学格局。

A校荣获了"深圳市首届办学效益奖""深圳市教育系统先进单位""深圳市文明单位""深圳市高中教育先进单位""深圳市依法治校先进示范校""深圳市德育示范校"等称号，成为深圳市较有影响力的十大名校之一。

二、发展优势

（一）办学传统优势

A校是一所具有50多年办学历史的传统名校。经过11任校长、3次转型、3次创业的历史变迁，沧海桑田，底蕴深厚。办学宗旨从"奠定学力，奠基人生"到"为师生的出彩人生搭建舞台";办学目标从"校园美、校风好、质量高、有特色的一流现代化学校"到"办具有现代学校制度、实现科学发展的卓越高中";培养目标从"高素质现代文明深圳人"到"培养立志共圆'中国梦'的高素质深圳人";校训从"团结奋斗,争创一流"到"海纳百川,追求卓越";校风从"团结活泼,崇实求真"到"立德求真";教风从"敬业爱岗,无私奉献"到"春风化雨";学风从"爱国文明,勤学上进"到"上下求索"。这些办学理念,既继承了A校一贯追求和办学传统,又体现了新时代发展的新目标、新高度,充分体现了A校的文化积淀、教育追求和办学特色。

(二)师资队伍优势

A校有专任教师211人,其中高级教师108人,占51%;研究生学历教师43人,占20%;国家级、省级、市级、区级优秀教师和骨干教师共65人,占31%。其中,全国优秀教师1人,全国骨干教师3人,特级教师2人,南粤教坛新秀1人,市领军人才1人,市名师(名班主任)工作室主持人2人,市级学科带头人4人,市级中青年骨干教师10人,市教坛新秀2人,区名师工作室主持人3人,区级学科带头人9人,区级中青年骨干教师28人。

(三)学校品牌优势

A校是深圳市乃至全省、全国的知名品牌学校。2013年以来,A校形成生成式德育、研究性学习、学生创客文化、专题学习网站等四大素质教育特色品牌,足球俱乐部、合唱团、魔术社、青青翠园文学社在深圳乃至全省、全国享有名气,吸引了全国近千所中学代表来A校取经。A校足球俱乐部是广东省首家正式注册的中学足球俱乐部,合唱团先后荣获罗湖区、深圳市合唱节一等奖。青青翠园文学社是全国阳光写作策源地,被誉为"全国中学文学社团旗舰"。

高考成绩也是A校响亮的品牌之一,已连续16年荣获"深圳市高考卓越奖",提升率居全市第一,创造了学生"中进高出"的奇迹,被称为"翠园现象"。国际部开办以来,连续3年录取率保持100%,名列全市第一,近90%的学生被美国前50名的顶级名校录取,被深圳媒体誉为"批量生产高才生的梦工厂"。

(四)持续发展优势

"十三五"期间,罗湖区委、区政府为落实教育优先发展战略,积极推进集群化办学、集团化管理,成立了A教育集团,输出A校的管理模式、办学经验和校园文化,推动罗湖区优质教学资源的增加。通过集团化办学,A校将穿越各种教育资源的边界,使优质、特色的教育资源集约共享,教育资源高度集成,使用效益达到最大化,保障A校持续发展。

三、面临挑战

(一)发展硬伤:办学硬件短板

A校高中部占地仅有3.8万平方米,校园大小与其品质和地位显得极不协调，学生用餐和住宿成为影响学校发展的两大硬伤。破旧的广场、陈旧的办公楼和教学楼、没有看台的运动场等，这些办学硬件设施明显不足与落后，使A校行政管理方式、学生管理模式、后勤服务形式以及教学管理方式等都面临着严峻的挑战。

（二）动力不足：教师结构断层

教师结构不合理，导致老中青教师专业发展不协调，没有形成层次分明的学科梯队，缺少学术领袖、领军人物、拔尖人才，导致学校持续发展的动力不足。因此，如何打造一支结构合理、优势突出的教师团队也是A校发展面临的一大挑战。

（三）遭遇瓶颈：生源基础薄弱

A校生源基础相对薄弱，别说追赶市属学校"四面红旗"，要追赶福田、宝安、南山区属重点中学都困难。所谓"巧妇难为无米之炊"，A校要突破教育教学质量的瓶颈，必须改善生源基础。

该校发展规划的校情分析部分较为详细，从学校整体情况出发，重点介绍了学校办学历史、发展沿革、办学规模、硬件设施、学生概况和教师概况，符合校情分析系统性原则。其中，对学校历史沿革和教师概况作了详细的介绍，对办学规模、硬件设施和学生概况作了简要的概述，运用SWOT分析法分析了学校办学传统优势、师资队伍优势、学校品牌优势、区域教育政策推动学校持续发展的优势，也重点指出了办学硬件短板、教师结构断层、生源基础薄弱等存在的问题，体现了校情分析中的问题导向原则和轻重缓急原则。

但该校情分析对外部环境的扫描较少，只对该校的地理作一般性分析，而对教育政策和社区环境的分析则较少提及。该校为一所老牌的示范性高中，新高考政策的实施对学校发展的影响可谓非常重要，但该校情分析没有提及新高考政策对学校带来的机遇和挑战，显然是考虑不够周全的。此外，该校情分析提及"生源基础薄弱"，但没有分析到区域内同类型竞争对手的生源状况，难以让人信服该校生源基础的定位。该所处的地理位置十分优越，而且是百年老校，社区资源自然十分丰富，但该校情分析对社区资源的分析几乎没有涉及，也没有提及社区市民对学校教育的期望和态度。教育关乎着家庭的幸福，追求获得优质的教育是每个家长的期盼，家长对学校教育的期望是学校制定发展目标的重要依据，应当在校情分析中有所体现。

案例2：省外B学校发展规划之校情分析（节选）

一、基本概况

（一）学校沿革

大连市B校位于中山区秀月街，始建于1964年，1966年学校更名为××中学。1969年学校归旅大市统一领导，成为一所公办学校。1980年，市教育局批准B校为完全中学，初中和高中共24个班、1200余名学生。2008年，学校与大连××中学整体置换，搬迁到现在校区。

（二）生源状况

初中部生源主要分布在桃源和秀月两个社区，年入学160人左右。高中部面向大连市市内四区招生，生源主要来自中山区和西岗区等周边社区。初中周边有民办学校争生源，高中则有部分大连市教育局直属高中与其竞争。

（三）师生状况

1. 学生基本情况

目前，B校共有15个初中行政教学班和18个高中行政教学班，其中初中生有600多人，高中生有560多人，总共有1160人左右。

2. 教师基本情况

现有教师192名，其中市、区骨干教师24名，占教师总数的12.5%。

教师队伍主要由四个群体来源组成：一是最近几年学校从全国各地引进的优秀教师；二是长期立足学校发展和教育事业，为学校的发展做出贡献的中年教师，他们是学校的中坚力量；三是区域同类学校交流来的专任教师；四是学校陆续招聘的大学毕业生，尤其是近几年来，大批老教师退休，教师的年龄、学历、职称构架趋于合理，逐渐完成了师资力量的新老交替。

（四）办学条件

2008年年初，学校搬迁到现校址，现校址与原校址相距500米，仍位于景色宜人的中山区秀月山下，是一所真正意义上的现代化学校。学校占地面积为30000多平方米，建筑面积近30000平方米，共有4栋建筑，各专用教室100余间；体育馆为双层结构，面积为2893平方米。操场面积为12000平方米，为300米标准塑胶人工草皮操场。

（五）"十二五"荣誉

详情略。

（六）办学优势

（1）办学条件实现现代化。校舍置换搬迁后，困扰B校多年的硬件条件得到彻底改善，实现了师生学习、工作和生活质量的跨越式提升。

（2）内部管理体制改革成效显著。建立了"六横六纵二维矩阵式扁平化"管理模式；实施了以学年部为基本管理单位的教育教学管理体制；建立了相对健全的教代会民主管理机制，实施全面民主管理。

（3）学校文化人文、民主。

（4）教育教学质量社会认可。

（5）音乐艺术特色已具规模。B校历任领导高度重视艺术教育，形成了学校发展的一大特色。该校有6个初中音乐特长班、8个高中艺术特长班、2支学生乐团、1 支学生合唱团，共有学生 590 多人，成为大连市音乐教育发展中的一抹亮色。

（6）教育信息化建设省市闻名。

（七）办学劣势

（1）学校管理仍缺乏科学化、精细化（组织方面）。

（2）教师队伍现状还不能满足学校品牌发展的需要（技术、资源方面）。

（3）面向特色发展的课程体系并不完善（技术、资源、文化方面）。

（4）事业发展的政策性支持还不够完善（政策方面）。

（5）长远事业发展的硬件条件有待提高。从学校长远发展来看，还缺少一个能容纳 500～600 名住宿学生的宿舍楼（面向全市、全省招生）。

（八）艺术特色发展面临机遇和挑战

（1）社会因素（机遇）。当今时代，全社会都热切盼望能真正推进素质教育，而艺术教育是素质教育的重要组成部分，在全面提高人的素质方面有着其他学科所不可替代的作用，是实施素质教育的有效突破口。

（2）高考因素（机遇）。随着高校扩招以及艺术类专业增设，全国每年艺术类考生呈递增趋势，可见艺术特长生的教育市场是非常广阔的。另外，在所有进行音乐艺术教育的中等学校中，绝大多数的学校是音乐学院的附属高中、音乐艺术专业学校等。这些学校虽然非常重视专业的学习，但是相对来讲，文化课学习很不规范，学生的文化素养较低，无法满足社会对高层次音乐艺术人才的需求。在正规的公办高中接受良好艺术教育的学生又非常少，目前辽宁省公办学校中没有一所音乐特长学校。

（3）高中阶段教育开始萎缩（威胁）。根据大连市基础教育改革总体趋向及生源的变化趋势，高中办学必然要进行调整和改革。像 B 校这样的一般高中的未来招生工作必然要受到影响，招生会越来越困难。

综上所述，B 校认为在当前各方面因素综合作用下，已经具备了创建音乐艺术特色学校的内外部条件，应抓住发展机遇，积极探索高中办学模式多样化改革，寻找适合自己的办学道路，办出艺术特色，以适应形势发展的需要。选择音乐艺术教育作为实施素质教育的突破口，以开办初高中音乐艺术班作为办学模式改革的切入点，是 B 校走向新的发展道路的最好选择。

B 校是一所正在创建音乐艺术教育特色学校的完全中学，学校发展规划中的校情分析具体详细，依次介绍了学校的发展历史、地理位置、师生情况、办学条件、荣誉等，运用 SWOT 分析法分析了现代化的办学条件、扁平化管理模式、"人文、民主"的学校文化、社会认可的教育质量、音乐艺术的办学特色、领先的信息化建设等优势，指出管理仍不够精细化、教师队伍不能满足发展需要、特色课程体系不健全、政策性支持不完善等劣势，并分析了学校艺术特色发展面临机遇和挑战。尤其值得学习的是，B校通过校情分析，找准了学校发展的潜在优势和外部机遇，明确学校已经具备创建音乐艺术特色学校的内外部条件，充分利用内部优势，抓住外部机遇，确立"选择音乐艺术教育作为实施素质教育的突破口，以开办初高中音乐艺术班作为办学模式改革的切入点，是我校走向新的发展道路的最好选择"的发展目标，以辩证的思维方法确立学校的发展方向。

总体上说，B学校的校情分析是比较全面系统的，校情分析的几个原则在规划中都有体现，校情分析内容涉及的内部因素（学校规模、人力资源、管理制度、课程与教学、学生状况）、外部因素（政策因素、地理环境）均有体现。但是，在校情分析的策略上没有进行SO、ST、WO、WT的组合分析，分析的条理性、透彻性还有待加强，例如在面临生源萎缩的威胁方面，没有进行利用内部办学优势（艺术教育）和外部发展机遇（社会对艺术教育重视程度和招生规模扩大）来化解该项威胁的分析。此外，在校情分析的结构上，条目排列的顺序可以按从主到次适当调整；按照SWOT常用的格式，发展的机遇与挑战不宜合在一起表述。在校情分析的内容上，"家长状况"与"社区资源"没有涉及，个别条目的名称也有些问题，如"自然情况"不甚准确，"生源情况"与"师生情况"分类也不够明晰等。

（四）基于案例的校情分析的思考

校情分析主要是对学校内外部环境的基本情况有深入而全面的了解，不过从跟岗搜集的学校发展规划来看，有些规划中的校情分析较为简单，很难反映出校情分析的基本原则与基本要求，起不到支撑规划学校发展的基础作用。

科学的校情分析要侧重反映学生发展、教学质量、教师队伍建设、学科管理、学校与社区关系等方面的情况。要描述学生、教师、校舍、设备、管理和教学质量等方面的状况，包括学校性质学校地理位置、服务半径；办学条件和环境，包括占地面积、校舍面积、硬件设施；学校在学区或更大范围内所处的位置等；教师和学生情况：教师队伍的学历、专业、年龄、性别结构等，学生的基本情况包括学生的年龄、性别、家庭经济状况、学习成绩等；课程设置包括国家课程设置、校本课程、新课程改革等内容。学校概况的撰写要简明扼要，突出重点、有特色，使读者能够容易了解学校的基本情况、办学水平和办学特色。重点是要了解清楚学校基本情况的实际现状、制约学校发展的存在问题。

SWOT分析法是校情分析最常用的方法。在进行SWOT分析时，应该把优势、劣势与机遇、挑战相组合，形成SO、ST、WO、WT策略。这样就能甄别出目前学校发展过程中存在的问题与挑战，同时明晰自身的优势及发展机遇，从而找到有效可行的对策，为制订发展规划及行动方案提供依据。

"校情分析"重点围绕问题、目标、措施这三个关键词，这是构成学校发展规划的基本结构，是学校发展规划文本中的主体部分。总的要求是由问题决定目标，目标来自问题解决，措施围绕目标来设定，通过活动措施确保目标实现，通过目标实现解决问题。

 学校发展规划之发展目标的思考

（一）发展目标的意义

发展目标是根据学校的发展理念和发展基础而预先确定的学校在某一时段所要达到的最终结果。发展目标蕴含着学校的教育哲学，是在学校教育哲学引领下的办学思想或办学理念的体现和表达。发展目标的最终形成与发展理念的定位密切相关，理念要转化为行动，就必须外化为"目标"。发展目标是学校主体意志的体现，是制订学校发展规划的核心。

（二）发展目标的构成

发展目标分为战略目标和行动目标。战略目标指长远目标，处于顶层，较为宏观，说明学校在未来同类同级学校中所处的位置，学校发展的重点领域、关键指标和努力方向。战略目标是对学校环境、问题和前景需求的概括，说明学校未来所要完成的任务和要达到的水平[①]。行动目标是中短期目标，包括教学目标、德育目标、班级建设目标、科研目标、师资队伍建设目标、资金筹措目标、学校建筑及设备设施配置目标、质量目标、特色发展目标等。行动目标是战略目标的分解，要尽量用明确的语言去描述。行动目标要有具体的时间规定，并明确每个阶段要完成的任务。

（三）制订发展目标的原则

明确学校发展目标是学校发展规划制订的关键，要确立这个关键并非易事，需要首先考虑学校的战略思想。战略思想是教育方针和校长的办学思想、办学理念以及学校未来发展思路的综合概括，如学校的性质是什么，学校为谁服务，学校应确立什么样的理想和价值观等。确定战略思想后，以学校现有发展状况和未来发展条件制定发展目标，并注意使发展目标具有一定程度的挑战性。制定学校发展目标应遵循"SMART"原则[②]，即目标必须是具体的、可测量的、可实现

[①] 高洪源：《学校战略管理》，重庆大学出版社，2006年版。
[②] 陈建华：《参与式规划与学校发展》，北京大学出版社，2010年版，第12页。

的、真实相关的、有明确的时间限制。只有符合 SMART 要求，才具备真正的价值，才具有可操作性。

（四）案例分析与思考

1. 案例的评析

本文着重从发展目标的结构和内容这两方面出发，以对比的方法进行评析。

案例3：省内C校发展规划之发展目标（节选）

省内C校是一所完全中学，其高考成绩历年处于深圳前五的位置。其间，该校在"十三五"发展规划中把"发展目标"放在第二部分，表述为"战略构想"，具体内容如下：

一、总体思路

全面贯彻党的教育方针，落实"立德树人"根本任务，以"为师生的出彩人生搭建舞台"为办学宗旨，大力实施"追梦行动计划"。

二、办学宗旨

"十三五"期间，C校的办学宗旨是：为师生的出彩人生搭建舞台。这个办学宗旨是对C校以往提出的"奠定学力，奠基人生"和"为21世纪培养高素质人才"办学宗旨的继承和发展，与我国新时代实现"中国梦"的伟大目标是相一致的。

三、培养目标

"十三五"期间，C校的培养目标是：培养立志共圆"中国梦"的高素质深圳人。这个培养目标既继承和发展了C校以往的学生培养目标："高素质现代文明深圳人""高素质现代深圳人""多元培养知责任、有胸襟、会感恩的现代深圳智慧人"，又体现了我国新时代对人才培养的最新要求。

四、发展目标

"十三五"期间，C校的发展目标是：力争使××中学办成校园美丽、充满活力、学生向往的具有现代学校制度、实现科学发展的卓越高中。

案例4：省外D校发展规划之发展目标（节选）

省外D校是重庆一所综合排名靠前的完全中学，每年高考都有10～20人考上北大、清华，但近年的成绩有所下滑。该校在"十三五"期间的发展规划中制订的发展目标内容如下：

一、指导思想

以党的十八大和十八届五中全会精神以及习近平总书记系列重要讲话精神为指导，遵循创新、协调、绿色、开放、共享的发展理念，面向全体，以生为本，加强教育供给侧改革，全面发展与多元智能培养相结合，注重提升学生的核心素养和关键能力，追求卓越的教育教学质量。

二、发展目标

到 2020 年完善现代学校制度建设，把学校办成在重庆全面领先、西部有一定知名度的学校。

办学体制更加丰富多元。办高质量的民办学校，形成一校三区格局，促进重庆市××中学教育集团的形成。

教师队伍更加优秀专业。建成一支年龄结构、能力结构和性别比例均衡的教师队伍。

生源质量更加优良多元。优质生源体量大幅增加，生源整体质量处于全市领先水平，各种有发展特长的学生渐趋增多。

学校管理更加精细高效。精细化管理制度完善，理念深入人心，并落实到行动上，精细化成为学校的一张文化名片。

学校文化更加丰富落地。学校环境文化和价值文化体系更加完善，行为文化建设初显成效。

教育质量更加优良特色。学生综合素质更高，具备更加强大的发展后劲，教学出口质量各项指标在重庆全面领先。

案例 5：省外 E 校发展规划之发展目标（节选）

省外跟岗 E 校是大连一所以音乐教育为特色的完全中学。该校在"十三五"期间的发展规划中的学校发展目标制订的内容如下：

一、学校办学理念

以习近平新时代中国特色社会主义思想为指导，以科学发展观为统领，全面贯彻党的教育方针，深入实施素质教育，培养学生关键能力。坚持把加强音乐艺术教育作为实施素质教育的有效突破口，面向全体学生，普及音乐艺术基础知识，提高学生审美素养。在音乐班中加强文化课教学，在普通班中加强艺术教育，培养术业双修、德艺兼备、知行合一的现代人才。

二、学校发展定位

E 校的发展定位是：践行情知教育思想，促进学生自主发展，培养德艺兼备、知行合一的现代人才。

三、学校发展目标

（一）五年规划总目标

办学目标：办一所省市知名，国内外有影响的音乐艺术特色学校。

学生培养目标：在"立德树人"核心思想指导下，坚持崇德尚文，健体育智，努力培养知行合一、具有良好人文素养的社会主义建设者。

（1）使 98% 学生成为德艺兼备、知行合一的合格中学生。

（2）使 98% 学生成为具有文明、守则、诚信、质朴、优雅、和谐等心理品质的可自主持续发展的人。

（3）每个学生能拥有1项以上的音乐艺术特长。

教师发展目标：

（1）教师对学校办学理念认同并能落实在教育教学行动中。

（2）教师具备与时俱进的新师德，100%的教师师德合格。

（3）要具有与建设"高效立体互动学堂"相适应的教学能力，与新德育建设相适应的管理能力。具有学习、反思、研究的能力，成为可持续发展的教师。60%以上的教师形成个性化的教学风格；50%以上的教师具备独立承担研究课题能力；90%的教师的专业水平和能力得以提高。

（二）五年规划年度目标

2017年：高中音乐艺术班维持2个班。初中音乐艺术班维持2个班。初步形成完整的音乐艺术专业校本课程体系。为申办辽宁省示范性高中做好前期准备。与国内知名艺术院校建立生源基地，并逐步打开国际化办学之路。

2018年：高中音乐艺术班维持2个班。初中音乐艺术班维持2个班。基本形成完整的音乐艺术专业校本课程体系。做好申办辽宁省示范性高中的后期准备工作。成为更多的国内知名艺术院校生源基地，并与国外比较知名的艺术院校合作建立考试基地。

2019年：高中音乐特长班稳定在2个班，招生范围扩大到本市外县区，进一步提高生源质量。初中稳定在2个音乐艺术班，并争取区、市内招生，提高生源质量。形成完整的音乐艺术校本课程体系。申办辽宁省示范性高中。与国内知名艺术院校合作，建立教师培训、互访机制，与国外知名艺术院校建立生源基地，教师互访、资源共享机制。

2020年：高中音乐艺术班6个，成为真正的音乐艺术教育特色的品牌完全高中。初中达到6个音乐艺术班，在校学生总数有所增长。在全面提升教育质量的同时，生源质量力争达到一个新的高度。建立成熟的音乐艺术校本课程体系。成为辽宁省示范性高中。与国外著名的音乐艺术院校建立合作办学关系，开设国际课程。

2021年：完成五年规划的目标和任务，形成有特色的办学成果，学校的教育教学有一个跨越式的发展。

2. 案例中三所学校的发展目标的结构分析

三所学校的发展目标表述的结构框架对比见表1-10。

表 1-10 发展目标的结构框架对比

	案例 3	案例 4	案例 5
发展目标的结构	一、总体思路 二、办学宗旨 三、培养目标 四、发展目标	一、指导思想 二、发展目标	一、学校办学理念 二、学校发展定位 三、学校发展目标 （一）五年规划总目标 （二）五年规划年度目标

三所学校都在校情分析的基础上，把"发展目标"放在发展规划的第二部分。

案例3的结构是依次按"总体思路""办学宗旨""培养目标""发展目标"去表述，如此排列在逻辑上有点混乱。以上四项内容中，"办学宗旨"是学校办学的指导思想，起统领作用，应该是最上位、最概括的。"培养目标"应包含于"发展目标"中。我们认为，比较适合的排序应该是："办学宗旨""发展目标""总体思路"。

案例4首先阐述"指导思想"，再表述"发展目标"，结构简洁、明了。但"发展目标"没能清晰地分为"战略目标"和"行动目标"。

案例5先陈述学校的"办学理念"，再表述学校的"发展定位"，最后阐述"发展目标"。在"发展目标"中分为"五年规划总目标"和"五年规划年度目标"，"五年规划总目标"分解为"办学目标""学生培养目标"和"教师发展目标"。这样的结构和前两个案例相比更清晰、系统和完整。"发展目标"里的"五年规划总目标"相当于"战略目标"，"办学目标""学生培养目标"和"教师发展目标"相当于"行动目标"。

综上所述，以上三个案例的在结构上的优、缺点见表1-11。

表 1-11 案例结构对比

	案例 3	案例 4	案例 5
优点	结构较完整	结构逻辑清晰	结构清晰完整
缺点	结构逻辑稍混乱	结构过于简单	结构可以更鲜明、简练

3. 案例中三所学校发展目标的内容分析

三所学校的战略目标表述见表1-12。

表1-12 三所学校战略目标

	案例3	案例4	案例5
战略目标的内容摘要	力争使C校办成校园美丽、充满活力、学生向往的具有现代学校制度、实现科学发展的卓越高中	到2020年完善现代学校制度建设,把学校办成在重庆全面领先、西部有一定知名度的学校	办一所省市知名,国内外有影响的音乐艺术特色学校

我们认为,战略目标须说明学校在未来同类同级学校中所处的位置,学校发展的重点领域、关键指标和努力方向。C校缺乏未来在同级同类学校中的位置的表述,D校明确了"在重庆全面领先、西部有一定知名度的学校",E校明确了"省市知名"。

以 SMART 原则来分析这三所学校发展目标的内容,C校的表述是"校园美丽、充满活力、学生向往的具有现代学校制度、实现科学发展的卓越高中",学校未来要达到的水平是"校园美丽、充满活力、学生向往""具有现代学校制度",这个战略目标是具体的、可测量的、可实现的,也是与学校的办学基础真实相关的,但没有时间说明。D校的表述是"到2020年完善现代学校制度建设,把学校办成在重庆全面领先、西部有一定知名度的学校"。显然,这个战略目标表述不够具体,可测量性和相关性也较差,可取的是它有明确的时间限制。E校的表述是"办一所省市知名,国内外有影响的音乐艺术特色学校"。E校的表述具体、可测量、可实现,也与学校的办学基础密切相关,但缺少了时间的表述。

三所学校的行动目标表述见表1-13。

表1-13 三所学校的行动目标

	案例3	案例4	案例5
行动目标的内容框架	1. 校园美丽、充满活力、学生向往 2. 具有现代学校制度 3. 实现科学发展	1. 办学体制更丰富多元 2. 教师队伍更优秀专业 3. 生源质量更优秀多元 4. 学校管理更精致高效 5. 学校文化更丰富落地 6. 教育质量更优良特色	1. 总目标 (1) 办学目标 (2) 学生培养目标 (3) 教师发展目标 2. 年度目标

C校的行动目标既没有在"校园美丽、充满活力、学生向往"上进行分解,也没有从教学、德育、师资队伍建设等方面去阐述,它表述育人的目标是"培养立志共圆'中国梦'的高素质深圳人",显然,C校行动目标的几个维度欠完

整,也是难以检测的。

D校的行动目标似乎完整地覆盖了学校发展的各个方面,但考察其中的具体内容,我们发现很多行动目标也是不可检验的。

E校的行动目标涵盖了教学目标、德育目标、教师发展目标等方面内容,而且还制订出了年度目标,给出了百分比,完整且可检验性相当强。

我们认为,比较三所学校行动目标的制定,以E校的表述最为理想。

综上所述,以上三个案例在内容上的优、缺点见表1-14。

表1-14 三个案例的内容对比

	案例3	案例4	案例5
优点	战略目标具体、可测量、可实现,相关性强	战略目标有时间限制	战略目标具体、可测量、可实现,相关性强
缺点	战略目标没有时间限制,行动目标条理不清,表达不完整	目标不具体,可测量性、相关性差	战略目标没有时间限制

(五) 基于案例的发展目标的思考

综上所述,在制订学校发展目标时,我们认为要注意以下三点:

(1) 必须要明确指导思想。每所学校的办学特色,除了办学定位和发展目标外,还应体现在战略思想上。战略思想是学校发展规划的灵魂,战略思想是对本校的教育思想、观念、办学方针、发展思路等的综合概括。从战略形成的过程来说,战略思想的选择和确定应该是第一步。当然,战略思想的选择和确定,也要以对社会环境和学校自身现状的基础分析为依据。

(2) 制订学校发展规划时,"目标体系"的制定要注意体系的逻辑性,建议分为战略目标和行动目标这两部分。战略目标说明的是学校未来要在同类学校中所处的位置、学校发展的重点领域、关键指标和努力方向,即要有针对性地说明学校未来所要完成的任务和达到的水平。行动目标主要明确教学目标、德育目标、班级建设目标、科研目标、师资队伍建设目标、管理人员提高目标、特色发展目标、学生数量和质量目标、设备设施配置目标等方面的内容。需要明确的是,目标体系的核心目标是育人目标,这是办校的宗旨,是不可缺的。

(3) 无论是战略思想、战略目标,抑或是行动目标,都应该紧扣形势发展的要求,即应具有时代性。如在制订"育人目标"时应考虑党提出的"立德树人""核心素养""四个关键能力"等要求。又例如,在制订"学校发展目标"时,应考虑互联网、物联网对办学的新要求。显然,这一点以上三所学校都有所欠缺。没了时代性，一份规划不但"十三五"可以用，"十四五"，甚至"十五五"都可以用。

学校发展规划之任务措施的思考

（一）规划任务措施的意义

制订学校发展措施是整个学校发展规划中最重要的一个环节，它是学校发展规划中列出的行动计划，要求紧扣发展目标，强调目标与措施的相互对应，发展措施要做到内容具体、特色鲜明，责任明确，可操作，可检验。具体措施的设计与表述是发展规划中的实施系统，它是学校发展的"施工图"。学校发展规划最终要落实到学校的行动方案上，这样的行动方案是目标的落实，也是实现学校发展的具体实施措施，是学校日常运行的主要依据。

（二）规划任务措施的原则

我们认为，学校规划任务措施要符合六项原则：

（1）针对性，任务措施要立足学校现状，指向学校某一方面的工作。

（2）有效性，制定的任务措施要讲求策略，能够高效地达成目标。

（3）合法性，任务中的每项发展举措都要符合国家和地方法律法规，依法治校。

（4）科学性，任务措施要符合教育规律和学生发展规律，使学生健康成长。

（5）可行性，每一项措施都要切实可行，具有很强的操作性。

（6）系统性，实现发展目标需要多项任务措施，不同的任务措施之间要具有逻辑关系，不能相互冲突。

在原则引领下，措施应当是提纲挈领的大事要事：一是所有的"事"都是为目标的实现而为的，因此"做事"时务必有清晰的工作目标，将"工作目标"写在"做事"之前。二是这些"事"要用"系统思维"的方法予以梳理，找出关键"事"、重大而必不可少之"事"，分清轻重缓急。三是发展措施是本校自主、主动行为，不能"纸上谈兵""述而不作"，不要盲目冒进，而要有所作为、有所创新。四是"措施"项目的构思，有自身的逻辑系统。有"想法"才有"做法"，前者是方向性的，后者是程序性的。各项目措施之间也是相辅相成，互为照应的，如"师资建设"是为"实现教改"奠定基础的，因此"教改的行动"要有相应的"师资建设"行为作保证。学校发展规划的任务措施主要包括管理机制、学校文化、队伍建设、德育活动、课程体系、课堂教学、特色建设等。

（三）案例分析与思考

发展规划的任务措施是为实现学校的发展目标而采取的一系列具体行动，每一项发展措施都是基于学校的发展基础和存在问题，与学校的发展目标相对应，具有一定逻辑关系和时间连贯性的具体活动。本文着重从规划任务措施的结构和内容这两方面进行评析。

1. 案例的结构评析

案例6：青岛市F校五年发展规划（节选）

（一）重点发展项目

1. 推进现代学校制度建设

完善学校典章文化，制订并落实学校五年发展规划，加大社会参与，引领文化自觉，推动学校改革创新，探索"亦生亦师"教育模式下的师生评价机制，提高组织效能，进一步释放"亦生亦师"办学特色的生命力，促进学生、教师、学校、社区的协调和可持续发展。

2. 加强教师队伍建设

学校制订教师队伍建设五年规划，通过青蓝工程、桂香工程、梧桐工程、东山工程对不同梯次教师制定不同发展目标，开展入职教师、青年教师、骨干教师、老年教师的个人规划达标活动，提高理论修养和业务素养；加强教研组和年级组团队建设，以"亦生亦师，易知易行"管理品牌创建为抓手，加强学习群组的建设和不同群组之间的合作研讨，构建不同学科、不同课型的不同合作学习体系，提高"亦生亦师"办学特色的实效性。

3. 完善"亦生亦师"课程体系建设

围绕培养"现代公民"育人目标，将培养学生"持续学习力"作为课程实施的重要目标，进一步完善"三维六纵"的课程体系。加强国家课程的校本化开发与实施，探索学科内课程内容的整合与重构、学科间的主题关联学习、学科与前沿知识的拓展延伸、学科与信息技术的融合，着重在语文学科的主题阅读整合、数理化学科教材的分层分类重构、艺术学科融合等三方面进行研究突破；开发"亦生亦师"特色支架课程：学习思维力、团队领导力和校友课程，推进海洋教育课程、戏剧课程和国际理解教育课程，完善"知行统一"德育课程；五年内探讨分层分类走班运行机制，初步形成可供每一名学生选择的多元课程体系。

4. 深化"亦生亦师"课堂教学模式

深化"亦生亦师，教学合一"的教学理念，以问题为课题，细化、提升课堂教学模式实施的策略和方法，强化教师"亦生亦师"课改意识，以教学五环节在不同课型中的实施策略为发力点，以干部包干学科、年级来推动环节教学向纵深发展；以小组合作学习的细化为着力点，改进并完善小组评价激励机制，建设小组内师徒结对，真正实现课堂分层次教学和个别化指导；以有效推进各学科教学子模式的实践探索为切入点，努力形成"亦生亦师，教学合一"课改模式下各学科子模式百花齐放的良好态势。

5. 推动数字化智慧校园建设

加强硬件建设，实现无线网络全面覆盖，增添网络存储服务器，建设录播教室、3D打印教室和未来教室；依托智慧校园云平台，不断完善"学校个性化管理平台""校际资源共享平台""个人学习和成长空间"的建设，做到教学模式多样化、教学资源共享化、教育管理数字化、家校互动即时化；将翻转课堂、慕课、微课、电子互动教学等现代化教学元素应用到"亦生亦师"的课堂，实现教与学方式的技术改变。

6. 完善四级塔式文化结构

搭建学校文化、年级文化、班级文化、小组文化四位一体的塔式文化结构，使之成为师生共同栖息的精神家园。以"学生14问""教师14问""文化人格的实践14问"为线索建构文化课堂。以学校文化为核心，年级文化从制度引领、习惯引领到精神引领，推动年级积极向前发展。从环境文化、制度文化、精神文化这三个方面推进班级特色文化建设，实现德育的人文精神。

7. 完善"知行统一"德育课程体系

全面落实"立德树人"。以"知行统一"为德育课程目标，实施全员育人导师制；深化德育活动课程，加强对仪式教育、主题班会课、社团活动、"校园节日"主题活动的调研与改进，增强活动的实效性和吸引力；加强学科德育课程建设，将德育目标融入学科学习，实现学科的双价值育人；充分利用家长和社区资源，通过家长微课程和社会实践等活动丰富学生德育体验；推行德育学分制，提高学生自我管理能力，使学生具有良好的公民素养和健全人格。

8. 深化特色项目发展

明确"艺体第一，实践唯上"的特色项目目标，落实学校的"十个百分百计划"，建设创客工作坊、青岛市首个初中校园飞行模拟体验中心和格子博览会；探索学校艺术教育和学生综合艺术素养多元评价制度；进一步普及学生社团并重点打造在全市具有一定影响力的5～8个学生社团；探索普适性艺体发展项目，在全校形成1～3项具有一定规模的群体项目。

(二) 年度目标实施计划表（节选）

详见表1-15。

表 1-15 山东省青岛 F 中学五年发展规划年度目标实施计划

一级指标	二级指标	三级指标	年度目标	工作措施	资源要求	负责人	备注
A1 学生发展	B1 身心发展	C1 身体健康					
		C2 心理素质					
	B2 品德表现	C3 道德品质					
		C4 行为习惯					
	B3 学业表现	C5 学业成绩					
		C6 学习能力					
		C7 艺术素养					
	B4 技能与实践能力	C8 生活技能					
		C9 社会实践					
A2 教育教学	B5 德育工作	C10 德育机制					
		C11 教书育人					
		C12 德育活动					
		C13 班集体建设					
		C14 心理健康教育					
	B6 教学工作	C15 课程设置					
		C16 体育卫生艺术教育					
		C17 教学常规					
		C18 课堂教学					
		C19 学生评价					

续表 1-15

一级指标	二级指标	三级指标	年度目标	工作措施	资源要求	负责人	备注
A3 教师队伍	B7 教师培养	C20 师德师风建设					
		C21 教师结构					
		C22 教师培训					
		C23 骨干、青年教师培养					
		C24 班主任培养					
		C25 教育科研					
		C26 教研组建设					
	B8 教师考核与激励	C27 教师考核					
		C28 教师激励					
A4 领导与管理	B9 依法规范办学	C29 办学宗旨和目标					
		C30 计划与实施					
		C31 规范办学行为					
	B10 现代学校制度建设	C32 章程与管理制度					
		C33 民主决策与民主管理					
		C34 党建工作					
		C35 依法治校					
		C36 师生权益保障工作					
		C37 校务公开					
		C38 管理队伍					
	B11 安全与后勤管理	C39 安全管理					
		C40 后勤管理					
	B12 校园文化建设	C41 和谐校园					

续表 1-15

一级指标	二级指标	三级指标	年度目标	工作措施	资源要求	负责人	备注
A4 领导与管理	B13 办学条件与办学资源开发	C42 办学条件					
		C43 经费使用					
		C44 办学资源开发					
		C45 信息化建设					
	B14 与家庭及校外联系	C46 家校沟通					
		C47 联系社区					
		C48 校际合作					
	B15 自我评估与改进	C49 自我评估与改进					
A5 学校特色	B16 创办规划	C50 理念与目标					
	B17 措施保证	C51 制度和措施					
	B18 发展成效	C52 社会效应					

表 1-16 山东省青岛 F 中学五年发展规划重点发展项目年度目标实施计划

重点发展项目	对应指标	年度目标	工作措施	资源要求	责任部门负责人	备注
1. 推进现代学校制度建设（略）	C32 章程与管理制度					
2. 加强教师队伍建设（略）	C21 教师结构					
	C22 教师培训					
	C23 骨干、青年教师培养					
3. 完善"亦生亦师"课程体系建设（略）	C15 课程设置					
4. 深化"亦生亦师"课堂教学模式（略）	C18 课堂教学					

续表1-16

重点发展项目	对应指标	年度目标	工作措施	资源要求	责任部门负责人	备注
5. 推动数字化智慧校园建设（略）	C45 信息化建设					
6. 完善四级塔式文化结构（略）	C13 班集体建设					
7. 完善"知行统一"德育课程体系（略）	C10 德育机制					
	C12 德育活动					
8. 深化特色项目发展（略）	C16 体育卫生艺术教育					

青岛市F校规划任务措施的结构主要包括两大部分：重点发展项目和年度目标实施计划表。其中，重点发展项目包括制度建设、教师队伍建设、课程体系建设、课堂教学模式、智慧校园建设、学校文化建设、德育课程体系和特色项目发展等八大项目；年度目标实施计划表则包括五年发展规划年度目标实施计划表和重点发展项目年度目标实施计划表。我们认为：该发展规划的任务措施针对性强，涵盖的内容全面，发展的层次分明，系统性较好。最值得借鉴的地方是制订了详细的"年度目标实施计划表"和"重点发展项目年度目标实施计划表"，在"年度目标实施计划表"中，分别设计了5项一级指标、18项二级指标和52项三级指标，在三级指标的"年度目标"中分别设计5个年度的发展目标和相对应各个年度的工作措施，并明确落实工作措施的责任部门和责任人，使各个年度的目标、措施、责任人非常清晰、具体。深入分析同一指标下各个年度的工作目标和措施，还可以发现下一年度的目标和措施是上一年度的目标和措施之递进、深化的逻辑关系，而不是简单的叠加或重复。在"重点发展项目年度目标实施计划表"中，则列明了"重点发展项目工作思路""年度目标""工作措施"和"责任部门及责任人"，规划设计的思路清晰，条理分明，逻辑性强，使读者清楚明了。

当然，由于学校发展规划是谋划学校发展的愿景、任务、策略和监督评价的过程，因此，就要对过程进行监督与评价，这样才能保障过程按既定的目标方向发展，否则就可能会偏离预定的发展方向。关于审视该发展规划年度目标实施计划表，我们认为应该增加"预期效果"和"监测评估依据"的设计，"预期效果"是为了评估"是否达成目标"，"监测评估依据"是为了评估"怎样知道是已经达成目标"。增加这两项的设计，就可以形成"目标—措施—保障条件—预期效果—监测评估依据—责任人"的完整规划，保障发展规划的实施过程能够按既定设计方案进行。

从内容的结构上分析案例6的发展规划，我们发现，该校的办学优势主要表现为优良的办学传统与鲜明的"亦生亦师"办学特色、清晰的发展战略、充满活力的教师队伍、育人功效凸显的特色项目以及较为完善的课程体系。学校面临的问题主要包括新的区域发展布局冲击学校已有优势、"亦生亦师"办学特色推进后劲不足、研究型和创新型教师队伍风格不明显、信息化建设规划与前瞻能力不足。学校的办学目标是"建设成一所学生健康快乐成长，教师幸福愉悦工作，家长放心、社会满意、办学成效显著，特色文化鲜明，充满生机与活力的全国教改名校"，育人目标是"培育有健康身心、厚实学力、独立精神、自律品质、多元视野、创新精神、团队意识、领导能力的现代公民"。该发展规划制订的重点发展项目是：推进现代学校制度建设、加强教师队伍建设、完善"亦生亦师"课程体系建设、深化"亦生亦师"课堂教学模式、推动数字化智慧校园建设、完善塔式文化结构、完善"知行统一"德育课程体系、深化特色项目发展。按照"问题—目标—措施"的逻辑思路，审视该发展规划之任务措施的设计，我们发现逻辑关系较强的方面有"新的区域发展布局冲击学校已有优势—建成全国教改名校、培养现代公民—完善亦生亦师课程体系、德育课程体系、课堂教学模式、特色项目发展"和"'亦生亦师'办学特色推进后劲不足—特色文化鲜明—完善'亦生亦师'课程体系建设和深化'亦生亦师'课堂教学模式"，由问题拟定发展目标，由目标衍生发展举措，思路清晰，措施明确。与之相对比，"研究型和创新型教师队伍风格不明显—加强教师队伍建设"和"信息化建设规划与前瞻能力不足—推动数字化智慧校园建设"则缺乏发展目标的设计，没有完整的体现出"问题—目标—措施"的逻辑思路。从结构的完整性来分析，该发展规划的发展项目还有需要完善的地方。

2. 案例的内容评析

本部分结合案例的具体内容，分别从队伍建设、办学特色、德育体系、课程改革等方面对发展规划中任务措施的内容进行评析。

案例7：大连市G校发展规划（2016—2020年）（节选）

（一）加强队伍建设工作

1. 深化干部队伍建设

以"能力提升工程"为主线，注重干部队伍专业学习能力、政策执行能力、事物洞察能力的培养。以"转变工作作风"为重点，要求每一个干部全身心投入到工作中去，不断提高工作主动性和创造性。结合学校教职工考核方案及教师道德规范，以工作行为与态度、工作能力与实际效果为考核评价指标对干部履职情况考核评估，评估结果作为干部提升任用的依据。培养一支团结协作、勤政廉洁、高效精干的干部队伍。

2. 加强教师队伍建设

提高学校教师刻苦钻研业务的意识，培养教师开拓创新和团结合作的精神，使其具备正确的教育观念，学会反思，善于合作，勇于探索，在教育教学上各具特色，在教研和科研方面都有所建树。打造一支师德高尚、理念先进、业务精湛的教师队伍。

（1）制订职业规划。引领教师制订自己的职业规划，不同层次的教师有不同层次的发展。教师进行自我分析、设定职业定位、完善职业规划，从而在原有基础上有更大幅度的提升。

（2）建立奖惩机制。以"爱与责任"为核心，加强教师的思想政治、职业道德、心理健康教育，引导教师为人师表、行为示范。进行"最美身边人"评选活动并形成长效机制，在校内倡导崇尚师德的良好风尚。完善宣传、教育、考核、监督与奖惩相结合的师德建设工作机制。对有偿家教、向学生家庭摊派和接受学生及家长财物、体罚和变相体罚、乱订教辅等违规行为坚决予以查处。在市、区评优选先的基础上，学校每年评选"功勋教师""卓越教师""品牌教师"等，增加教师的职业认同感和幸福感。建立"名师工程"，每年评选出校内"学科带头人"，并给予校内津贴，增强名师工作室的实效性。

（3）分层次、多主题培训。班主任培训：以"能力储备工程"为核心，使用好班主任培训手册，对班主任和部分青年教师有目的、有计划地进行初级、中级、高级等不同层次的培训，并颁发结业证书。骨干培训：以"名师示范、品牌牵动、骨干引领"为核心，加强骨干教师的培养力度，促使骨干教师在提升自身素质的同时，起到对其他教师的引领作用。青年教师培养：做好青年教师师徒结对和常规考核工作，重点在考核中加强指导。实施"一帮一"工程，给每个教师提供展示才华的机会，促使青年教师三年成长、五年成才、十年成名。业务培训：请有关专家、学者来校进行教育理论讲座；组织专业性的培训学习，为教师提供外出参观学习的机会，加强校内、校外交流；组织学科研究的培训；加强教师基本素质培训；加强校本研修。根据教师的成长周期，按照教师的不同需求，实施菜单式研修，力争使每一个研修者各取所需，均有所得。

科研工作：将科研与教学有机结合，加强课题研究的管理工作，健全"立项—实施—过程监控—评价—推广应用"的管理体系。做好课题结题工作，包括认真分析在课题研究过程中的得与失，总结经验和教训，做好课题成果的推广和运用。注重理论知识向实践教学能力的转化，结合市、区每学期开展的教学研讨等活动，组织教师积极参加相关"示范课""研讨课""观摩课"等，并与课题相关联，不断提高自身专业发展。

信息技术培训与应用：重点开展好"问题培训""自我培训""集中培训""实践培训"等培训工作方式，使用好"互联网+"手册，熟练运用电子白板等先进信息技术手段，促进信息技术与教育教学的深度融合，提升教师教育信息化应用水平，以教育信息化带动教育现代化。

案例中G校师资队伍建设的主要从四个方面考虑：一是着眼未来，科学管理，促进教师专业发展。该校的举措主要是引导教师确立自我发展目标，形成共同的价值取向，通过自我反思、剖析自我，结合自身实际，确定"个人专业发展五年规划"和"年度实施计划"。二是加强师德师风建设，切实提高教师师德水平，以"正师风、强师德、树师表"为宗旨，以"敬业、爱生、奉献"为主题，努力提高教师执教能力。三是启动名师建设工程，通过开展丰富多彩的教学评比活动，提高教师的教学水平。鼓励教师参加市、区各类教学比赛、论文评比活动，并大力表彰各类获奖人员。建立骨干教师目标培养体系和骨干教师定期外出培训制度。四是重视信息化建设力度，引领学校发展走向现代化。该规划认为要积极开发和合理利用各类教育信息资源，努力实现教育信息资源的优化配置和有效利用，最大限度地实现各级各类信息资源在更广大的范围内共享。积极参与区域资源统筹建设与促进教师专业发展的研究，提高学校信息化水平。我们认为，该校在师次队伍建设方面所制定的举措具有较强的针对性和前瞻性，注重师德和能力的发展，鼓励教师专业发展，较全面地引领教师的成长。

（二）继续深化生命教育办学特色

以特色建设与发展创立学校的品牌是学校特色办学的永恒主题。"十三五"期间，学校将继续把生命教育作为特色经营，根据实际情况，遵循教育的规律，以人为本，广泛地与全国生命教育先进地区和学校加强交流和沟通，使学校生命教育办学特色在全国、省、市有更广泛、更深远的影响力。积极探索教育集团化办学的有效路径，并取得一定的效果。

1. 课程育人

对于学校教育而言，任何教育思想只有通过课程才能得到系统的传播和实现。"十二五"期间，小学部一到六年级、中学部七到九年级的生命教育教材已经全部完成。在此基础上，要充分利用好教材，上好生命教育的必修课程，实施高质量的生命教育。在实施生命教育课程的过程中，不断修改完善教材，做到与时俱进。

2. 课堂育人

教学是学校的中心工作，课堂教学是实施生命教育的一个重要渠道。继续深化打造活力课堂，通过课堂实现育人的目标。

3. 文化育人

学校办学追求的一种境界是形成学校文化，用文化来育人。

（1）学校文化：树立"教育就是为了人的终身发展和幸福而奠基"的核心价值观。认同教育是生命影响生命的互动过程。让每一个教师的工作过程成为享受工作、体验快乐、提升素养的过程。让每一个学生的成长过程成为学会学习、学会创造、体验成功的过程。

（2）管理文化：树立"二强化一淡化"的意识。强化民主管理，强化科学管理，建立学习、研究、实践、交流与反思的长效机制，在规范管理的基础上，进行人文管理。

（3）教师文化：给每一位教师提供机会和展示的舞台，使教师有思想，有作为，有地位，有创造，让教师想干事，能干事，干成事。

（4）科研文化：着眼于教研与科研一体化，努力做好省、市级立项课题的深入研究。

（5）校园文化：让校园成为学生健康成长的乐园、家园，成为教师实现人生价值的场所。

4. 活动育人

开展各种专项活动，体现生命教育的主题和内涵。在教育活动的过程中，达到扎实有效的育人效果。通过角色体验、心灵体验、行为体验、情感体验、多元体验等方式，使学生的生命教育体验覆盖全过程、全方位、全时空，呈现出无处不教育的良好态势。

在该案例中，G校以课题研究引导生命教育特色，以课程开发扎实生命教育基础，以丰富活动文化深化生命教育特色效果，并为特色发展创造良好的条件。一是从引导到自觉，使师生逐渐适应学校快乐教育特色发展节奏，培育自信。学校的特色是所有人都必须参与，尤其要充分尊重孩子的个性、尊重教师的意见，按照特色课程的设计计划要求，引领师生循序渐进，适应节奏，最终达到学生和教师都快乐参与，充满自信。二是从预设到养成，促进快乐教育特色的积淀和形成。学校特色发展不是为常规工作"贴标签"，不是"赶时髦"，而是与学校传统和本土资源密切相关的科学发展过程，是学校文化和学校资源充分发展的结果。三是从个性到群体，进一步挖掘学生与教师推动快乐教育的潜力。在教育从培养"接班人"走向"使每一个学生都能成为他自己"的今天，学生和教师都要走个性化发展的路子。我们一方面通过"个性化的教师"来培养"个性化的学生"，另一方面通过实施生命教育特色带动个体特色发展。

（三）进一步完善生命化德育体系

1. 构建学校德育工作的整体框架

完善德育课程体系，加强学生思想品德建设和习惯培养，将社会主义核心价值观教育与中华传统文化教育有机融合，培育和践行社会主义核心价值观教育，注重中小学生守则教育，彰显德育课程化、课程校本化、校本特色化和广树小榜样的品牌。使学生"学会生存,学会学习,学会合作,学会创新,自主发展",确立和维护学生的主体地位,促进学生自主发展。

2. 大胆创立德育管理新机制

一是建立协调统一、齐抓共管的机制;二是建立学生自我管理机制,实现自我教育。

3. 完善学生综合素质评价体系

开展"体验实践式"主题活动,提高学生的生命意识与核心素养。落实"知行成长课",培养学生批评与自我批评的能力。根据"大连市G中学学生综合素质评价方案",完善学生综合素质评价体系。依据"'争星创牌'实施方案",填写"学生成长评价手册";运用"生命成长护照",记录学生参加活动的评价与收获。根据"学生成长评价手册"和"生命成长护照"的记录,完成学生的综合素质评价,使学生能够积极进取,健康成长。

4. 开展心理健康教育和安全教育

在落实学校生命教育校本课程的基础上,加大心理健康教育和安全教育的普及程度。教师分批次进行三级心理咨询师的培训与考试,能够对学生进行简单的心理辅导。专职心理健康教师按照课表给学生上课,对有心理问题的学生,定期进行心理疏导,提高学生的心理健康程度。定期对学生进行安全疏散演习,召开多种形式的安全教育主题活动,增强学生的安全意识。

在G校的规划发展里,我们认为德育任务及措施比较空泛,欠缺实际有效的操作,没有具体说明德育课程化、校本化、特色化的内容,欠缺明确的发展思路设计。德育活动应该以《中共中央国务院关于进一步加强和改进未成年人思想道德建设的若干意见》《公民道德建设实施纲要》《中小学开展弘扬和培育民族精神实施纲要》为指导思想,牢固树立"以人为本,德育为首"的教育理念,坚持以课堂教育为主渠道,以丰富多彩的课内外活动为载体,以生活教育为引领,将学校德育工作贯穿于学校各方面工作之中,进一步加强德育环境和学校文化建设,积极开展社会实践活动,逐步完善学校、家庭、社会三位一体的德育网络,构建学校教育与家庭教育、社会教育横向贯通的学校德育工作体系,真正达到"教书育人,管理育人,服务育人,环境育人"和全员育人、全程育人、全面育人的境界,使学生德、智、体、美全面健康成长。显然,在G校的德育建设体系里,还需要进一步深化德育课程体系的具体设计。

(四)继续深化课程改革

遵循"体制改革是关键,教学改革是核心,教育思想教育观念的转变是先导"的基本思路,构建以培养学生核心素养为重点的生命课程体系,坚持课堂教学改革,不断提高教学质量。

1. 打造生命化课堂

以"自主探究高效活力"课堂为核心，努力打造"生命化课堂"。进一步探索科学规律，坚持课堂教学改革，打破瓶颈，直面课堂，落实"自主探究，高效活力"的课堂建构，加强课堂教学模式的推广与落实。关注每一个学生的发展，使其树立信心，体验成功；激活自主、合作、竞争的学习要素；实现活而不乱、实而不死的价值体现，提高课堂教学效率和教学质量。

2. 构建生命课程体系

以培养学生核心素养为根本，着力培养学生应具备的、能够适应终身发展和社会发展需要的品格和关键能力，认真做好课程改革工作，构建核心素养下的"2+X+Y"生命课程体系框架，积极探索如何将生命化教学与学科核心素养进行融合。严格执行国家课程，合理安排地方课程，自主开发与实施校本课程，重点落实在国家课程校本化的实施。

3. 不断优化学生学业评价

利用学习诊断系统和增值评价系统，完善学科教学目标体系和监测制度，改革教师课堂教学评价，改革学生学业评价，推进教育质量综合评价改革。落实好《基于校本的学生学业质量保障体系》，树立"三观"质量理念，建立"1441"保障体系，实施质量"四阶管理"，从宏观到微观，从理论到实践，系统建构学校教育教学质量管理体系，整体指导和提升学校的办学质量和办学水平。

4. 促进学生个性发展

积极开展并完善音乐、体育、美术等校本课程活动，建立学生社团，积极开展校园文化艺术节、体育节等活动，丰富学生校园文化生活。运作"校园三声"（歌声、笑声、读书声）、"三团二社四队"（合唱团、舞蹈团、管弦乐团；话剧社、美术社；足球队、乒乓球队、围棋队、健美操队）、"五节联动"（汉语节、英语节、艺术节、读书节、体育节）等系列活动。精心打造"双语校园、书香校园、人文校园、活力校园"，全方位多角度，实现艺体教育品牌化。

在 G 校的课程改革规划中，有明确的发展思路——"体制改革是关键，教学改革是核心，教育思想教育观念的转变是先导"；有清晰的发展目标——"构建以培养学生核心素养为重点的生命课程体系，坚持课堂教学改革，不断提高教学质量"；有具体的发展举措——"打造生命课程、构建生命课程体系、优化学生学业评价、促进学生个性发展"。规划发展任务措施的思路清晰，任务明确，简明扼要，而且对"生命课程的特征、生命课程体系框架、学生学业评价体系"有高度概括的表述，各项任务措施之间有较强的系统性和逻辑性。

但是，该校在课程改革的基本思路中提出"体制改革是关键"，却没有在规划任务中提及"课程体制"存在的问题，也没有反映进行"体制改革"具体措施，那么又如何体现"体制改革是关键"呢？另外，我们认为，该校的"生命课程体系"是学校课程的总框架，它应该包括基础课程、拓展课程、特色活动课程等，而"促进学生个性发展"的社团活动等校本课程应该是"生命课程体系"的子课程，把校本课程与学校总的课程体系并列，存在逻辑上的混乱。此外，"优化学生学业评价"应该放在最后一点来表述，因为评价应该是在各项任务实施之后，该案例中把评价放在中间位置，不符合制订发展规划的逻辑思路。

（四）基于案例的任务措施的思考

我们认为，要实现学校的发展目标，必须有正确的任务措施和发展策略。因此，在确定学校任务措施和发展策略时必须要抓主要矛盾，围绕学校的战略任务，确定学校的任务措施。据案例组学员对大连市 G 校的深入跟岗学习研究，G 校以培养学生的"自主发展教育"为战略任务，分别从四个方面来确定学校任务措施的发展策略。其一是课题牵动任务措施和策略。在该校于"十三五"期间申报的课题中，有九项课题与自主发展教育有关，未来三年将以教会学生自主学习、自主管理为主课题，建立课题树，并组织力量——进行研究，转变教师专业发展方式，推动学校各项工作实施。其二是课程开发任务措施和策略。该校要实施"自主发展教育，造就自主发展的人"，仅靠实施国家课程和地方课程，目标就很难实现。因此，该校加大校本课程的开发，开发出一套以"自主发展教育"为主题的校本课程，并切实地实施起来。其三是制度管理任务措施和策略。该校为保证"自主发展教育"理念落到实处，组织全校教职工参与制度的制定、实施、监督，使学校的各项制度成为全校教职工的共同智慧和意志的结晶，以此推动学校的发展。其四是专业引领任务措施和策略。G 校绝大多数教师没有实施自主发展教育这方面的经验，实行起来难度很大。因此，该校充分发挥市、区、校骨干的引领辐射作用，聘请专家跟踪指导，建立校本教研区域联合体，并及时学习外地先进经验，建立学校间的学习网络平台。这些有效的举措非常值得我们学习和借鉴。

四 学校发展规划之保障措施的思考

（一）制订保障措施的意义

学校发展规划的实现需要强劲有力的、科学实用的保障措施，使既定的发展目标得以实现。保障措施是服务于学校发展规划的控制策略，是指学校为达成发展目标所预设的相关条件，是可以转化为操作层面的规划设想。缺乏目标任务实施的保障措施，目标任务的成果性转化将成为偶然，而非必然。

保障措施对于确保发展规划由"蓝图"变为现实具有十分重要的意义。第一，有利于学校发展规划能够充分利用学校外部资源，将学校发展与社会需要充分结合起来，让学校发展更全面和充分获得学校外部的肯定与支持；第二，有利于学校发展规划科学合理地部署目标实现路线，使目标能够根据现实条件得到分步具体落实，促进学校发展规划由目标蓝图因保障措施而转化为目标行动责任工作，由观念转化为行动；第三，有利于学校发展规划获得学校成员的充分认知和参与，促进学校发展规划决策的民主化和科学化，使学校发展规划成为学校成员的共识，成为学校成长的共同理想、追求及行为要求，激发学校成员的凝聚力和创造力；第四，有利于学校发展规划避免与其他学校的同质化，提升学校发展的特色空间，提高学校发展的独特魅力；第五，有利于学校发展规划能够充分因地制宜，突破自身发展瓶颈，充分利用自身学校成员的力量，发挥自己团队内部成员的能力和智慧，提高学校内部队伍的整体素质。

（二）制订保障措施的原则

传统上，学校发展保障措施主要包括思想保障、组织保障、队伍保障、制度保障和后勤保障等方面。然而，随着我国社会政治经济近十年质的发展，文化教育事业也进入快速提升阶段，传统的教育运行保障机制也有了很大的变化和进步，尤其是在新的时代，教育领域发展不平衡、不充分的一些突出问题尚未解决，教育改革和发展质量、效益还不高，创新能力还不够强。因此，我们在研究和制订学校发展规划保障措施时需要坚持以下原则：一是与国家和地方教育中长期战略规划相符合；二是与国家法律和国家教育政策要求相一致；三是与当地经济社会发展建设水平和规划相适应；四是与时代教育的科学研究先进思想和成果相融通；五是与具体学校成员能够逐步实施的实践能力相匹配；六是与学校外在性保障措施系统、内在性保障系统各要素相协调。

（三）案例分析与思考

制订学校发展规划保障措施是整个学校发展规划中最重要的一个环节，它是学校发展规划中列出的行动规范及预防行动过失的规划，它要求紧扣发展目标来制订，强调目标与措施的相互对应，发展措施要做到内容具体，责任明确，可操作，可评价。目前，公办学校发展规划在"保障措施"方面的研究和制订基本与教育行政部门的保障机制链接。本文着重从规划保障措施的结构和内容这两方面进行评析。

案例8：大连市H中学发展规划（2016—2020年）的保障措施（节选）

（一）组织保障

建立健全校长负责制、学校党支部、教代会和家长委员的三位一体的学校管理运行机制。做到统一领导，分工负责；统筹安排，科学规划；组织实施，跟踪管理；分类指导，评估总结；严格控制，有效管理，及时解决工作过程中的问题，及时总结经验教训，保证学校的一切工作都能紧紧围绕"和而不同，泰而不骄"的办学理念向前发展。

（二）制度保障

建立健全各部门目标管理责任制，把工作成绩作为干部考核和提拔的重要内容。健全评估机制，加强各部门检查，促进教育管理现代化。完善绩效工资制度，真正建立奖勤罚懒、奖优罚劣的激励机制。

（三）经费保障

进一步改善环境、场地、设施等条件，绿化、美化校园，使布局和功能更趋合理；进一步配备先进的教育装备，完善校园网络的建设，实现办公信息化、教学及管理网络化；进一步丰富图书资料，为开阔学生视野，提高学生阅读及写作能力提供必要保障。

在结构上，该校的保障措施主要含有组织保障、制度保障和经费保障，是相对典型的公办行政依赖型学校的发展规划保障系统，比较简约、直接，强调领导权力的权威保障作用，是控制指挥类型，属于线性的保障系统。但该保障措施缺乏科学验证学校发展规划的保障要素环节，缺乏监督修正学校发展规划的要素环节；同时，该保障措施分类相对不清晰，经费类的保障措施所含内容，有的应属于设施保障、管理制度保障范围，制度保障与组织保障内容相互混淆；此外，各保障措施内部无层次、环节相关性，保障目标清晰度不足。

该校保障措施的内容从整体来看，三个角度涵盖范围非常广泛，内容丰富，但是，科学地分析，可发现其存在着一些问题，特别是内容比较笼统。第一，保障措施内容与学校发展规划的具体主要目标缺乏直接的关联性；第二，一些重要的保障措施，只有刚性的、指标性的条目，没有过程性、层次性、预防性的标尺性指标参照，如"健全评估机制，加强各部门检查"；第三，保障措施的评价准则的主观性十分严重，信息化管理的数据收集和整理缺乏科学"口径"指标，使保障措施的现实保障效果相对低效和不全面。总之，该校的保障措施的设计相对传统，不利于新时代的学校发展规划优质、高效地实现。

案例9：青岛市崂山区I学校初中部"三年发展规划"的保障措施（节选）

（一）思想保障

办学思想是学校一切工作的灵魂，只有将办学思想内化为教职工的共识，并成为教职工自觉的教育教学行为，才能真正在实践中得以落实。学校将定期召开各级会议，积极学习本规划，以取得全体教工的共识，将本规划作为学校内部教育教学工作的行动纲领。

（二）组织保障

成立以校长为组长的规划管理领导小组，具体实施"三年发展规划"的全程管理，各分管领导、处室、教研组具体落实，全员参与，是完成规划的可靠保证。管理小组根据总目标和阶段目标，负责本规划的全程实施和管理，努力做到团结协作，分工明确，条块清晰。

（三）制度保障

1. 畅通信息渠道，加强监督反馈

建立立体、交叉、多维的信息网络，在规划的具体实施阶段，学校规划管理领导小组和各部门做好规划的咨询指导、检查控制和调节平衡工作，及时纠正偏差的管理行为，形成干部接受群众监督的工作机制，保障规划的顺利实施。

2. 测评成效，利益挂钩

及时做好规划各阶段的检查测评工作。通过建立一套科学的评价标准，对各部门及个体的短期目标行为进行评估，将行为绩效与实施奖惩结合，鼓励先进，激励全体，真正提高学校组织的整体效应。

（四）师资保障

加强学校行政班子的建设，各职能部门分工合作，形成"分工不分家，团结协作"的良好氛围，努力建设一支品德好、观念新、学历层次高、教科研能力强的师资队伍。

（五）后勤保障

合理配置资源，提高教育经费的使用效益，为学校发展目标的实现提供物质保障。

青岛市崂山区I学校初中部"三年发展规划"的结构从项目或者要素来看，较之于前文大连H校的发展规划保障要多，处于系统结构不良状态，基本表现为人力资源的点状化，或线段化措施。其一，保障措施的各要素项目匹配度相对较低，如组织保障的"管理小组根据总目标和阶段目标，负责本规划的全程实施和管理"，无法与后勤保障的"合理配置资源，提高教育经费的使用效益"的执行匹配，后勤保障是要求资源配置优化，相对于"管理小组"的目标质量结果优先评估是不对接的，谁从属于谁，谁为系统动态主导并不明确。因此，操作性较弱。其二，研究和制订学校发展规划，从该校的保障措施体系结构看，外部保障体系的保障措施与内部保障系统的保障措施不完整，也不清晰，如后勤保障措施的"经费"措施，经费的"学校发展"性投入比例、常规性学校活动节耗比例等。

从内容上评析，青岛市崂山区I学校初中部"三年发展规划"所制定的保障措施基本是"政治活动"的仿效，未真实作为"教育活动"来保障，活动的主体角色位置分配，学校发展的目标责任和义务，在保障体系中清晰度低，相对混乱。如"师资保障"中"加强学校行政班子的建设，各职能部门分工合作"，组织保障中的"成立以校长为组长的规划管理领导小组，具体实施'三年发展规划'的全程管理",即学校发展规划一旦制订,是校长工作服从学校发展规划,还是学校发展规划服从校长现实工作需要?这种规划性、现实性、灵活性的关系在保障措施中如何建构和矛盾如何化解?如何形成执行力?该校的方案基本没有研究,更无措施,在学校发展规划的完成过程中,基本是依靠情绪和体制命令贯彻。更重要的是,学校的保障措施与学校发展规划的目标体系的匹配度、针对性相对较低。

(四) 基于案例之制订保障措施的思考

通过上述案例研究及结合现实中的学校发展规划保障系统研究和制订情况,可以发现,我们对该部分内容的研究、反思、重视、制订等方面相对不足,这已经成为制约学校发展的瓶颈。因此,学校发展规划的保障措施,需要在现代教育科学和组织管理科学的指导下设计,并结合信息时代学校教育的发展要求和群众对高质量、高效率教育需求开展。第一,要系统、立体地开展学校发展规划的保障措施设计,特别不能缺乏学校发展规划实践过程中的科学反馈评估措施,要为学校发展规划有效开展和实现建立修正保障措施,即建立防患于未然和亡羊补牢的措施;第二,针对学校发展规划的重要、主要的目标,需要建立匹配的保障措施,不能笼统和混淆,如"建立健全各部门目标管理责任制,把工作成绩作为干部考核和提拔的重要内容",这种保障措施容易导致目标落实成为功利标尺,会降低学校成员的参与度,同时也会导致目标落实的效度、信度受到负面影响;第三,队伍的组织化建设需要使用现代科学管理和培训机制来保障,不能仅仅停留于立足在底层需求的"位子"和"票子"的保障水平段;第四,重要的保障措施需要细化,如"健全评估机制,加强各部门检查,促进教育管理现代化",需要细化评估方向、内容、量度、等级水平等,不能笼统"口号化""标签化",这不符合现代教育管理要求。

总之,研究和编制学校发展规划的保障措施是一项科学性很强的工作,要改进学校发展规划的保障措施研究和编制的方法,组织各方面专家参与学校基本发展规划的考证、研究和制订工作,广泛听取教师、学生、家长等各方面的意见,要将学校发展的远景目标和希望体现在发展规划中,也要将师生员工最迫切、最需要解决的各项需求体现在规划中。

第三章 一份好的学校发展规划的内涵要素

学校发展规划是校长组织全体师生力量及其他相关利益者系统分析学校原有的基础和现状，根据国家的政策法规，融合校长的教育思想、办学哲学和价值观，凝聚师生智慧，科学预测学校发展未来趋势，对学校发展方向、目标进行准确定位，并明确发展措施、路径、策略，形成发展合力，提高学校管理的效能和教育质量，最终使学校实现可持续健康发展的动态过程。一项好的学校发展规划，必定凝结着校长、教师、学生、家长等众人的心血，是集体智慧的结晶，它不仅能培养师生民主意识与创新能力，不断形成学校的凝聚力，而且能够使学校健康、快速发展，提高学校的教育教学水平。在制订学校发展规划时，参与研制者必须清楚学校目前在什么位置，希望到达什么目标，选择什么样的行进路径，采取什么样的策略和措施达到目标，怎样衡量是否已经达到目标，怎样监督和评价行进的路径是否与目标相一致，过程是否有效。所有这些问题都应该在发展规划的文本里有清晰的答案。通过研究省内外多所优质学校的发展规划文本内容，我们认为，一份好的学校发展规划文本应该具备六种内涵要素。

1. **问题清晰，目标明确**

学校发展规划是以全面、清晰的校情分析为基础，以明确的发展目标为导向，以有效的发展举措为手段而设计的学校发展战略。制订发展规划的作用主要是基于制约学校发展的存在问题，发挥学校的办学资源优势，明确学校的发展目标，设计学校发展的路径和策略。因此，找准制约学校发展的问题是关键，明确学校的发展目标是重点。发展规划中提出的问题应该是真实、具体、准确的，根据问题而确定的发展目标要具备 SMART 特征，并具有鞭策力和鼓励性。

2. **内容丰富，填写完整**

发展规划的年度工作安排必须要明确、具体，有层次性，可逐级分解指标体系，建立详细的工作计划表来制定具体、细化的工作措施（如青岛市 F 校的工作计划表）。学校发展规划涉及学校各部门和每一位教职员工的日常工作，学校各部门和每一位教职员工应当制订与学校发展规划配套的行动计划，且内容安排要与学校的工作计划表成一个有机的整体，学校的总体发展目标和任务要逐级分解到各部门和个人的行动计划中，学校工作计划表的内容要满足学校组织中不同群体为完成发展目标而实施行动计划的需求。

3. **程序合理，注重过程**

学校发展规划不是校长个人的计划，不是挂在墙上的蓝图，也不是学校各部门工作计划的汇编，它是科学、合理，有针对性和可操作性的学校发展战略，是全校师生和各利益相关者的共同发展愿景。制订与实施学校发展规划不是校长个人的事，而是全校师生及各利益相关者的共同权利与义务。因此，制订学校发展规划要照顾到各方的合理利益诉求，要采取"自下而上"和"自上而下"相结合的方式，既要由校长和全体教职工共同承担，相互理解、配合和支持，同时也要与当地教育行政部门的工作任务相互衔接，把上级的工作要求、任务纳入学校发展规划的对应部分中去。

4. 既重硬件，又重软件

学校发展规划不仅要关注学校的办学条件、设施改善，更重要的是关注学生的成长、教师的发展、学校管理的改进及社区与学校的进步，要激励教师追求自我专业发展，促进学生的进步与成长，重视学校安全和对学生的关爱，并将上述内容和学校的整体改革有机地结合起来。然而，案例组学员在研究省内外多所优质学校的发展规划时发现，可能由于这些学校都是当地相对优越的学校，因此规划中极少有谈及硬件建设方面。高考制度改革、二胎生育政策的实施、城镇化进程推进等方面的因素势必影响着学校办学条件的改变，但我们所研究的大部分学校都没有重视办学条件的规划，我们认为这是不恰当的。

5. 监测到位，重在实施

规划如果不能变成现实，就只能停留在文本的意义，而规划的实施必须要有过程的监测和经费的保障。学校发展规划的实施要有相应的经费支持，学校的财务收支要符合学校实际。计划的进度要得到系统的监测，对过程实施良好的控制，以确保实现目标，要有定性的和可以量化的证据用作评估结果，并且要有记录。

6. 不断创新，体现特色

学校发展规划虽然有基本的框架，但没有固定的模式。校长作为制订学校发展规划的主要负责人，要有创新意识，结合本校的实际创造性地撰写文本，体现本校的特色，而不受文本框架、结构的制约。尤其是在新时代中国特色社会主义思想的指引下，我国社会主要矛盾已发生改变，新高考、中考制度改革，优质学校集团化办学的兴起等，势必要求学校发展规划的内容要适应时代的变革，体现新时代对教育发展的需求，创建新时代教育发展的特色。

参考文献

[1] 孙远航. 学校发展规划与特色发展 [M]. 北京：高等教育出版社，2017.

[2] 楚江亭. 校长如何规划学校发展 [M]. 北京：北京师范大学出版社，

2016.
[3] 陈建华. 学校发展规划［M］. 北京：北京大学出版社，2013.
[4] 陈建华，等. 参与式规划学校发展［M］. 北京：北京大学出版社，2010.
[5] 高洪源. 学校战略管理［M］. 重庆：重庆大学出版社，2006.
[6] 黄灿明. 学校发展规划个案研究［M］. 北京：中国轻工业出版社，2013.
[7] 张岚，等. 学校发展规划自主评估70问［M］. 上海：华东师范大学出版社，2015.
[8] 郭平，等. 高中学校发展规划选编［M］. 成都：西南交通大学出版社，2016.
[9] 徐世贵，等. 校长规划与学校快速发展［M］. 广州：世界图书出版广东有限公司，2014.
[10] 王建宗. 学校发展规划与校长任期目标责任书［M］. 北京：人民出版社，2011.

感悟文化的力量

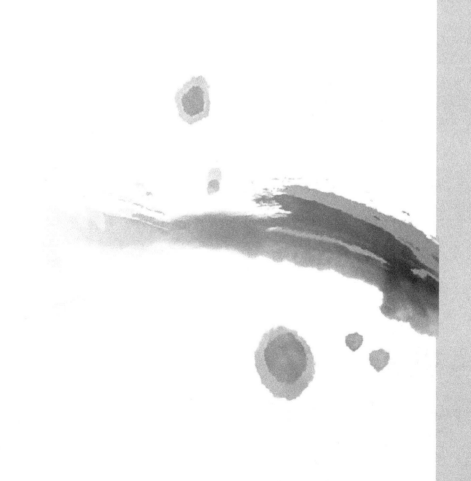

案例小组名单

小组成员：彭晓珲　广州市黄埔区新港中学
　　　　　林文丽　广州市中学生劳动技术学校
　　　　　梁袁锵　广州市第三中学
　　　　　邱耀基　广州市从化区灌村中学
　　　　　罗珊瑚　广州市番禺区石北中学
导　　师：高慎英　彭司先

摘　要　本章以党的十九大报告关于文化的论述为研究背景，从立德树人的角度阐述了学校文化育人的认知功能、价值导向功能、正向激励功能等。通过跟岗案例，分析了营造学校育人文化必须有明确的办学理念和发展愿景，必须加强精神文化、制度文化等建设，同时要打造好社团文化、课程文化等，提升学校物质文化，营造和谐校园。文章最后提出了学校文化建设的建议。

第一章　选题的背景和意义

 跟岗学习所感：对当前学校文化建设现状的一些思考

教育人经常会关注并思考这样一个问题：一所学校，得以传承发展、基业长青的奥秘是什么？那就是这所学校的文化。没有优秀的学校文化，便不会有卓越的学校。文化具有无穷无尽的创造力，先进的文化能推动学校发展，文化建设是学校最高层面的建设，文化治校是学校管理的最高境界。

学校文化是什么？在学校育人工作中发挥怎么样的作用？这是我们营造育人文化组组员在跟岗学习之后不断思考和研究的问题。

学校自诞生之日起，就成为文化传承、思想引领的重要阵地，无论学校怎么发展和变革，其存在的基本价值和终极意义均在于育人。文化的本质是人的思维方式、生活方式和行为方式的表征，是人与自己、与他人、与社会、与自然关系的体现，反映了人作为主体存在的精神和价值。现代学校的一个重要功能就是将上一代的文化内容经过价值批判和取舍，去粗取精，去伪存真，传播给下一代。为了达成学校教育的以上功能，学校必须充分地利用各种因素，形成具有自身独特的价值观、信念、手段、语言、环境和制度的文化特质。学校文化具有导向、凝聚、规范等育人功能，学校文化的核心是学校各群体所具有的思想观念和行为方式，其中最具决定作用的是思想观念，特别是价值观念。

参加卓越校长培养对象八期的省内外跟岗学习，让我们见识了许多优秀的学校，拓宽了我们对上述问题的认识角度，从中感受到了多姿多彩的学校文化。如：重庆市第五十七中学的"三品四心，立德树人"，学校始终坚持"学生成长高于一切"的办学宗旨，以"质量立校，科研兴校"，把培养"合格＋特长，成长＋成功"的"宽口径，厚基础，高素质，强能力"的学生作为第一要务，形成了"学校以人为本，干部以师为本，教师以生为本"的人本发展特色，使每个学生在和谐的校园中朝气蓬勃地展现青春风采，健康快乐地成长成材。大连市第八十中学的"为生命高歌"，学校以"教育要为学生的全面发展和师生的终身幸福奠基"为宗旨，树立"理念为先，课程实施为主，学科渗透为辅"的思想，依据课程开发理念，遵循"知我、知人、知物、知天"四个维度，根据《校本课程标准》开发了一套生命教育教材。从唤醒生命意识、关注生存环境、提高生命质量、训练生存技能等方面渗透生命教育的内涵，各单元之间逻辑严密，遵循认知规律，由生命到个体，由抽象到具体，由自我推至他人和社会，由内而外，由知到行，循序渐进。青岛经济技术开发区实验初级中学"追求完美教育，奠基幸福人生"，学校坚持发扬"仁爱尽责，追求卓越"的精神，提出了追求"完美教育"的教育理念，打造润德教育品牌。深圳高级中学的"科技教育，特色发展"，以"加强科技教育促进创新拔尖人才培养"的教育理念为引领，确立了"在探索中发现科学之美"的科技教育理念。深圳翠园中学的"为师生出彩人生搭建舞台"的办学宗旨，大力发展丰富多彩的社团文化，寓文化于各项活动之中。深圳第三高级中学的"和敬敏实，臻于至善"，"和"是指和谐的人际关系，宽和、宽厚的做人处世态度；"敬"是指尊敬师长、敬学、敬业、敬事，亦为做人做事的一种境界；"敏"是指做事勤劳敏捷，学习和思维创新；"实"是指诚实、实在、脚踏实地；"臻于至善"就是达到最好。青岛市第三十九中学的"包容开放"，坚持"每个孩子都优秀，每个学生都精彩"，培养目标是用文化滋养灵魂，用兴趣和责任感建立学生自主发展的动力系统，提高人文情怀、艺术风范、海洋精神，培养可持续发展的能力和坚忍不拔的意志品质，帮助学生实现兴趣、能力与专业选择的对接。大连高新一中"植养人文气韵，奠基文化人生"，使人"文"化，由文来"化"人，注入并培养以人为本、终身发展的意识、习惯、能力和情怀，为有品位、道德、情感、智慧的人生奠定基础。正是在这个"化"的过程中，生命个体在逐渐拥有知识、智慧和思想的同时，学校整体文化品格也自然而然地得以提升。

纵观上述跟岗学校文化建设案例，可见学校的根本价值存在是文化存在，学校最重要的特色就是文化特色，没有优秀的文化也就没有优秀的学校。学校文化建设能够体现一所学校的独特精神风貌，它是一所学校在长期的教育教学实践中创造并积淀的物质财富和精神财富的总和，学校文化作为一种重要的环境教育力量，在理想追求、发展目标、价值取向、行为习惯等方面对师生起着积极的引导和激励作用。优秀的校园文化能够孕育出优秀的学校教育，特别是对于学校培育的对象——学生而言，校园文化建设的终极目标就在于创设一种氛围，以期陶冶学生情操，构建学生健康人格，全面提高学生素质。因此，优秀的学校必定重视并营造有自己特色的学校育人文化体系，从而强化对学生潜移默化的教育影响和文化熏陶。

基于以上跟岗学习学校的优秀育人文化案例，反思对比当下学校育人文化建设的现状，也存在有不少学校在育人文化营建方面浮夸化、浅表化、空泛化等现象，没有真正将学校整体文化建设与育人功能紧密相连。如有的学校文化活动做得轰轰烈烈，接受参观学习和上级检查的时候热热闹闹、精彩纷呈、十分漂亮，看着貌似是促进学生全面发展的一种育人文化，细究却缺乏核心育人理念，缺乏实践性和可操作性，都是一些虚幻空话的套路。如有的学校注重校园文化环境的改造，对校园文化意境却没有给予足够的注意，这样使校园文化建设仅仅停留在外表上的华丽，却没有丰富的内涵。有的学校校园文化的确立缺乏本土文化的母根，缺乏文化实施的载体，缺乏文化的灵动性，于是，校园文化就成了一篇文章、一张画、一座雕塑、一面文化墙等。有的学校没有调查好学校的历史底蕴，没有对历史传承的重视，缺乏明确的校训、校徽、校歌等。有的学校定期举办一些特定的校园活动，这种固定的模式，致使校园文化活动仅仅成为学校的例行公事，对活动的内容和意义等缺乏重视。还有一些学校办学理念大多是"强化管理、以人为本"等空洞的理论，千篇一律，有的口号过于宽泛致使办学思想呈现虚无状态，缺乏与时代潮流的应有联系。研究表明：当前学校文化建设还存在着"先进标语背后是考试文化""矛盾冲突的文化标识表明学校文化的赤贫与混乱""学校文化主体空场与缺失严重"等问题。这些缺乏文化生命力的学校，反映出学校办学理念的缺失，投射出学校管理的生硬和呆滞，更难以培育出能够终身发展的，具有创造力、竞争力的优秀学生。

针对以上对校园文化存在诸多问题的思考，我们通过对以上跟岗学校育人文化的功能与途径的研究分析，以期寻找培育适应新时代社会主义建设人才需要的学校育人文化的最佳方式，为发挥最有效的文化育人功能提供现实借鉴。

 基于政策层面的分析

学校是贯彻和落实党和国家关于"立德树人"教育工作根本任务的最重要场所，学校文化建设对学生健康成长的育人功能一直备受国家层面的重视。紧随教育形势的发展和教育改革的步伐，指引学校文化建设以及主导育人功能的发挥。习近平总书记关于学校文化育人有以下的论述："要坚持把立德树人作为中心环节，把思想政治工作贯穿教育教学全过程，实现全程育人、全方位育人。"他还特别强调"要用中华民族创造的一切精神财富来以文化人，以文育人"。"以文化人，以文育人"是文化的价值旨归。文化育人的本质就在于以人类文化的正向价值为导引，教化人走向道德、理性、真善美，从而实现立德树人的目标追求。

（一）党的十九大报告相关论述

党的十九大报告指出：明确新时代我国社会主要矛盾是人民日益增长的美好生活需要和不平衡不充分的发展之间的矛盾。为解决人民群众对优质教育的美好需要的不平衡和不充分的矛盾，应优先发展教育事业。建设教育强国是中华民族伟大复兴的基础工程，必须把教育事业放在优先位置，加快教育现代化，办好人民满意的教育。要全面贯彻党的教育方针，落实立德树人根本任务，发展素质教育，推进教育公平，培养德智体美全面发展的社会主义建设者和接班人。关于"坚定文化自信，推动社会主义文化繁荣兴盛"的论述，给我们教育工作者关于学校育人文化的建设要坚持走什么道路、培育什么样的人才以鲜明的指引：文化是一个国家、一个民族的灵魂。文化兴国运兴，文化强民族强。没有高度的文化自信，没有文化的繁荣兴盛，就没有中华民族伟大复兴。要坚持中国特色社会主义文化发展道路，激发全民族文化创新创造活力，建设社会主义文化强国。

中国特色社会主义文化，源自中华民族五千多年文明历史所孕育的中华优秀传统文化，熔铸于党领导人民在革命、建设、改革中创造的革命文化和社会主义先进文化，植根于中国特色社会主义伟大实践。发展中国特色社会主义文化，就是以马克思主义为指导，坚守中华文化立场，立足当代中国现实，结合当今时代条件，发展面向现代化、面向世界、面向未来的，民族的、科学的、大众的社会主义文化，推动社会主义精神文明和物质文明协调发展。要坚持为人民服务、为社会主义服务，坚持百花齐放、百家争鸣，坚持创造性转化、创新性发展，不断铸就中华文化新辉煌。

（1）牢牢掌握意识形态工作领导权。意识形态决定文化前进方向和发展道路。必须推进马克思主义中国化、时代化、大众化，建设具有强大凝聚力和引领力的社会主义意识形态，使全体人民在理想信念、价值理念、道德观念上紧紧团结在一起。要加强理论武装，推动新时代中国特色社会主义思想深入人心。

（2）培育和践行社会主义核心价值观。社会主义核心价值观是当代中国精神的集中体现，凝聚着全体人民共同的价值追求。要以培养担当民族复兴大任的时代新人为着眼点，强化教育引导、实践养成、制度保障，发挥社会主义核心价值观对国民教育、精神文明创建、精神文化产品创作生产传播的引领作用，把社会主义核心价值观融入社会发展各方面，转化为人们的情感认同和行为习惯。坚持全民行动、干部带头，从家庭做起，从娃娃抓起。深入挖掘中华优秀传统文化蕴含的思想观念、人文精神、道德规范，结合时代要求继承创新，让中华文化展现出永久魅力和时代风采。

（3）加强思想道德建设。人民有信仰，国家有力量，民族有希望。要提高人民思想觉悟、道德水准、文明素养，提高全社会文明程度。广泛开展理想信念教育，深化中国特色社会主义和中国梦宣传教育，弘扬民族精神和时代精神，加强爱国主义、集体主义、社会主义教育，引导人们树立正确的历史观、民族观、国家观、文化观。

（二）相关政策依据

2017年，《国务院关于印发国家教育事业发展"十三五"规划的通知》（国发〔2017〕4号文件）提出：优化校园育人环境，明确加强校园文化建设。广泛开展文明校园创建,开展形式多样、健康向上、格调高雅的校园文化活动,推进"一校一品"校园文化建设,引导各级各类学校建设特色校园文化。

(1) 改善社会育人环境。建立政府、学校、社会、家庭全面参与的协同育人工作机制,优化语言文字环境。实施国家通用语言文字普及攻坚工程。强化对社会用语用字的监督检查和教育引导。基本普及国家通用语言文字,各级各类学校国家通用语言文字普及率达到95%,语言文字使用规范化程度全部达标。广泛开展中华经典诵读、规范汉字书写等系列活动。继续办好弘扬传播中华优秀语言文化的品牌节目,打造中国语言文化传播品牌。

(2) 构建教育诚信环境。着力加强诚信教育,把诚信教育纳入人才培养各环节,引导学生养成诚实守信的道德品质。完善诚信考试管理体系,充实国家教育考试诚信档案数据库,将有关信用记录纳入全国信用信息共享平台,加大对考试违纪、论文抄袭、学历学位造假等失信违约行为的监督和处罚力度。建立健全定向培养学生履约情况记录与违约惩戒机制。

(3) 建立科学评价体系。建设绿色校园,加强节约型校园建设。推动在教育系统实施能效水效领跑者引领行动。开展绿色校园建设试点。修订和落实学校建设标准,强化绿色节能环保要求。提高学校节能水平,加强节能运行管理和监督评价,探索建立学校用电、用能、用水等资源利用统计和报告公示制度,制定垃圾回收管理办法。完善评价监管措施,形成有利于节约的约束和激励机制,使学校能最大限度地节约各类资源,保护环境并减少污染。鼓励引导有条件的地区和学校应用新能源、新技术。加强校园绿化和环境美化。完善校园环境安全标准,严格对学校土壤、水源、建筑和装修材料、教学仪器设备、体育设施器材、室内空气等进行环保检测与管理,为师生提供安全、绿色、健康的教学和生活环境。着重提出积极引导学生阅读欣赏中外文学艺术经典,鼓励高雅艺术进校园、非物质文化遗产进校园、民族民间优秀文化进校园。开展校训、家训育人活动。充分利用图书馆、博物馆、文化馆等各类文化资源,广泛开展中华民族优秀传统文化、革命文化、社会主义先进文化教育,培育青少年学生文化认同和文化自信。加强多元文化教育和国际理解教育,提升跨文化沟通能力。

(三) 相关文件依据

根据《教育部关于培育和践行社会主义核心价值观进一步加强中小学德育工作的意见》(教基一〔2014〕4号文件)有关精神,总结及改进育人方法。

(1) 改进课程育人。各级教育部门和中小学校要充分发挥课程的德育功能,将社会主义核心价值观的内容和要求细化落实到各学科课程的德育目标之中。加强品德与生活、品德与社会、思想品德、思想政治课程的教育教学。推动学科统筹,特别是加强德育、语文、历史、体育、艺术等课程教学的管理和评价,提升综合育人效果。开发有效的地方课程和学校课程，丰富学校德育资源。开展学科德育精品课程展示活动，引导各学科教师依据课程标准和学生实际情况，设计相应的教学活动，在传授知识和培养能力的同时，将积极的情感、端正的态度、正确的价值观自然融入课程教学全过程。

（2）改进实践育人。各级教育部门和中小学校要广泛开展社会实践活动，充分体现"德育在行动"，要将社会主义核心价值观细化为贴近学生的具体要求，转化为实实在在的行动。要普遍开展以诚实守信、文明礼貌、遵纪守法、勤劳好学、节约环保、团结友爱等为主题的系列行动；组织学生广泛参加"学雷锋"等志愿服务和社会公益活动；教育学生主动承担家务劳动；组织学生在每个学段至少参加1次学工学农生产体验劳动，农村学校应普及适当形式的种植或养殖。要广泛利用博物馆、美术馆、科技馆等社会资源，充分发挥各类社会实践基地、青少年活动中心（宫、家、站）等校外活动场所的作用，组织学生定期开展参观体验、专题调查、研学旅行、红色旅游等活动。逐步完善中小学生开展社会实践的体制机制，把学生参加社会实践活动的情况和成效纳入中小学教育质量综合评价和学生综合素质评价。

（3）改进文化育人。各级教育部门和中小学校要挖掘地域历史文化传统，因地制宜开展校园文化建设，将社会主义核心价值观融入校园物质文化、精神文化、制度文化、行为文化之中。要加强图书馆建设，提升藏书质量，开展经常性的读书活动。学校要张贴社会主义核心价值观24字或书写于墙上，让学生熟练背诵。要利用升国旗、入党入团入队等仪式和重大纪念日、民族传统节日等契机，开展主题教育活动，传播主流价值。要加强校风班风学风建设，组织开展丰富多彩、生动活泼的文艺活动、体育活动、科技活动，支持学生社团活动，充分利用板报、橱窗、走廊、校史陈列室、广播电视网络等设施，营造体现主流意识、时代特征、学校特色的校园文化氛围。

（4）改进管理育人。各级教育部门和中小学校要积极推进学校治理现代化，将社会主义核心价值观的要求贯穿于学校管理制度的每一个细节之中。学生的行为规范管理、班级民主管理和各种面向学生制定的规章制度，都要充分体现友善、平等、和谐。要明确学校各个岗位教职员工的育人责任，把育人要求和岗位职责统一起来，将学生的全面发展作为学校一切工作的出发点和落脚点。要加强班主任培训，提高班主任工作能力，探索推行德育导师制。加强师德建设，落实《教育部关于建立健全中小学师德建设长效机制的意见》，引导广大教师自觉践行社会主义核心价值观，爱岗敬业，教书育人，做学生健康成长的指导者和引路人。

（5）改进方式方法。各级教育部门和中小学校要加强德育规律研究，从中小学生的身心特点和思想实际出发，注重循序渐进，注重因材施教，润物细无声,真正把德育工作做到学生心坎上。要突出知行结合,着力培养学生养成良好的行为习惯,客观真实记录学生行为表现情况,引导学生将道德认知转化为道德实践。要勇于改革创新,探索德育工作的新途径、新方法,定期开展德育教研活动,提升教师德育专业能力。

教育部印发《关于大力发展中小学校园文化建设的通知》指出:校园文化是学校教育的重要组成部分,是全面育人不可或缺的重要环节,是校长教育理念、学校特色的重要平台,是规范办学的重要体现,也是德育体系中亟待加强的重要方面。中小学校园文化通过校风教风学风、多种形式的校园文化活动、人文和自然的校园环境美化绿化等给学生潜移默化而深刻的影响。校风、教风和学风是校园文化建设的根基。校园绿化、美化和人文环境建设是校园文化建设的重要部分。要把校园文化建设作为学校建设的重要内容,纳入对学校的综合督导评估体系,通过评价机制促进学校校园文化建设。中小学校要制定符合本校实际和特点的校园文化建设实施方案,分步实施,强力推进,使校园文化得以全面地落实。

综上,校园文化是学校教育的重要组成部分,是学校建设中的重要环节,有强大的育人功效和不可替代性。国家从政策层面指引并推动学校文化的内涵和外延不断完善和发展,对学校文化建设以及其育人功能的要求越来越重视和严格。

 学校文化育人的意义

学校文化是指一所学校经过长期发展积淀而形成共识的一种价值体系,即价值观念、办学思想、群体意识、行为规范等,也是一所学校办学精神与环境氛围的集中体现。学校文化是学校教育的重要组成部分,是全面育人不可或缺的重要环节,是展现校长教育理念、学校特色的重要平台,是规范办学的重要体现。不可否认的是,近几年在市场经济蓬勃发展的同时,社会文化建设和学校教育也表现出一些功利浮躁的现象。针对教育价值取向的缺失,缺少全面育人的思想而提出来的提升生命质量这样一个理念——文化育人的理念。文化育人坚守人性美德和公平正义的精神力量,实现积极向上的思想资源。文化育人理念的提出,是以文化上的活力和精神上的张力,在推进着人类每在文化上前进一步,就像自由迈进一步的步伐。党的十七届五中全会提出,文化是一个民族的精神,就是因为社会文明的进步离不开人类的价值体系对人们的影响。因此,人类对于社会的研究,不是对人的研究,而是对文化的研究。鲁迅先生说得更直白,他认为,"久浴文化,则渐悟文化之尊严"。

学校文化建设是社会主义精神文明建设的需要。学校文化是社会主义精神文明的重要组成部分和重要载体。学校不仅是培养社会主义事业建设者和接班人的重要阵地，还是传播社会主义精神文明和社会主义文化的重要阵地。建设高格调、高质量的校园文化，对学校坚持社会主义办学方向，继承和发扬中华民族优秀的文化传统和革命传统，吸收世界文明成果，培育高素质人才，都具有十分重要的意义，对社会的精神文明和文化建设具有重大影响。学校的校园文化建设，应当走在社会的前面，充分发挥其示范作用和辐射作用。

学校文化建设是素质教育的需要。素质教育的内涵就是全面贯彻党的教育方针，以提高国民素质为宗旨，以培养学生的创新精神和实践能力为重点，造就有理想、有道德、有文化、有纪律的德智体美全面发展的社会主义事业的建设者和接班人。加强校园自然环境的规划与布局，建设有利于师生身心健康发展的校园文化，是学校教育的一项基础建设，是全面贯彻教育方针、深入实施素质教育的现实需要。著名教育家蔡元培先生曾说："欲知明日之社会，须看今日之校园。"这简约而深刻地指出了校园文化的重要作用，即它在一定程度上反映并直接推动着社会主流文化的生成和发展，对于提高学生的综合素质有重要的价值。

学校文化建设是保持学校高位发展，提升学校品位的需要。学校文化建设既可以积聚学校的文化底蕴，又可以开创学校内涵建设的新局面。学校文化具有震撼和激励效应，发挥和挖掘文化的巨大潜能，可以引导确立先进的办学理念，形成鲜明的办学特色，提升学校办学品位。

学校文化建设是适应新课程改革力促学生全面发展的需要。新课程改革强调校本课程的开发。校本课程开发强调以学校为基础开发课程，充分调查学校所在地区的需求，调查学生的需求和特征，然后通过科学程序编制课程，这就使校本课程开发尊重学生、学校和社区的差异性，保证了课程真正以促进学生发展为目的，适合本地区的经济需要，适时顺应社会需求。校园文化作为一种潜在的课程，通常包括渗透在课程、教材、教学活动、班级气氛、人际关系、校园文化和家庭、社会环境中的文化价值、态度、习惯、礼仪、信仰等，它对学校的广大师生起着潜移默化的影响作用。因此，加强以校园文化为主题的校本课程开发，可以充分挖掘学校潜在的教育因素，促进学生个性的形成，同时促进教师的专业成长和学校特色的形成。

学校文化建设乃至学校办学的根本在于育人，它通过校风、教风、学风、校容、校貌、校园文化活动和氛围给学生以潜移默化的影响。学校传承和创新文化一直是学校存在和发展的重要依据和建设目标，学校文化如何育人，既是教育的本身使命，也是社会对教育的根本期待。

第二章　学校文化育人功能与途径探析

 学校文化育人功能

古人云："近朱者赤，近墨者黑。"当今，学校文化已经升华为一种全方位塑造教育的生命文化。学校的文化育人功能是其他任何社会组织所不能比拟的。学校文化并不是割裂独立的，它依存于整个教育学习体系之中，但又影响与引领着整个体系的思维和行动。学校文化潜移默化的育人力量，对教师和学生的发展方向均有重要影响，影响着他们的思维方式、价值判断、行为习惯。在学校文化的熏陶下，教育充满思想、底气和智慧，成为师生的观念、品味、学养、进取和成长的精神家园。因此，校园文化就是学校全体师生员工在学习、工作和生活的过程中所形成的并共同拥有的价值观、信仰、态度、作风和行为准则。它主要是通过学校历史、学校的形象标志、学校建筑、内部机构设置、学校管理制度、管理行为、校风、教风、学校的各种活动仪式、师生关系、学校环境、办学思想、管理观念、员工的工作态度等表现出来。加强校园文化建设与管理，可以提高校园文化的品位，强化文化的育人功能。

（一）学校文化的认知功能

学校文化是对社会文化的浓缩、提炼和升华，渗透着历史传统文化、现代社会文明和民族优秀文化的精髓，并以物化或非物化的形式表现出来。良好的学校文化，对于学生了解历史、了解社会、了解国情、了解政策，继承和弘扬中华民族的优秀文化传统和勤劳勇敢善良的美德，认清世界局势和国际关系的风云变幻，具有重要作用。同时，学校文化又是学校主体价值和道德观念的集中反映和具体体现，精神文化的激励作用、观念文化的引导作用、物质文化的培育作用、制度文化的规范作用、行为文化的示范作用、环境文化的陶冶作用，都有利于帮助学生形成正确的道德认知和良好的行为习惯。因此，良好的校园文化有利于学生增长文化知识、提高人文素质、丰富社会阅历，形成科学的人生观、价值观、道德观和审美观。

如：重庆市珊瑚中学，以传统文化社为核心进行中华传统文化教育，在传统文化社中，孩子们不仅汲取到国之经典，也在谈古论今中认识到现代文明。青岛市第四十四中学明确提出育人目标，即培养具有健康体魄、民族情结、国际视野、发展潜质的、卓尔不群的阳光学子。深圳华侨城中学在校内鲜明地展示社会主义核心价值观24个宣传栏（每一价值观一专栏），对学校党组织的组织体系、架构、分工、党组织活动等进行主题宣传，明确宣示了学校在党的教育方针指导下贯彻落实党的育人导向的政治立场。深圳北师大南山附中则传导了一所现代化公立学校应有的大气培育目标：通过强力推动"一体两翼四长"，致力于培养具有强健体魄、全面发展、国际眼光以及创新精神的高素质人才。"一体"即12年一贯制，指对6～18岁青少年学生系统实施从小学直至高中的完整的基础教育，整体设计，分层递进，无缝衔接；"两翼"指的则是科学、人文两个方面，为学生插上科学、人文的翅膀，让科学与人文比翼齐飞；"四长"将"两翼"具体细化为体育教育、艺术教育、科技教育和国际教育等四项综合教育，保证每一个学生在基础教育阶段都能擅长一项体育运动，拥有一个艺术特长、一种科技兴趣和一门除母语之外的语言专长。大连市第三十九中学则在校园文化建设方面彰显理念文化的特色，以不同的专题，把教育理念和教育思想全部图文并茂、成体系地分布排列在师生必经的走廊等视线可以触及的位置上，并按楼层以不同主题呈现，目的是时刻提醒行走在学校的师生学校的育人文化、学校的育人目标以及育人愿景，让学生时刻入心入脑，反省思考自己的学习与行为是否与学校的育人文化切合。当学生每时每刻接受这样理念文化的影响时，言行举止必然也带着相应的话语思想。

（二）学校文化的价值体系导向功能

一定的文化是对一定社会历史条件和环境下的政治、经济状况及其人类生活状况的反映，同时，文化本身也是人们生存与生活的一种环境，直接影响着人们的精神面貌、生活状态和价值选择。校园文化集中体现学校的办学理念和核心价值观，体现师生的精神面貌、政治立场、是非观念和价值取向。校园文化的具体内容、各种要素及其所形成的文化环境和校园氛围，深刻影响着师生的思想品德、奋斗目标、行为方式和生活态度。

校园文化蕴含着较深层的价值体系，这一体系是在长期的教学、管理实践中凝结而成的。它为学生提供了行为的参照系，潜移默化地指导其正确认识和处理个人与集体的关系，把个人行为引导到集体目标上来，因此深刻地影响着学生的思想品德、行为规范和生活方式，具有水滴石穿的力量。导向的成功与否，是校园文化发挥了积极的正面效应还是产生了消极的负面效应的重要标志。可以说，校园文化在一定程度上为学生规定了一种目标模式。

以大连市第三十九中学培养学生好习惯为例。该校以好习惯培养为抓手，确立了一个评价体系，把学生日常行为培养定格为一个行为目标体系，按照不同的年级层层递进，并印发成《少年若天性习惯如自然好习惯培养手册》人手一本，定期进行评价，以引导学生参照这样的行为规范养成良好的行为习惯达成育人的目标。手册内容节选见表2-1。按初一至初三进行划分，分为自主养德、自主学习、自主健体、自主管理四个维度，每个维度又细分为五个指标加以规范，使初一至初三年级的好习惯维度指标层层递进。

表2-1　大连市第三十九中学好习惯标准一览

	初一	初二	初三
自主养德	尊恩师，敬长辈	严律己，宽待人	对师长，要恭敬
	常微笑，懂礼貌	对父母，孝而从	待同学，要真诚
	讲诚信，守承诺	师教诲，细聆听	遇困难，当自信
	对人语，要和气	有益友，敞心扉	识善恶，辩爱憎
	爱集体，惜荣誉	客人过，彰风行	要圆梦，贵在行
自主学习	进教室，静心神	广阅读，拓视野	立目标，有计划
	常温故，能知新	爱钻研，持有恒	重实践，要坚持
	好读书，勤积累	勤思考，会迁移	知识点，常梳理
	善思考，疑必问	善合作，广交流	勤巩固，多联系
	课堂上，悉心听	常反思，促提升	增知识，长才能
自主健体	晨早起，练身体；课间操，保质量；体育课，用心练		
	练跳绳，要达标	练跳远，要达标	练有法，重坚持
	小运动，每天做	勤锻炼，健体魄	磨意志，健体魄
自主管理	上课前，做准备	行端正，气自华	稳情绪，调心态
	书笔本，要有序	惜分秒，善用时	按精力，专于事
	讲卫生，勤打扫	行有序，不喧哗	会统筹，高效率
	惜分秒，善用时	不浪费，要节省	为学长，做表率
	校规则，要铭记	勤和俭，记心间	好习惯，要传承

大连市第三十九中学还对各年级好习惯指标制定对应的实施细则，仍然按照年级递增制定不同的递进标准的一览表。同时，要求学生对照一览表撰写各年级

好习惯培养计划，设计各年级评价表，进行好习惯指标的自评、组评、师评、家长评、总评等，通过多角度、多维度多指标的习惯养成和评价，促使学生在德、智、体、自理等方面养成良好习惯，提升学生各方面的自觉能动性，形成了如图2-1所示的培养路线。

图2-1　培养路线

大连市第三十九中学，以好习惯培养构建了一个学校行为价值体系导向，通过整合国家政策、办学理念、校风、教风、学风细化为行为习惯的养成细则，确立并坚持不懈地付诸实践，形成了日常学习生活各方面的标杆，发挥着价值体系引领作用。在传授科学文化知识的同时，有意识地将积极的生活态度、正确的价值取向与高尚的道德情操融入日常行为习惯培养之中，既育人又促校风形成，通过潜移默化的影响对学生的思想道德教育起到应有的作用。

（三）学校文化在情感体验、心理健康、个性发展、精神层面的育人功能

1. 多彩的学校文化带来丰富情感体验

丰富多彩的学校文化活动有利于丰富师生的业余生活，不仅能直接给师生带来精神上的愉悦，而且能够为彼此间的交流提供更多的机会和条件，这种工作学习之外的轻松的交流方式，更能增进彼此间的感情，从而带来更多的快乐体验，培育丰富的健康情感。丰富多彩的学生社团活动就是师生之间增进感情最好的载体。作为导师的教师指导学生个性化发展、尊重学生兴趣爱好并帮助他们发展兴趣爱好，学生体验人格充分被尊重和个性创意充分展露，这样的师生关系是融洽和美好的。如深圳北师大南山附中，学校在北师大教授们论证过并已为前两任校长所实践的"个性化素质教育"理念统领下，既关注学生的全面发展，同时遵循教育的规律，立足于学生当下与未来的发展，又关注不同学生的个性化成长的需要，挖掘多元化的课程以培育学生的个性天赋发展，实现人的全面发展和多元化的个性化发展。学校专门开辟了一层楼的风雨操场作为学生社团活动的场地，添置了很多便于社团活动的专业设备设施，为学生个性彰显和发展提供良好的空间和各方面的支持。学校在科技教育和传统国学教育方面的社团做得特别出色，符合学校科学与人文两翼齐飞的人才培养观。该校还建设了先进的世界联盟式的创客实验室，甚至配置了大型专业的科技制造切割设备，为有天赋、对科学有爱好的孩子们提供很好的创客研究实验基地。在这样的条件下，学生们的个性、兴

趣得到发展，人格得到尊重并能获得较好成绩。

2. 健康阅读促进身心健康发展

学校可通过"书香校园"建设来开展读书活动，鼓励学生读好书，在阅读社会善恶沉淀、生动感人、充满人性美、自然美、思想美等道德文选或文学作品中，激发对真善美的认同感受之情以及对假丑恶的厌恶憎恨感，培养学生正向的情感态度和价值观。

大连市高新一中的以"文质教育"为特色的文化德育系列活动。①"一次阅读"：每天中午，藏书近3万册的阅览室为同学们开放，同学们在书海中"神交古今、淬炼心灵"，提升的不仅仅是知识，更有对人生的感悟。②"一声吟诵"：每节课前，学生都在名曲中诵读经典古诗词，如《论语》等，这冶了学生高雅的心境，引领着学生感悟传统文化的源远流长，无声地润泽着师生的心灵，使学生自觉文化、自觉美好。③"一场演讲"：每天早晨上课前每班都要进行国学演讲，促进学生在读书中思考，让国学经典真正陶冶同学们的情操。

学校为此创建了相应的德育校本课，如《好书品鉴》《经典吟诵》《名曲欣赏》《古韵修身》《国学演讲》，育德启智的同时，学生也得到了传统文化的道德情感、高雅品德、润者美好的多重熏陶。学校还于每年的5月，以"读书美好修养，文化经典人生"为主题举办"读书文化艺术节"。主要有两大领域的活动：读书活动（汉字听写大赛、中华好诗词、诗词吟诵、经典展演……）丰实底蕴、奠基文化；公益文化讲座"我家"讲堂，熏染高尚、砥砺人生。如今，"我家"讲堂已然成为大连市高新一中的文化符号，不仅为师生及与会的家长带来了丰富的精神食粮，更是同学们眷恋的精神家园。学校还举办"文化修养淬心灵（气质）"活动：让学生多读书，与好书交朋友，在读书的过程中形成良好的自我教育，从而接受阅读文化的浸润和滋养。学校制作《一中道德经》，集录学生读书的思想火花，让学生从外在改变走向内在精神缔造。

大连高新一中通过"文化智育"，用文化活动来丰富知识的内涵，在知识的传授中赋予文化的育人熏染，让学生的认知心理和情性心理辩证地统一，育智同时达到潜移默化育心育性育情的功效。

3. 学校历史蕴含着丰富的情感体验教育资源

每所历史悠久的学校，都有自己的发展历史，每个校园都彰显着自己独特的校园文化，继承和发扬办学的优秀传统。校友会是母校与校友及校友与校友之间沟通的桥梁，是提高母校社会声誉、促进学校办学的重要载体，是推动母亲建设与发展的财富和可依靠的力量，因为校友对母校有着一种天然的"血缘"联系。学校对每一个学生的发展都奠定了一定的基础，学生走上社会，都很感恩于母校，他们对母校有着特殊的感情。建立校友会，就是系上母校与校友间的纽带。校友成长史是母校校史文化的一部分，有利于对在校学生的教育鼓励。校友联谊活动可丰富校园文化的内涵与结构，而丰富的校友会活动，既能使校友们的母校文化情结与学校紧密相连，又能发挥校友支持、帮助学校发展的作用，因此这一载体的建设很有必要。如青岛市第四十四中学五十年校庆，时任教育部部长的校友郝平在《青岛日报》上发表的《一所普通中学的精神魅力——回忆我的母校青岛第四十四中学》一文谈道："无论我们走得多远，身上都有着抹不掉的母校印记；无论我们年长几何，身上总流淌着这所中学的'血液'和传承着她所固有的'基因'。……在我心中，四十四中就像一位五十而知天命的母亲，深受同学们的爱戴。在我心中，四十四中有着独特的魅力，是一座永远的精神丰碑。'鬓华虽改心无改，试把金觥，旧曲重听。犹似当年醉里声。'我愿用这片初心，用这份挚情，衷心祝福青岛第四十四中这所普普通通的学校，弘扬和延续其不凡的办学传统和精神魅力，继续为莘莘学子谱写如歌的青春。"试想时任教育部部长的校友对母校的这番深情感恩和寄望，能激励多少后来学子对学校的热爱和认同感啊！

　　学校史志文化是学校积蓄多年办学的可持续发展动力的最好载体，可以对师生进行传承和开拓的励志教育。学校教育是一项常青事业，在发展过程中逐步形成了独具特色的办学思想、办学理念、品牌学科、品牌教师和特色活动。编著好学校史志，办好校史陈列展览，不仅可以再现学校的办学传统、校园文化、师生风采，帮助学校提炼学校精神，丰富学校内涵，营造优良育人环境，为广大师生浸濡其间，构筑精神家园提供寥廓时空，还可以促进学校在总结、研究历史经验中，吸取传统文化的营养，从中获取应对新挑战、破解新难题的启迪和智慧，减少工作的盲目性，少走弯路，实现学校更好更快发展。大连市第三十九中学在校史的呈现上，很有思想性和前瞻性。很多学校把校史放在封闭的校史馆中，学生可能在入学时接受一次教育后就再也不会涉足其间，校史文化对学生的成长影响并不重要。但该校的校长很有远见，用好用活校史资源，让校史资源在学生日常活动中流淌，在走廊墙上呈现出学校发展的不同历史阶段传承发展不断走向卓越的历史，特别是把各阶段师生努力获得的荣誉、成就、名师、优秀毕业生、各类知名校友等在走廊进行专题展示，对学校情知教育、自主发展、走向卓越做了很好的诠释，学生时时学习，时刻接触优秀榜样和学校卓越的校史，在心理、思想上时刻处在走向卓越道路的暗示上。校史文化所积淀的学校精神文化内涵，成为学校赖以生存和发展的重要根基和血脉，是学校存在的价值和个性特征的重要体现。校史蕴含的丰富的文化资源和精神资源，特别是名校，校史资料丰富，精神文化积淀深厚，用好校史资源育人，充分发挥榜样的激励作用，正是为了让学校昨天的精神文化形成具有鲜明文化特质、品格、价值的文化软实力，在学校持续发展中薪火相传。这对于弘扬正气、优化校风、培养校园精神、建设校园文化具有现实而深远的意义，而且还是一面不染微尘的明镜，予以师生们历史事业兴衰成败的真实面貌，揭示着事物曲折发展的必然规律，给予大家无尽的感悟空间。

（四）学校文化的正向激励功能

想培养学生具有在社会竞争中立于不败之地的本领，就必须从小树立竞争意识，掌握竞争规则，努力增强自己的适应竞争的实力。校园文化的核心竞争力主要表现在文化的凝聚力和创造力，优秀的校园文化能赋予师生独立的人格、独立的精神，激励师生不断反思、不断超越。以创建活动、达标活动、争创活动及各种竞赛活动为载体的校园文化对于中小学生树立强烈的竞争意识、参与精神有着极为重要的现实意义。它既增强了学生的竞争意识，又使学生在争创活动中受到锻炼，提高竞争能力。健康、向上、丰富的校园文化对学生的品性形成具有渗透性、持久性和选择性，对于提高学生的人文道德素养，拓宽同学们的视野，培养跨世纪人才具有深远意义。

学校文化可以规范学生的行为。如深圳北师大南山附中非常注重依托北师大名校校训理念育人，增添学生素质教育的厚重感和自豪感。在学校正门的左方，立着一块大石，上书"行为世范"四个大字，这是来自北京师范大学校训学风中的一句，以它作为学校师生共同遵循的行为价值追求，既对德育行为规范提出了很高的标准，同时也提醒着师生，学校的育人源泉是来自中国最高一流的师范教育学府，从而对学生的学习、生活及思想言行具有规范作用。当学生的思想言行不符合约束规范的要求时，他就会自我调节矫正。学生有时可能不接受老师的教育，但却不能违背大家公认且捍卫的行为准则而备受同学们的审视，因为谁都不愿意成为"众矢之的"。优美的校园环境同样能规范学生的行为。北师大南山附中利用地理环境优势——位于深圳湾口岸的蛇口半岛上，构建了一座面向大海、五艘军舰形状、楼宇之间有风雨连廊相通的办公教学楼，形成一个舰队出航的学校主体建筑群造型，象征教育舰队的起航，充满对未来的憧憬与探索创新的意识，饱含学海中积极主动奋勇前进的冲击力，更有深圳沿海开放特区教育主动融合世界、培育国际视野的启示功能，航海还有体能、学能方面锻炼的隐喻，远航需要有一定的续航能力……在这样的育人环境中，师生时时受到奋进的激情激励。学校建筑理念先进，建筑之间走动通达自如，岭南连廊文化特色彰显，具有遮阴避雨观景凉爽的实用功能，走在其间，感觉通透舒适、凉爽宜人，赏心悦目的优美海景时时入目，心情轻松、心态舒适。楼宇和行走其间的师生，自然组成一幅幅海上航行富有生命力的生动画卷，航船中的生命动感中让人愉悦……此时，"个性化的素质教育"办学理念蕴含在这样开放式优雅美丽的建筑环境中，包容宽广自由的海洋文化促使学生积极主动去适应和探索发展适合自己的品质素养，主动掌握具有个性特质的素养技能，踏上学海和人生的征程。

校园文化的精神激励功能是指优秀的校园文化具有令人振奋、催人进取的激励作用。这种激励作用是指校园文化在发挥其文化认知功能、价值导向功能的基础上，能够激励和鼓舞人们保持积极乐观的人生态度和不断进取的精神面貌。同时，美丽的校园建筑、优雅的校园环境、良好的校园秩序、和谐的校园氛围，有利于人们保持良好的心境，促进人的身心健康和全面发展。深圳市华侨城中学在学校大门正前方，营造了一个由低至高的景观，最低处是一本大理石打造的大型打开的书，书页里书写着校长寄语，寄托了校长对孩子们学习成长的厚望，以一本大书直接提醒进入校门的师生这是学习的地方，行为举止都必须符合学校的要求，时刻告诉孩子们校长希望他们成长为怎样的人，充满了教育的智慧。书的后面，是一个水景，背景由一块大型的书法牌匾衬托，上书"周流无滞"四字，简单四字充满哲理寓意，这是一种做事的通达境界，在学校中，这意味着引导师生们在教学和学习生活中如水般导学自如，达到教育的最高境界。抬头仰望稍远处，是学校教学楼的最高处，树立着学校"享受教育"的教育理念。整个核心景观给人以教育至高境界的默化启示，并与学校办学理念融为一体，理念在高处指引，教育实践如水流在落地处周流无滞，充分显示了这所学校和谐融合、通达舒适的校园文化氛围。如此优美的校园环境，可使学生的精神境界自然默化地同步通达。

（五）学校文化的素养能力提升功能

文化的主体是生活于这种文化环境中并对其发挥作用的人，文化的载体是这种文化赖以存在和发展的环境和文化主体的实践活动。因此，作为校园文化主体，师生不是被动地存在于校园文化之中，单纯地接受校园文化的影响，而是主动地参与校园文化，积极地维护和创建校园文化，并通过校园文化活动的实践过程巩固理论知识，增强独立思考能力和创新意识，不断提高创新能力、表达能力、组织能力、社交能力、动手能力等综合素质。

丰富的校园社团文化活动是拓展学生能力与素养的良好载体。重庆市珊瑚中学一直以来坚持"一切为了学生的发展"的办学理念，追求"优质+多元"的人才培养目标，践行"唤醒、鼓舞、激励"的教育思想，努力造就"基础宽厚、勇于创新、个性鲜明、特色发展"的未来人才。近年来，学校以"绿色教育"力求让每一个学子沐浴在文明、友善、健康、和谐的校园氛围里，在潜移默化中博闻强识，在循序渐进中成就自我。秉承"一切为了学生发展"的办学理念、"高质量有特色现代化"的办学目标、"分层递进激励发展"的育人特色、"严谨治学，爱生律己"的教风、"博学精思唯实求新"的学风、"自强不息开拓进取"的精神，开创了一套整合学科课程、校本课程和社团课程、发展学生全方位素养能力的学校系统课程，如图2-2所示。

在这个体系中，珊瑚中学围绕核心办学目标，对学生的求知、求善、审美能

感悟文化的力量

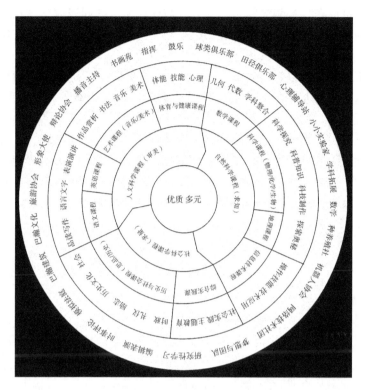

图2-2 多元培养目标

力，不仅通过国家课程和校本课程进行必要的教育，还外延至学生的各种社团活动中，进行兴趣素养能力的各种拓展。丰富的学习活动带给师生丰富校园的精神生活，从而"使每一个人都能找到发挥、表现和确立自己力量和创造才能的场所"。这有利于培养学生的学习意识、创新意识、个性意识、集体意识和协作精神。同时，在所有课程学习中，更要求学生必须处理好个人和集体之间的关系，注意相互间的协作，以达到个性化发展、集体协调发展以及参与社会化发展的能力不断提升。

综上所述，学校也可以通过课程成为实现教育目标的载体，因为课程是学校一切活动的中心，它体现着学校的办学思想，反映了学校的价值观，学校对课程文化应该有自己独特的诠释，要将课程文化理念转化为教师群体共同的诉求。在课堂文化或在文化活动氛围营建时，可把传统文化熏陶与现代教育思想相互融合。尽显开放、包容、和谐的课堂，使师生的教与学得以融汇、个性得以张扬的课堂，会让师生感受到一种文化的自觉和自信，教师更乐教，学生更好学，这就达到文化育人的本质目的了。深圳市华侨城中学结合沿海开放城市及特区的国际接轨前沿优势，在校运会开幕式出场式上，引进传统国学诵读与现代科技相结合的模式,引进广东科技领先的机器人方阵与诵读团队共同表演,达到现代科技与文化传承的时空和谐统一的美感和动感,让学生切身体会古今先进文化对自己成长的促进,让教育的促动真正达到融会于心与行。

重庆市珊瑚中学以课程改革为核心,以"变革学习组织,培育学生素养"为目标,以"构建基于学生需求的学习型组织建设"为载体,对课程资源和社会资源进行整合,完成了学习型组织的整体规划与设计,构建了学生自我意识成长系统、学生游学系统、学生阶梯学位升级系统、学生社团系统、学生作业自控系统以及学生综合能力评价系统等六大系统,通过"主题活动""走班制""学长制""游学活动""社团活动""学生综合能力评价"等形式为学生的个性培养和特长发展提供科学的课程和有效的途径,帮助和促进学生主动、多元、生态发展(图2-3)。

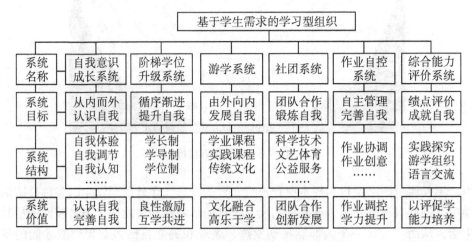

图2-3 基于学生需求的学习型组织脉络

学校文化育人的素养提升功能更体现在校风的建设上,校风是校魂,在一定程度上体现了学校办学方向、培养目标、价值取向、行为方式。优良的校风是学校全面贯彻教育方针,全面提高育人质量的保证,良好的校风能有效发挥教育功能。苏联教育家乌申斯基认为,在教育中"一切都应以教育者的人格为基础……只有人格才能影响人格的发展和形成。"在校风形成上,学校领导和教师的行为、作风是影响因素之一。他们的言行举止、道德风范,形成一股潜移默化的巨大力量,影响着学生的精神境界和思想情操。这就需要重视教师队伍的精神文明建设,坚持政治学习,组织教师认真学习党的指导思想,学习教育的政策、法规,树立正确的世界观、人生观、价值观,更新教育观念,树立"素质教育"的教育观、质量观、学生观,培养强烈的工作责任心,乐于奉献的精神,以高尚的师德影响学生，以优良的教风带动良好学风的形成。

深圳华侨城中学校长对教师师德文化的建设就做得很有特色，营造一种求真的师德文化，对教师发展提出了很有远见和特色的要求，形成了良好的师德风气，带动良好的教风形成。他倡导并推崇教师要有严谨治学和真实科研的态度，他的这个要求并不仅仅是针对时下普遍存在的论文、科研抄袭等学术不良现象，而是经过他个人对教育工作的实践了解和感悟思考，得出的针砭学校科研工作时弊的独特见解。他反对教师为了功利乱做科研，随便申报科研课题却完全没有研究教育的样子，强调不负责任的科研态度反而会给教师专业化发展和学校工作带来负面的影响。因此，他在校内组成高水平的学术委员会，评判学校教师申报的科研课题是否有研究的意义和价值，引导教师要做对教育教学有帮助的真科研、真学问、真教育。这对于学校教师的成长真是有正面影响的好策略，让学校教师回归教育，潜心研究教育教学的本真，发现教育问题并主动寻找答案，促进教师真正成长。教师中倡导真的学术文化，这样的教师队伍必然也是善的，他们会善待学生的成长中的一切，研究学生成长中的一切问题，对学生的教育关注也发自内心地更到位。这样研究出来的成果才真正具备实效性、思想性、可操作性，才是有生命力校园里教师文化的真学术、真水平。学生在"真能量"教师文化的影响下，必然也烙刻上自觉求真的优秀品质。我们观察到了，这所学校的行政干部都很有独当一面的工作能力，每个行政干部在落实校长教育思想的同时都有自己对教育的理解力和行动力，布置工作都是非常清晰明确、扎实到位的。学校的教师也非常自信地投入教育教学工作，分享自己工作体会和学习心得时，都非常自信自如，既有自己真实的感悟，又蕴含满满的正向价值观。在这种真才实学的研究氛围中，全校教师们投入学校的教育教学改革，以享受教育的状态，实践并研究凝练出本校以导学、小组合作学习、思维导图为特色的课堂教学"GIFT"模式，并不断推进到各层面教学实践检验中，收到良好的教学效果，形成独特的教育教学品牌。这个模式的实践成功激励着学校师生更团结奋进地实践探究更多的教育策略。

可见，校风是一所学校师生员工在长期的校园生活实践中形成，具有自己特色并且相对稳定，在校园中占主导地位的风气。通过各种载体和形式，将社会所倡导的价值观念、道德规范和行为准则以启迪、熏陶、感化和塑造等方式潜移默化地引导和规范师生的思想行为，帮助他们树立科学的世界观和正确的人生观、价值观，养成良好的道德品质和文明行为，形成求真立善创美的良好风气。

（六）学校文化的凝结整合力量功能

学校是师生的集合场所，校园文化又具有很强的力量整合作用。良好的校园文化不仅能够提高个体的素质和能力，而且有利于促进师生形成共同的理想信念、心理特征、道德标准和价值追求，从而达到凝聚和整合内部力量的作用。

宣传校友典范，树立学习楷模是凝聚力量的有效途径之一。有历史悠久的学校，都有很多杰出的校友。在不同的历史时期他们走出学校，分布于各地，他们与母校有着千丝万缕的联系。校友的奋斗精神与业绩就是榜样。榜样的力量是无穷的，校友是在校学子的学长，他们的创业历程、社会阅历和人生体验就是在校学子的人生教材，激励他们积极上进，努力成才，这很有利于培养高素质人才，有利于学校发展。如广州市真光中学，其历史悠久，培养的学生成才而名扬海内外者众，因此，出色的校友是学生们真实的学习榜样，让学生以校友为荣，以校友为样，这种身边珍贵的榜样作用对学生的教育功能具有其他任何说教都无法达到的影响效果！漫步校园间，可以看见学校著名的校友陈香梅女士和时任广州市市委书记的张广宁亲手种植的树，这是世界与社会的精英楷模，学生每每经过这些树木，就等于提醒他们要有为乐为，做有为之人，行有为之事。校园里还有不同届别班集体亲手种植的树，以绿盛的生机昭示生命的珍贵和蓬勃向上发展的动力，并表达着校友们对母校的感恩与大爱之情。

校歌作为学校的一张音乐名片，是凝聚人心和鼓励师生开拓创新的精神旗帜，是学校历史和文化的浓缩，更是学校精神风貌、办学理念和人文精神的具体体现，是校园文化精髓的集中体现。校歌承载着重要的育人使命，它的作用在于传承学校历史、弘扬学校精神、展现学校办学理念和特色教育，进一步推动学校的校园文化建设，提升学校文化内涵，让校园人得到熏陶和同化。校歌最大特点是潜移默化，一个学校的历史积淀、文化底蕴、精神风貌，无时无刻不在传递和传唱，自觉不自觉地形成一种强大的"势力"，在这种"势力"的作用下的每一个成员，无不被净化和提升。如上文提到的广州市真光中学，在课间学生休息的时间，校园里就播放着那带有历史悠远感的童声合唱的校歌，不高亢，却悠扬，既让学生在紧张的课堂学习后松神醒脑，从而神清舒畅地休憩，又营造一种非常高雅的课间休息背景。安宁的校歌，荡涤心灵的尘埃，让历史携带真善美的理念在心中肃然而起，向善的育人氛围油然心生，这种爱与善的潜移默化的教育，很自然地铭刻在学生的心中，让学生在言行中自觉地聚合到成为传承善良思想的行动者和传播者的道路上来。

校园文化符号能激发学生对学校目标、准则的认同感和作为学校一员的使命感、自豪感、归属感，形成强大的向心力。学校富有鲜明个性特点的教学意识、育人意识、道德意识、文明意识以及为全校师生认同的集体荣誉感与责任感，对于学生来说，具有很大的同化力、促进力和约束力，能使每个学生都在和谐融洽的人际关系中，最大限度地挖掘自身的内在潜力。这种高凝聚力主要表现为：集体与个人的关系休戚与共；集体对个人有很强的吸引力；个人对集体有很强的认同感。如深圳北师大南山附中就以"仁爱教育"为统领，实施个性化素质教育的办学理念，在提高学生全面素质的同时，重视开发学生的潜能和禀赋，承认个性差异，尊重个性特点，强化个性优势，进而因材施教，为每一个学生的发展搭建舞台。该校的校训为"仁爱砺志博学创新"，校徽主图案是由象征北师大的木铎标志物幻化出的"北京"二字，象征其是北师大旗下的学校，校徽图案也印在校服上。这一整套的学校符号，就是学校厚重文化底蕴的凝聚，凝聚起师生、家长们、校友们。

大连市高新一中学校的文化符号植根于书香与传统文化气质，着眼于学生能力提升与未来的发展，得到师生们的深刻认同，他们的文化符号为：

办学理念：植养人文气韵，奠基文化人生。（解读：注入并培养以人为本、终身发展的意识、习惯、能力和情怀，为有品位、道德、情感、智慧的人生奠定基础。）

校训：文质彬彬然后君子。（解读：孔子名言。语出《论语·雍也》"文质彬彬，然后君子"，即文化修养与质朴品质的统一，外在礼仪与内在人格的统一，也就是文化与品德的统一。）

校风：德馨崇正气书香蕴涵养。（解读：以美德树立正气，用文化培育书卷气。）

教风：博学至上仁爱为先。（解读：用仁爱之德去关爱生命，用广博的专业及文化知识、技能、方法去传道、授业、解惑。）

学风：博观约取厚积薄发。（解读：出自苏轼《稼说送张琥》"博观而约取，厚积而薄发"，即厚底蕴，展修为。）

学生们在这种办学符号的引领下，彬彬有礼，做人的教育已根植在每个人的心里；自主学习的意识和习惯渐进养成，能够感受体验带来的学习快乐。

（七）学校文化的规范、育德、审美功能

校园文化活动是培养人、塑造人、影响人、发展人、完善人的社会性实践活动。大力开展校园文化活动的根本目的就是要满足学生日益增长的物质和精神文化的需求，以学生为本，促进学生全面发展，将校园文化活动与人的自由公正、尊严幸福、终极价值紧密结合起来，体现人文关怀和道德情感。校园文化活动寓教于乐，寓教于美，增添了德育工作的艺术性，能使师生在喜闻乐见的文化形式中受到启发和教育。

学校文化有规范学生行为的作用。健全的规章制度及健康的集体舆论对学生的学习、生活及思想言行具有规范作用。当学生的思想言行不符合制度规范及集体舆论的要求时，他就会自我调节矫正。校园文化建设以学校集体为单位，注意学校的集体形象，这就要求学生必须处理好个人和集体之间的关系，注意相互间的协作。一个充满理想、团结友好的集体会使学生亲身感受到集体的温暖，体会到集体力量的伟大，从而树立个人要服从集体、严于律己、宽以待人的集体主义思想观念。如北师大南山附中《仁爱修身》手册中，就有成体系的、学生需要遵循的、完备的学生管理规章制度，共有中学生守则、南山附中中学生文明礼仪规范、学生仪容仪表规范、中学生形象礼仪示范图、校园安全管理制度、学生请假管理制度、校园学生手机管理制度、校园卡管理制度、学生午休管理制度、学生在校住宿管理制度、学生宿舍检查评分细则、学生一日常规、学生自我管理实施方案、学生自我管理检查评分细则、学生自我管理检查消分管理办法、学生奖励办法、学生违纪惩处条例、考试违纪处罚规定等，诠释了学生的仁爱修身教育也离不开完善的规章制度加以约束和保障，实行自律和他律共同作用，以制度规范约束的形式帮助学生达到仁爱教育所要达到的育人目标。

学校文化有陶冶学生品德情操的作用。优美的校园环境有着春风化雨，润物无声的作用。如诗如画的校园风光，布局合理的校园建筑，鸟语花香的校园景致，整齐光洁的道路交通，美观科学的教室布置，文明健康的文化教育设施……无不给学生以巨大的精神力量。学生在幽静的环境中学习，感到舒心怡神，从而增强环境保护意识。丰富多彩、健康高雅的校园文化，对低俗的非理性的文化及各种消极腐败思想也能起到很好的抑制作用，所有这些都有利于学生正确的世界观、人生观、价值观的形成。学生在校园环境中受到感染和熏陶，触景生情，因美生爱，从而激发学生热爱学校，进而热爱家乡、热爱祖国的高尚品德。学生在不会"说话"的校园建筑里学习、活动，不知不觉地接受着道德教育。如升旗、入团宣誓、运动会入场等学校仪式，既是学校教育的一个组成部分，也蕴涵着十分丰富的德育价值。学校的校容校貌，表现出一个学校整体精神的价值取向，是具有强大引导功能的教育资源。校园文化作为一种环境教育力量，对学生的健康成长有着巨大的影响。校园文化建设的终极目标就在于创建一种氛围，以陶冶学生的情操，构筑健康的人格，全面提高学生素质。如广州市真光中学146周年校庆，这个包含悠远历史的数字，本身就是学校教育教学传承和发展的骄傲。校园中心那几栋在青木葱茏包围下的近百年历史的红砖绿瓦的中西结合特色建筑，证明这是一所有生命力的百年老校。静静观赏，楼与楼前楼后活动的青年学生一起，自然组成一幅幅活力的生动画卷，动感中给人静谧的沉思空间……学生处在这样优雅沉稳的校园氛围中，必定时常追忆当年学子那孜孜不倦求学的身影、肩负重任踏出校门走进社会的意气风发。这提醒着今日之学子后来奋发，追承昔日前人之生生不息的对知识的追求，践行成就来自圣经"尔乃世之光"的古朴校训，成为照亮世界的光芒，成长为对世界有用添益之人……另外，学校文化中有许多以理想信念教育为重点、以爱国主义教育为主题的班会课活动课，有以科技、文娱、体育和社会实践等活动为载体的社团丰富多彩的活动，形成校园生态文化活动的新格局，给学生以品德养成的启悟。学校也可以在传授科学文化知识的同时，有意识地将积极的生活态度、正确的价值取向与高尚的道德情操融入课本知识之中，既教书又育人，通过潜移默化的影响对学生的思想道德教育起到应有的作用。

学校文化可以帮助提升学生鉴赏美、追求美、创造美的能力。爱美是人的天性，中学生也不例外。但由于他们正处于青春期和人生观、世界观、价值观形成的特殊阶段，在追求美的过程中又存在着明显的弱点：追求美而不善识别真美；只追求外在美，不善追求内在美；更不懂得美具有广泛复杂而深刻的内涵。优良的校园文化有利于培养学生正确的审美观，提高他们的审美能力及创造美的能力。如美丽安适的校园建筑与环境，整洁漂亮的教室布置，朴素大方整齐的服饰，校园环境的净化绿化、文明礼貌语言的使用、和谐人际关系的形成，都可以帮助他们发现美、感受美，从而懂得欣赏美、创造美。培育心灵美、语言美、行为美、环境美、情感美等审美能力和鉴别美的深刻内涵；真正懂得和体验到诸如"大方""优雅""和谐""风度"等这些描述美的有关词汇的含义，从而把这些词汇的内涵变成他们自觉的行为，使追求美、创造美成为他们生活的需要。

马克思主义认为"人创造环境，同样环境也创造人"。校园文化是学校教育的一个重要组成部分，是素质教育的重要载体。学校需要不断结合教育的需要，加强校园文化建设的内涵；需要持之以恒充分挖掘和利用学校文化的潜移默化作用，高度重视学校文化建设。学校文化对学生的影响虽不是立竿见影的，是潜移默化的，相对缓慢的，但却是稳定渐进的，效果往往是持久的、永恒的。优化的校园文化必然会有利于全面实施素质教育，促进学生健康成长和全面发展。在深入研究校园文化功能的基础上，积极开展校园文化创建活动，对于进一步提升学校的核心竞争力、提高人才培养质量、促进学校长远持续发展具有重要的现实意义和深远的历史意义。

学校为了实现自己的培养目标，必须要注重校园文化的教育功能，这种功能不同于教师教、学生学的课堂教学以单向灌输为主的教育功能，也不是以强制性的手段来使学生接受教育，而是通过非强制性的手段，在耳濡目染、潜移默化之中感染学生，使学生真正享受校园文化建设的成果，得到全面健康的发展。

 营造学校育人文化的有效途径

学校文化育人功能着眼学生的终身发展，着力学生"良好个性"和"健全人格"的发展，是保证学校正确的办学方向和学生健康成长的重要载体，它贯穿于学校教育教学的全过程和学生日常生活的各个方面，在学校教育中起着举足轻重的作用。随着时代的不断进步，对学校文化建设及其育人功能的体现也提出更高的要求，以不断发展和创新学生教育实效工作，让育人工作真正落到学校工作的各个实处。学校文化建设如何有效开展,以达到育人之目的,我们归纳总结出八个途径。

(一) 明确学校的办学理念,确立学校的发展愿景

以理念和愿景统领学校文化建设,增强学校文化建设整体统一协调,增强学校育人文化内涵品位。

党的十九大以后,中国特色社会主义建设进入了新时代,基础教育更重视教育质量的提升,以满足人民对优质教育的美好需求,强调教育的内涵发展。因此,在学校文化营建方面,要有统一整体的理念,打造完善的文化育人系统,增强育人的品位。校长要用先进的办学理念来构筑学校的发展愿景,激发师生进取精神。校长要根据学校的发展状况,对学校的远景、使命、组织结构进行思考和规划,把构筑学校发展愿景贯穿于学校管理的全过程,激发全校师生对学校未来发展的憧憬,增强全体师生的自豪感、责任感和使命感。校长要凝聚人心,调动集体智慧去实践学校的办学理念和办学目标,围绕学校发展的总体目标,在建设高素质的教师队伍上下功夫,在优化教学教育管理上做文章。教师拟订自身专业发展计划,学生确定成材目标,把学校的发展、教师的专业成长和学生的成材结合起来,让学校发展有新的着力点和动力,主动发挥学校自主发展意识,不断提升自主创新能力,催生学校文化建设的自觉意识。校长对学校管理过程就是学校文化建设的过程,因此要以校长办学理念来统领建设优秀的学校文化。为此,必然要求选择优良的内部治理、先进的现代管理,在学校中形成既有民主又有集中,既有自由又有纪律,既有统一意志又有个人心情舒畅的良好局面。学校文化建设就是继承、创新和整合,使先进的高品位的学校文化变成学校的主导文化,应该从制度文化、精神文化、行为文化、物质文化等方面进行学校文化的构建,增强学校核心发展力,和谐发展力,发展向心力,自觉追求高品位的文化,强调学校的内涵品位建设,把学校文化向特色化延伸,这是学校文化的基础和重要标志。

(二) 加强精神文化建设,以学校发展愿景塑造学校价值导向

当学校经过凝练提升出学校文化理念之后,必须要以此来构建价值理念体系,利用先进理念引导行为,需要通过一系列的活动来宣传贯彻这些文化理念,进而潜移默化地通过这些理念来引导师生员工行为。要想使师生员工的这些行为深深扎根,还需要辅以必要的培训引导。学校对文化理念的培训和宣传应立足于师生员工的日常行为,用理念引导行为,用行为诠释理念。

这种精神形态的校园文化一旦形成,就是校园文化的最高层面,即所谓的"深层面",这一层面表现在:一是学校目标,全体员工一致努力为之奋斗,逐

步成为全体成员的共识,成为学校工作的凝聚点;二是价值观念,应通过各种途径,采取各种方式,树立全新的价值观念,使之成为全体师生共同享有的学校内评价人与事的价值,评价成功与失败、成绩与缺点的观念和标准;三是精神作风,学校可通过各种方式不断同化、培育师生员工的这种精神作风来推广学校的行为规范,发挥精神形态的校园文化的规范功能;四是校园礼仪,在学校目标、价值观念和精神作风的指导下,沿袭而形成的学校文化传统形式,是礼节、仪式化的价值观念,比如互致问候、升旗仪式、颁奖仪式、穿校服、戴校徽、升校旗、挂校标,都能激发和强化师生员工的文化意识,使大家受到浓烈的感情熏陶,产生归属感和自我约束力。

此外,还要加强"爱校"教育,培养母校意识。向学生讲述学校光辉的历史,成立校史展览室,设计校旗校徽,制作校歌,统一校服,提高学校在学生心目中的地位,使学生自然生发出强烈的荣誉感、自豪感、热爱母校的情感,从而产生凝聚力,形成学校精神。

学校还要确定共同的奋斗目标。学校根据社会发展趋势及自己的实际情况、办学特点,提出校训和奋斗目标。各班相应地制定班级奋斗目标,直至帮助学校制定个人奋斗目标。

强化学校"三风"建设在精神文化建设方面的作用。学校"三风"即领导的作风、教师的教风、学生的学风。其中,领导作风是关键,学校领导要加强修养,提高自身素质,在学校的各项工作以及执行各项规章制度中发挥好带头作用。此外,要狠抓教师在学生中的表率作用。要求教师从精神风貌、道德修养、工作作风、学识水平到仪表风度、言谈举止、生活起居都应起到为人师表的作用。开展系列争创活动,争先进个人、先进集体、先进学校,创优秀品质、优异成绩、优美环境,形成一股比、学、赶、帮的精神热潮。这样,教师有高度的事业心、责任感和无私奉献的敬业精神,学生有远大的理想和抱负,勤奋攻读,立志成才,整个校园充满一种浓厚的积极向上的文化氛围。

精神文化是校园文化的核心和灵魂,在校园物资文化建设的同时要加强校园精神文化建设。良好校园精神文化,有利于浓厚的教育、学习氛围的形成,也能在教育直接难以达到或不能充分发挥效用的地方产生影响,成为教育的向导和有益的补充。校园精神文化是不断适应社会精神文化发展要求的,是校园主体精神社会化的过程和缩影,能通过其特有的精神环境和文化氛围使校园内的每个人在潜移默化之中,在思想观念、价值取向等各个方面与现存社会文化趋同,实现对人的精神、心灵、性格的塑造。因此,各中小学在校园物质文化建设的同时,也要大力加强校园精神文化建设。坚持"两手抓"的政策,使校园物质文化建设与精神文化建设相辅相成,相互促进。

(三)加强制度文化建设,强化对师生的纪律规范制度约束力,形成行为习惯养成的约束激励机制

校园制度文化作为校园文化的内在机制,包括学校的传统、仪式和规章制度,是维系学校正常秩序必不可少的保障机制,是校园文化建设的保障系统。"没有规矩,不成方圆",只有建立起完整的规章制度,规范了师生的行为,才有可能建立起良好的校风,才能保证校园各方面工作和活动的开展与落实。但仅有完整的规章制度是远远不够的,还必须有负责将各项规章制度予以执行和落实的组织机构和队伍,因此,还必须加强相应的组织机构建设和队伍建设。也就是说,制度文化建设实际上包括制度建设、组织机构建设和队伍建设三个方面,组织机构建设和队伍建设是确保制度建设落到实处,并使其真正起到规范校园人言行的关键环节,校园文化组织机构的健全和完善,校园文化队伍的勤奋与能干,对正常开展校园文化活动,加强校园文化建设,具有举足轻重的决定性作用。校园文化建设渗透于学校的教学、科研、管理、生活及各种校园活动等方面,是学校实施素质教育和精神文明建设的重要组成部分,是青少年学生成长成才的内在需要,更是推进学校和谐发展的重要载体。

制度文化建设是为了保障学校教育的有章、有序和有效,目的是先用制度来强化,而后用情境来内化。学校应遵循教育规律,依据教育方针和教育法规,围绕"立德树人"这个核心,建立和健全各种规章制度。在制度的建立过程中,应充分发扬民主,经过师生充分酝酿和讨论,最后才以条文的形式定下来。学校的规章制度要体现三个特点:一是全。规章制度应该是全方位的,做到事事有章可循,如行政管理制度、德育管理制度、教学管理制度、总务管理制度、内部体制管理制度等。二是细。内容具体明确,操作性强。三是严。纪律严明,赏罚分明。为了使广大师生了解和掌握各项规章制度,可按适用范围将教职工管理制度及学生管理制度分订成册,用知识竞赛或考试的办法,督促学生学习掌握制度的内容,使大家明白应该怎样做,不应该怎样做;怎样做是对的,怎样做是错的;违反了规定要受到什么处罚,符合条件将得到什么奖励,从而形成自我激励、自我约束、自我管理的制度文化环境,以加强学生的组织纪律性,规范学生的行为,促使学生养成良好的行为习惯。

学校制度文化建设须注重实效性、针对性和可操作性,须与社会大环境相吻合,不能违背现行的各项法律法规。一个学校的校园文化建设体现了学校的办学思想和办学理念。须用"心"去进行校园文化建设。一所学校,须有一套完整的制度,但是要赋予制度以文化色彩,使制度"文化"化。学校在制定规章制度时,应突出价值观念、素质要求、态度作风等,给制度以灵魂,强调人的理想信念、奋斗方向、做人准则,把精神要求与具体规定有机地结合起来,把"软

文化"与"硬制度"熔于一炉,铸造出刚柔相济、软硬相容的"合金"式的规章制度,使之既能起强制作用,又能发挥激励规范的作用;使师生在执行制度、遵守纪律的同时,享有自尊,实现自我价值。

(四)发挥学校文化建设三方面的积极作用:校长育人文化建设的领导作用,教师对学校文化建设的主导作用,学生作为学校文化建设的参与作用

校长是学校的掌舵者、营造者。学校管理的事务千头万绪,但校长必须保持强烈的文化意识,避免陷入事务堆中。校长对学校文化的理论认识如何,积极性主动性如何,是否有文化自觉,是否有文化自信,决定了一所学校文化发展的厚度与广度。在学校文化建设中,应当转变领导行为,激励人、培育人、发展人。要转变重事轻人、重权利轻品德、重他律轻自律、重效率轻价值的观念和做法,为自觉转变领导行为奠定基础。一个学校的文化离不开管理,一个学校的管理也离不开文化,优秀学校文化引领学校管理。管理讲求制度和规范,文化讲求氛围和契约,两者必须有机融合。规范中出文化,文化中有规范,只有这样才能使学校的文化建设落到实处。文化离开管理的方法和策略便会成为无源之水、无本之木,管理离开文化的导向便会沦落为强权的工具。

校长是一所学校的灵魂,是领头人,是学校传统文化的传承者,因此在校史文化的创建与弘扬之中,校长理应充分发挥自己的引领、传承作用。也只有这样,校长才能把学校发展引向文化立校的正道上。一所学校的优秀校史文化的形成,都需经过几代人的持续奋发努力,艰苦创造。没有昨天的历史,就没有今天的成绩,更没有明天的辉煌。创建弘扬延续的发展的创新的校史文化,是学校领导与教师的一项任务,更是负有领导责任校长的重要使命。在创建弘扬校史文化工作中,校长应力争成为熟悉学校创业史、育人史、报国史、精神史的"明白人",做一个细致收集校史资料的"有心人";从翻阅历史文献资料入手到制定编研校史计划方案,从组织人力投入到开展校史育人活动,校长都应充分发挥聪明才智,做到心中有数的"热心人",更要做热情宣教校史文化的"教员";校长更要努力探究校史文化,做一个刻苦研究校史、发展校史文化的"创新人"。校长既要巩固已有的校史文化结构的优良传统部分,更要努力破除传统的陈腐观念,创建学校教育为学生终身服务的新内涵、新业绩,不断发展新的校史结构,去谱写学校新的历史。

教师是文化建设的播种者实践者,他们通过课程与活动实现文化的传承与创新。教师文化建设的内容包括教师的教育观念和教师的教育教学的行为方式,涵盖教师观念、教师行为、教学教研、行为风范、文化活动等。学校要建设共有的精神家园,使教职工有归属感,增强学校的凝聚力,发挥各自的积极性与创造

性。对教师的建设，要给予更多的关心，更多的投入，更多的激励。国家出台激励教师专业化高素质成长的政策措施，进一步营造尊师重教的社会氛围，进一步落实一系列激励教师成长的保障措施。重视教师培训，通过国培计划、省培计划、名师计划、校培计划、校本教研等来提升教师的教学水平和师德修养；重视班主任建设，解决班主任工作政策不配套问题，还要为优秀教师成长提供沃土，要打造好教师师德文化。一是要为教师提高自身文化素养提供良好的外部环境，保障一定的物质条件，建立合理的激励机制，给予优秀教师充分的鼓励，为优秀教师的成长创造良好的条件。二是加强专业实践的参与式培训、行动研究和个案研究，让教师在具体化情境中提高追求事业的精神和能力，使其自觉研究教学行为规范等。三是拓宽教师专业发展的空间，给教师创造机会，增加机遇，让其才能得以展示，如设置优秀教师个人工作室、编印出版教师个人研究文集等，重视对反映学校发展进程的校史资料的各种文书资料、声像资料的搜集与归档工作，为名师、学科带头人、骨干教师等录制有关音像资料。四是倡导教师新的专业生活方式，如鼓励教师集体教研和体验交流，坚持教学日志和轶事记录、整理，建立专业成长档案袋等，使教师成为习近平总书记倡导的"四有教师"文化形象化身，促使每一个人能够在自觉的层面上不断完善自己、超越自己，创学校管理文化的新亮点。五是培植教师团队精神。先进的理论如果没有必要的普及，就不能植根于人们的思想和行为中。因此，学校要赢得长远发展，必须要依靠整个教师团队的精诚合作。一个优秀的团队必定是积极向上、思想活跃、团结合作的集体。要老师们全面参与，要取得他们的认同，并转化为自觉行动，首先必须共同学习。在校园文化建设的主体中，教师是核心。教师担负着传播科学文化知识，培养合格人才的繁重任务，因此，教师要加强自身的修养。孔子指出："其身正，不令而行，其身不正，虽令不从。"优秀教师崇高的师德，严谨的治学态度和与人为善的处事原则，对人生观、价值观均未确立或正在确立的中小学生来说，会产生极其深刻的影响。这种影响，往往对学生的人生发展会起重要作用。

在校园文化建设中，学生既是校园文化建设的主力军，又是行为主体，是校园文化的参与者和组织者。丰富多彩的校园文化既可培养学生的兴趣特长及创造能力，提高学生的动手能力，掌握多种技能，树立热爱劳动的观念，还可以磨炼学生意志，提高学生组织管理能力，为其以后走向社会奠定坚实的基础。

（五）打造好社团文化和活动文化等学生文化，落实国家立德树人根本任务

学生文化是推进创新教育的突破口，是培养师生能力的载体，包含学校的各种活动，如文体活动、教学活动、健康教育活动、主体班会、综合实践活动等。学生活动是学校生命力所在，活动是学生思想教育的有效载体。因此，寓思想品

德教育于生动活泼、形象具体的校园文化活动中是行之有效的教育手段。学生文化是学生学习、活动以及生活的一种精神氛围与物质环境。一所学校，若能把学生的学业与学生文化有效地结合起来，便会有力地推动学风、校风和校园内的精神文明建设。学校的育人主要通过学生的活动（认知活动、养成活动、培养活动、训练活动等）展开。根据学生的身心特长，寓教育于丰富活动中，让学生在活动中求真、求知、求乐，使他们在参与中自我教育、自我管理、自我发展。根据不同年段的学生的认识结构、兴趣特点、能力水平和心理、生理特性来设计和采取多样活动内容和活动形式。诸多学生，尽管智力、爱好、性格、情趣有异，但共同的思想追求和文化行为，往往能产生极大的凝聚力与荣誉感，使校园内的生活更为和谐轻松，青春的活力便得以高度发挥，个性爱好也能得到发展。为此，要重视学生文化的建设，充分发挥学生文化积极作用，让文化浸润每个学生的心灵。一方面要重视学生物质文化的建设。打破墙壁的静止，让墙壁说话，布置学生的美术作品、书法作品、小制作、小发明、文学作品、电脑作品等；搭建科技实践平台，引导学生参与科技活动、电脑制作、精品制作等，并进行参观与比赛活动。另一方面重视学生精神文化的建设，活动是有效的教育途径之一。在学生中组织演讲赛、辩论赛、征文赛、诵读节、艺术节等，引领学生接受高雅文化的熏陶。把娱乐其身心、陶冶其性情、潜移其品性、培养其情操、塑造其灵魂的文化氛围，充满到学校的每个角落。

学生是学校文化建设的体现者、参与者。学生文化建设要依据学生文化建设的多层次性，以理想信念、价值观的精神层次为核心去建设学生观念文化和活动文化；通过多层次的文化建设，形成养成机制、自律机制和创新机制。在学校文化建设中，要弘扬素质教育的精神，促进学生德智体美劳全面发展和健康成长。在德育上，要把中央关于未成年人思想道德建设的各项要求落实到校，落实到班，落实到学生的心坎上，把中华传统美德通过恰如其分的方式内化为学生的自觉行动，还要养成学生的良好习惯，德育要避免假大空、高大全。在智育上，不仅要重视对基础知识的传授，还要开发学生智力和提升学生能力，在此过程中要努力减轻学生过重的课业负担。在体育方面，要提倡阳光体育，让学生每天锻炼一小时，以便健康工作五十年，幸福生活一辈子。在美育方面，要培养学生感受美、鉴赏美、表现美、创造美的能力。此外，还要加强劳动教育，培养学生的劳动观点、珍惜劳动成果的意识和热爱劳动人民的思想感情。

（六）打造好学校课程文化的育人根本作用，重视学科课程文化资源的开发，统合必修课、选修课、社团活动、综合实践活动等课程整体育人功能

随着普通高中课程方案和各学科课程标准的修订版的公布，加上此前义务教

育各学科课程标准最新修订版也已正式颁布，逐渐形成了全面推进基础教育课程改革的良好态势。学校要组织好新课程标准的教师培训工作，把修订后的义务教育各学科课程标准的精神落实到课堂教学中。教学是学校一切工作的核心，所有教师有着共同的责任，必须把更多的精力投入到教育教学的主业中。教师们各有不同的学科优势和专业技能以及文化素养，他们可以在各自的课堂中渗透学校的办学理念，尝试探索与办学理念相一致的教学方法，让课堂焕发活力。如果能形成统一的合力，那么教学对学校精神文化的建构无疑是一股巨大的力量。教育行政干部、中小学校长要以务实的作风深入学校，走进课堂，了解教师关切，观察学生动向，回应师生诉求，破解发展难题，全面了解影响教育质量的主要因素和关键环节，把学校文化以课堂教学的最有效形式落实到每一位教师的每一节课堂中。

（七）加强并提升学校物质文化建设

物质文化是一种直观性的文化，它直接表现出师生所处的文化氛围，有较强的直观性，如校园布局、建筑装饰、教学设施、环境卫生等。物质文化的建设及管理直接地反映出学校的办学水平。因此，校园文化建设应从以创建优美校园为主要内容的物质文化入手。抓好宣传阵地，充分发挥广播室、黑板报、阅报栏、宣传橱窗、图书阅览室、名人名言警示牌的作用，表扬好人好事，同时批评错误的思想行为，抑制歪风邪气，树立正确舆论。通过以上种种办法，使整个学校到处充满正确的舆论气氛，从而促进优良校风的形成。

学校要规划好硬件环境和软件环境，为养成学生优良个性服务；学校要突破课堂和围墙束缚，创设躬行实践的机会，加强环境教育，培养与自然和谐相处的观念。物质文化应该独具匠心，以物载德。学校的校容、校貌等外在形象是把学校形象传播给社会公众的外显性视觉对象，它是学校现代文明程度的外在表现。建筑或造型新颖，具备时代气息，或古朴典雅，体现文化底蕴。学校建筑要符合学校特色，具备足够功能，总体风格保持一致、协调、和谐，营造校园文化氛围，形成学校文化建设合力。

（八）加强和谐校园建设，打造良好人际文化

对学生影响最大的是校园人际环境，班级是学生精神成长的摇篮。班级中的人际关系，会影响每一个学生的成长。建立友爱、信赖、关心、负责、和谐的校园人际关系，就是最有德育价值的校园文化。因为人际关系是一种高级形式的校园文化，良好的人际关系不仅可以使学生全身心地投入学习，促进学生奋发向上、健康成长，还可以形成良好的集体意识。良好的集体意识是一种向上的群体规范，是对学生思想品德的一种无形的巨大的力量。师生间只有建立融洽和谐的

关系，才能取得最佳教育效果，"亲其师"才会"信其道"。教师要有目的地引导、强调同学间的人际关系应遵循守纪、理解、团结、互助的基本原则，克服嫉妒、自卑、自傲、自私的不良心理，鼓励学生充满自信、公平竞争、帮人所需、大度为怀。提倡同学间学习上互帮互学，共同进步；生活上一人有难，八方相助；纪律上互相督促，互相提醒；思想上互相交流，互相提高。同时要重视学生的心理疏导，帮助他们解除烦恼健康地成长，使每一个人都能找到发挥、表现和确立自己力量和创造才能的场所。

总之，要使学校教育工作行之有效，除正面教育、积极灌输外，还必须充分挖掘和利用校园文化的潜移默化作用，高度重视校园文化建设。学校文化建设是一个非常复杂的过程，内容涉及面广，开展学校文化建设的途径也丰富多样。要探讨各种途径之间的关系，整合学校文化建设途径，使其形成一个有机整体，发挥最佳效果。学校文化建设设计思路要深，眼界要广，应该关注社会各种文化环境对学校文化建设的作用，建立学校文化育人的实效作用。

第三章 学校文化建设的反思与建议

学校在社会主义先进文化建设中负有重任，学校文化建设必须认真落实党的十九大精神，坚持以社会主义核心价值体系为引领，贯彻以人为本、统筹兼顾、全面协调、与时俱进的发展原则，大力开展文化创新，牢牢把握落实党的"立德树人"教育目标和正确的育人导向。当前，教育正处于新的历史发展时期，加快建设富有历史传承、时代特征和学校特色的学校文化是学校发展的战略使命。

（一）学校文化建设必须非常明确校园文化建设的指导思想

学校要旗帜鲜明地高举中国特色社会主义伟大旗帜，以习近平新时代中国特色社会主义思想为指导，深入贯彻落实党的"立德树人"教育总目标，坚持社会主义先进文化的发展方向，坚持弘扬和建设社会主义核心价值体系，遵循文化发展规律，以中小学精神文化建设为核心，以制度文化、行为文化和环境文化建设为载体，把校园文化建设与学校的发展定位、办学理念和办学特色结合起来，以促进学校健康发展为目标，勇于创新，打造特色，建设具有一流文化品位的学校。

（二）学校文化建设必须加强总体育人战略需要的研究与规划

学校文化建设要与学校新时期发展战略和发展目标的需要相适应，把校园文化建设纳入学校发展总体规划中，要紧紧围绕学校的办学理念、办学定位和发展目标，遵循文化发展规律和学生认知发展规律，加强校园文化的理论研究，树立科学的文化建设理念，对校园文化建设进行前瞻性研究和系统规划，提出明确的建设目标，制定实施方案，明确责任分工，提供政策保障，实现学校精神文化、制度文化、行为文化和物质文化等的协调发展。

（三）学校文化建设要建立科学有效的工作机制，形成校园文化建设合力

校园文化建设要在学校校长的统一领导下，党政班子形成共建意识，加强统筹协调，建立科学的决策机制、责任机制和激励机制。学校要高度重视建立调动广大师生积极性、充分发挥师生主体作用的校园文化建设工作机制。学校文化层次的提高，教师人文素养的整体提升是关键。可以开展内容鲜活的社团活动，以

兴趣促进个人素质的提升。以教师社团为阵地，开展艺术节、读书节、体育节等形式多样、内容丰富的活动，让更多的教师参与其中，陶冶人的性情。利用现代信息技术，办好校刊，加强校园网建设，开展活力校园的创建，使之成为展现教师风采的平台。努力营造健康向上、特色鲜明的高品位校园，并将校园文化建设的内容与要求渗透到教育、教学、科研、活动中，并体现在育人培养模式上，让最能体现校园文化内涵和实现文化传播的课程教学、环境建设及学生活动等成为校园文化建设的重要渠道。

（四）学校文化建设要特别重视精神文化建设，充分彰显学校办学精神

学校文化建设要充分重视学校精神的挖掘、凝聚、培育与弘扬，围绕学校的发展要求和办学理念，加强学校精神文化建设，重视校史校情研究和优秀传统的继承，重视学校办学理念、办学目标、办学特色的宣传与教育，重视学校校风、教风、学风优良内涵的挖掘、培育与弘扬，重视校园先进事迹先进人物的宣传。通过校园精神文化的积极构建，营造体现中学生精神、适合中学生发展理念的文化氛围，展现校园精神文化的独特魅力，充分发挥校园精神文化的重要作用。

（五）学校文化建设要大力进行文化创新，努力培育学校特色文化

学校文化不能千校一面，文化创新是校园文化发展的根本动力。学校要开展高品位的校园文化活动，加强校园文化的导向作用，把德育的功能有机地融入校园文化建设。学校要加强社团组织的管理和建设，充分利用校园文化活动群众性、广泛性、参与性的特点，多形式、多层次、全方位开展各项活动。在进行学校文化规划和建设的过程中，学校要大力推进校园文化建设的机制创新、制度创新、方法创新和载体创新，以特色求创新，进一步凝练办学特色，坚持传承与创新相结合，培育特色文化，凸显学科文化与学生文化在校园文化建设中的地位与作用，注意吸纳地域文化资源，积极打造学校特色文化项目和活动品牌。

学校文化建设是一项长期的、艰苦的工作，是一项系统工程，不可能一蹴而就，我们所做的探索和认识，只能说是初步的。学校文化建设着眼于学生未来的发展，定位于现实学生的成长发展需要，同时，校园文化建设本身也是发展的、动态的，必须因时而变、与时俱进。校园文化对学生的人生观、价值观产生春风化雨、润物无声的深远影响，这种影响往往是其他课程所无法替代的。我们对校园文化的功能作用、表现形式及方法途经等方面的认识仍有待提高。如何引导学校文化建设，提升学校育人文化品位和精神内涵仍亟须探索，还需要更多的学习和反思。学校文化建设任重道远。

参考文献

[1] 中华人民共和国教育部. 教育部关于培育和践行社会主义核心价值观进一步加强中小学德育工作的意见［EB/OL］．（2014-04-03）．http：//old.moe.gov.cn//publicfiles/business/htmlfiles/moe/s3325/201404/xxgk_167213.html.

[2] 余清臣. 学校文化学［M］．北京：北京师范大学出版社，2010.

[3] 赵中建. 学校文化［M］．上海：华东师范大学出版社，2004.

[4] 张德吴. 校园文化与人才培养［M］．北京：清华大学出版社，2001.

[5] 张同文，楚新正. 高校校园景观结构分析及校园规划的初步研究［J］．新疆师范大学学报（自然科学版），2006，25（3）：201-205.

[6] 张宇，姚宏韬. 校园规划设计中育人环境的营造——评沈阳建筑大学校园规划设计［J］．四川建筑，2007，27（z1）：6-8.

[7] 沈洁，黄宇星. 智慧校园及其构建初探［J］．福建教育学院学报，2011（6）：122-125.

[8] 杨鹏. 论中学校园文化建设的原则与策略：南京市浦口区第三中学的案例分析［D］．苏州大学，2010.

[9] 刘叔成，夏之放，等. 美学基本原理［M］．4版．上海：上海人民出版社，2010.

[10] 杨全印. 学校文化建设：组织文化的视角［D］．上海：华东师范大学，2005.

[11] 史洁，冀伦文，朱先奇. 浅谈校园文化的内涵［J］．中国高教研究，2005（5）：84.

[11] 陈卫国. 推进校园文化建设 营造良好育人氛围［N］．光华时报，2009-06-19.

新时代教育的学校课程建设实践与探索

案例小组名单

小组成员：徐　泳　广州市南沙区教育局教育督导室
　　　　　毕秀银　广州市豪贤中学
　　　　　余红梅　广州市海珠外国语实验中学
　　　　　游永亮　广州市白云区江高镇第二初级中学
　　　　　曹柏生　广州市番禺区南村中学

导　　师：王卫国　吴朝晖

摘　要　本章对青岛、广州两地若干所不同层次中学的学校课程建设的实践与探索进行系统的归纳、梳理，透析课程改革实践中存在的问题。结合新时代教育的发展需要，审视两地在课程构建、课程实施、课程内容和课程评价等方面的做法，以点带面，思考学校课程建设推动学校全面发展的方法与策略，提出新时代教育下学校课程建设的建议与策略。

第一章　新时代教育及学校课程建设溯源

 新时代教育及其特征

（一）新时代教育功能的定位

习近平总书记在党的十九大报告中宣布我国已经进入中国特色社会主义新时代。当今世界，互联网、大数据、云计算、物联网等技术广泛应用于各行各业，人类社会正快速迈入人工智能时代，以人工智能革命为特征的未来社会已经来到我们的身边。教育是面向未来的教育，今日的教育实际上是在为明天的社会培养人才。随着我国经济社会的迅速发展，社会主要教育矛盾已经发生变化，我国社会的发展变化必将影响到教育的发展，也必然会引起教育的巨大变革，新时代带来教育功能定位的转向是未来教育发展的必然逻辑。

新时代教育的最大挑战，是人工智能的挑战。只要看看日益变化加速的周边，就可以发现一个趋势：在青岛出现了无人码头，在武汉出现了无人警局，在上海街头出现了无人面馆……关键词是"无人"，就是"去人类化"！人居于生物链的顶端，一直很自信地走到现在，但是现在可以说这种自信发生了动摇。从国际象棋特级大师卡斯帕罗夫被"深蓝"击败以后，我们表现出的是震惊，到围棋天王李世石被 AlphaGo 击败之后，我们更多表现的是无奈。

日本首富、软件银行集团的总裁孙正义更是预测：人工智能肯定会超过人，因为集成电路的发展速度远远超过人脑的生物进化速度。享年 76 岁的英国著名物理学家斯蒂芬·霍金去世前也曾留给世人"警惕人工智能，2117 年之前离开地球"等话语。到 2047 年，如果人的智商是一百的话，人工智能的智商相对的是一万。大家想象一下：现在坐在课堂里的小学生、中学生，将来与他们共同生活的或者与他们竞争的将是智商一万的人工智能。我们要把教育放到当今社会经济发展的大背景下思考。2016 年年底，AlphaGo 首次在围棋领域战胜了人类，仅相隔 1 年，AlphaGo Zero 就来了，零基础自学成才。2017 年 10 月，机器人甚至已经正式拥有沙特阿拉伯的公民身份。随着现代科学技术的迅猛发展，我国中国特色社会主义教育已经进入到新时代教育。全面贯彻党的教育方针是新时代全社会尤其是教育系统一项重要的政治任务。在党的十九大，习近平总书记明确要求教育战线要全面贯彻党的教育方针，培养德智体美全面发展的社会主义建设者和接班人。2017年7月，国务院发布《新一代人工智能发展规划》。同年10月，党的十九大报告提出，推动互联网、大数据、人工智能和实体经济深度融合。"跨界创新"成为人才需求的新动向。我们也应该深入地思考：教育到底应该给孩子们带来什么，他们才能够去面对不可预知的未来？

早在1983年，邓小平为北京景山学校题词"教育要面向现代化，面向世界，面向未来"就表明了"教育必须立足传统，面向现代化；立足中国，面向世界；立足当今，面向未来"的前瞻战略思想。2018年秋季执行的普通高中课程方案和课程标准（2017版）提出各地和学校落实课程方案和课程标准要把准两个方向：一要把握好正确的方向，坚持以习近平新时代中国特色社会主义思想为指导，注重培养青少年一代对中国共产党和社会主义的真挚情感和理性认同，铸牢理想信念，打好人生底色，使中国特色社会主义事业后继有人；二要把握好反映新时代的改革方向，以修订后的课程为抓手，着力发展素质教育，注重创新型人才培养，促进学生全面而有个性的发展。

（二）新时代教育的特征

清华大学著名学者鲁白先生指出，人脑有五个方面的功能：感觉、运动、记忆、情感与情绪、认知。从认知来讲，有两部分，即一般认知和高级认知。一般认知是记忆、逻辑思维、分析、概念学习，机器可以做这一类事情。但是高级认知，比如自我意识，包括语言、想象力、创造力，以及思考人类社会为什么而活着等问题，这些是机器做不了的。显然，正是机器做不了的那些人类价值构成了新时代学校教育存在的价值基础。从新时代中国特色社会主义对人的素质提出新要求看，人的文化素养、健康素养、艺术素养、绿色生活素养亟待加强，培养知识型、技能型、创新型劳动者必将成为教育改革和发展的时代强音。根据未来社会将朝着智能化、虚拟化、超链接等方向的发展，具备个性化的综合素养与创新能力，重视人的关键素质和必备能力的提升成了新时代教育的基本特征。

 课程及学校课程建设的时代背景

（一）关于课程

关于课程，有许多不同的定义和解释。我国课程论奠基人陈侠先生对课程的解释是，"把受教育者在学校范围内所引起的文明行为养成、思想品德提高、知识技能增长、身体素质的改善等都包括在课程概念之内"。我国学者在20世纪20年代至80年代末，对课程内涵的理解大多限于"课程即学科"，强调"学校向学生传授学科的知识体系"。随着课程研究的发展和新课改的推进，"大课程观"在基础教育实践中逐步被认可,"课程不仅包括了知识,而且包括了学习者占有和获取知识的主体活动过程,课程知识是在充满生机的社会性交往中构建生成的"。于是,自然、社会、人都成为课程的资源,课程超越了学科知识的限制,成为人人都可做的事情。顾明远先生认为课程是"为实现学校教育目标而选择的教育内容的总和,包括学校所教各门学科的有目的、有计划、有组织的课外活动"。这指出了真正的课程存在于为实现学校教育目标而开展的育人活动中。

广东地区的教育实践研究专家们普遍认为:"课程是学校内涵发展的核心领域。课程是学生全部学校生活的总和,也是全部教育目标的实现途径。"江浙一些有代表性的教育实践研究者认为:"课程是构成学校教学基本框架的一个主体性的东西。课程是实现学校一切教育主张的核心,没有课程我们一切都无从谈起。""教育实践中,课程在学校教育工作中的中心地位十分突出,它维系着学校发展中必须要面对的师与生、教与学、时与空、教与管、人与物等各种纷纭复杂关系。""学校内涵发展最根本是使课程及其实施适应育人的需要,体现现代社会育人的要求;同时,学校的课程设置可以彰显学校的办学特色,突显学校人才培养的个性。课程建设是学校的核心竞争力。"教育部《关于深化基础教育课程改革的意见(2010年)》指出:"基础教育课程是国家意志和核心价值观的直接体现,承载着教育思想、教育目标和教育内容,在人才培养中发挥着核心作用。""课程应该是以学生发展为本,要连接过去、现在与未来,打破时空限制,促进学生的个性成长,要注重他们的学习体验,发展他们的学习兴趣,在这个过程当中他们还要具有承担社会责任的担当。""传承过去,造就现在,开创未来。"悠悠万事,教育为本。进而言之,作为学校教育的核心,今天的课程,就是明天的人才,就是明天的社会。

(二)关于学校课程建设

1999年,国务院正式提出:"建立新的基础教育课程体系,试行国家课程、地方课程和校本课程。"在2001年基础教育课程改革之前,"除个别带有实验性质的学校之外,大多数学校基本不关心课程建设问题,也没有自主开发课程的权限,它们仅仅扮演着课程忠实执行者的角色"。2001年,教育部明确提出:"学校在执行国家课程与地方课程的同时,应视当地社会、经济发展的具体情况,结合本校的传统和优势、学生的兴趣和需要,开发或选用适合本校的课程。"这大大激发了中小学校参与课程开发的热情,以此为开端,林林总总的校本课程不断涌入中小学课程体系。

2003年,教育部再次指出,"普通高中课程应适应社会需求的多样化和学生全面而有个性的发展,构建重基础、多样化、有层次、综合性的课程结构",并在课程设置上设定了必修、选修内容，对选修Ⅱ部分的内容明确提出"学校根据当地社会、经济、科技、文化发展的需要和学生的兴趣，开设若干选修模块，供学生选择。"可见，国家课程的校本化实施是学校课程建设的重心和基础，注重国家课程的校本化改造与实施，按照学校办学特色和价值主张对其重新整合，使之完全融入学校的课程体系，使之更加适应学校实际需求，体现分层分类的思想，更好地关注到全体学生是学校课程建设的发展方向。校本课程建设则是国家课程计划中不可缺少的组成部分，它充分尊重和满足学校师生的独特性和差异性，特别是能更好地满足学生在国家课程和地方课程中难以满足的那部分发展的需要，对促进学生的发展起着不可替代的作用。

随着课程改革的不断深入，人们对学校课程建设的思考也逐渐向深入发展。有学者指出，"学校课程建设是指在重组、整合国家课程、地方课程与学校课程的基础上，构建适合学生发展需求、反映学校特色的课程体系的过程"。有学者认为"学校课程建设的基本特点是：学校作为专门教育机构，基于自身教育理念与教育目标，整体规划学校的课程体系，并积极建设存在于学校之中的每门课程"。对于学校课程建设，趋向认可：学校课程建设包括学校中的所有课程（校本课程开发、国家课程与地方课程校本化等）；学校课程建设是对学校中不同类型课程的系统规划、整体推进；学校课程建设要基于学校的理念、目标与需求，反映学校特色。对学校课程建设，有文献指出，"学校课程建设是学校教师针对学校的育人需求或问题而对学校课程进行持续改进的专业活动"。这种说法突出学校课程建设的基本属性：以育人为目的，以教师为主体，以专业为依托，视建设为常态。

今天，人类已经进入人工智能时代，我国人民在党的领导下走进了建设中国特色社会主义的新时代，新时代赋予学校教育和课程建设的根本任务是要全面贯彻党的教育方针，以提高国民素质为根本宗旨，以培养学生的创新精神和实践能力为重点，造就有道德、有理想、有文化、有纪律的，德智体美全面发展的社会主义建设者和接班人。

第二章 新时代教育学校课程建设的本源

经过18年的探索与发展，课程意识已经在中小学校长和教师的脑海里生根发芽，很多校长和教师形成了自己的比较成熟鲜明的课程观，并在此基础上构建了各具特色的学校课程体系，探索出了多元化的课程实践路径，在学校课程建设方面积累了丰富的经验和成果。然而，在这一过程中，受经济社会中急功近利、求新求异、求多求全等风气或心态的影响，一些学校忽视课程建设的学术理性，随意性较大，或凭经验，或盲目模仿，将课程无限泛化，构建出名目繁多但逻辑混乱、内容交叉重复的庞大课程体系。切实推进学校课程建设的良性发展，需要理顺学校课程建设的本源，回归学校课程建设的本质规律，深入分析实践与探索中出现的问题，明确基础教育校本课程建设的发展趋势。

 学校课程建设理应聚焦人民追求美好生活的需要

习近平总书记在党的十九大报告中指出："中国特色社会主义进入新时代，我国社会主要矛盾已经转化为人民日益增长的美好生活需要和不平衡不充分的发展之间的矛盾。""必须认识到，我国社会主要矛盾的变化是关系全局的历史性变化，对党和国家工作提出了许多新要求。我们要在继续推动发展的基础上，着力解决好发展不平衡不充分问题。"

"建设教育强国是中华民族伟大复兴的基础工程，必须把教育事业放在优先位置，深化教育改革，加快教育现代化，办好人民满意的教育。要全面贯彻党的教育方针，落实立德树人根本任务，发展素质教育，推进教育公平，培养德智体美全面发展的社会主义建设者和接班人。"追求公平有质量的教育，是人民追求美好生活的客观需要，通过深化课程改革提升教育质量，着力解决好发展不平衡不充分问题，努力让每个孩子都能享有公平而有质量的学校教育，是满足人民对美好生活需要的重要途径。

广州市教育局于2011年年底启动普通高中特色课程建设工作，于2013年在全国率先提出以"特色主题化、文化物象化、课程结构化、项目个性化、校园诗意化"为指标体系的义务教育特色学校创建工作。创建工作强调文化引领，强调落实到课程，通过突出课程的地域文化价值和文化意义助推基础教育尤其是义务教育的均衡发展，扶持薄弱学校、民办学校和农村学校加强内涵建设，满足人民对优质教育的需求，办好市民身边的好学校。

北京师范大学教育学部石中英教授指出,新时代教育追求优质要建立在关注每一个学生健康成长的正确质量关的基础之上,不能建立在以往那种追求片面的、功利性的升学竞争力基础之上,这一点,要成为校长和全体教师的坚定信念。从教育伦理的角度来说,陪伴一个有特殊需要的学生,给予其生活与学习力所能及的指导,与成就一个英才学生,帮助其考上自己理想的学校,同样光荣,同样反映一个学校的教育质量水准。广州的特色课程建设工作基于这一思考,旨在引导和促使一批批薄弱的学校找到个性化的特色发展和差异发展之路,成就身边一个个有特殊需要的孩子。

 学校课程建设理应聚焦教育体制机制改革的方向

中共中央国务院办公厅《关于深化教育体制机制改革的意见》提出,要注重培养支撑终身发展、适应时代要求的关键能力。课程发展要注重培养学生的关键能力、认知能力、合作能力、创新能力、职业能力。在培养学生基础知识和基本技能的过程中,强化学生关键能力培养。

培养认知能力,引导学生具备独立思考、逻辑推理、信息加工、学会学习、语言表达和文字写作的素养,养成终身学习的意识和能力。培养合作能力,引导学生学会自我管理,学会与他人合作,学会过集体生活,学会处理好个人与社会的关系,遵守、履行道德准则和行为规范。培养创新能力,激发学生好奇心、想象力和创新思维,养成创新人格,鼓励学生勇于探索、大胆尝试、创新创造。培养职业能力,引导学生适应社会需求,树立爱岗敬业、精益求精的职业精神,践行知行合一,积极动手实践和解决实际问题。

认知能力、合作能力、创新能力、职业能力是一个人终身管用的能力,关乎学生的自我发展以及自我实现,关乎其适应现在及未来的社会发展,这就是"核心素养"。深化课程改革需要从培养学生的四种能力入手,让我们的孩子从小就开始接受"核心素养"统领下的课程教学,通过十几年持续的学习和养成,我们教育的层次、学生的思维品质才能真正得以提升。

 学校课程建设理应聚焦素质教育

1999年,国务院明确提出了"跨世纪素质教育工程",要求素质教育从典型示范为主转向整体推进和制度创新为主,即主要通过课程教材革新、评价制度改革和师资队伍建设,全面贯彻教育方针,办好高质量的教育,提高国民素质和民族创新能力。

2001年5月,国务院印发了《关于基础教育改革与发展的决定》,对全面推进中小学素质教育进行了部署，并于6月召开了全国基础教育工作会议。《关于基础教育改革与发展的决定》要求加快构建符合素质教育要求的新的基础教育课程体系，深化教育教学改革，扎实推进素质教育。由此可见，为使素质教育取得突破性进展，党和国家把基础教育课程改革推上了关键性位置，触动了整个基础教育领域以及我国经济、政治、科学文化领域的诸多部门。

2010年7月，《国家中长期教育改革和发展规划纲要（2010—2020年）》明确指出："中小学要由'应试教育'转向全面提高国民素质的轨道。"在党的十八大报告中也提出："全面实施素质教育，深化教育领域综合改革，着力提高教育质量，培养学生创新精神。"党的十九大报告中再次强调要发展素质教育。

早在20世纪，素质教育成为国家的意志并为教育界普遍认同。但是，时至今日，传统的知识为主、分数至上、升学第一的教育价值观仍然根深蒂固，一些学校以升学为导向开设课程，非考试科目一概废止，学校的课程开发和建设往往停留于加班加点、拼时间拼体力、强制灌输、题海战术式的"碎片化叠加"。2018年，"两会"有关教育的提案和建议一波接一波，其中关于素质教育的发展与未来布局更是被多次探讨。归根到底，学校的课程构建对应的是学生素质发展的结构，只有整体变革和优化学科的课程架构，学生的协调发展、个性发展才可能实现，中小学才能真正由"应试教育"转向全面提高国民素质的轨道。

（四）学校课程建设理应聚焦学科核心素养

核心素养是人适应信息时代和知识社会的需要，解决复杂问题和适应不可预测情境的高级能力与道德，由跨学科核心素养和学科核心素养构成。我国界定的学生发展核心素养是指学生应具备的，能够适应终身发展和社会发展需要的必备品格和关键能力。国内外学者如此热衷于"核心素养"的研究，主要是因为核心素养体现了人在适应变化着的社会所必需的最基本的要求。我国对核心素养的界定是学校教育从"知识传递"转向"知识建构"的信号，为课程改革提供了政策上的方向，引发了教学理论的思考以及教学实践的创新，标志着我国学校的课程发展进入了新的阶段。

就我国而言，在新的国内外形势下，核心素养是对素质教育、三维目标、全面发展、综合素质等的聚焦强化版和升级转型版。核心素养为教育教学改革提供了重点更突出、焦点更集中的教育目标，为转变学生学习方式、教师教学方式、政府和学校的管理方式指明了方向。研究落实学生发展核心素养是落实立德树人根本任务的一项重要举措，也是适应世界教育改革发展趋势、提升我国教育国际竞争力的迫切需要。

学科核心素养是指学生通过某学科的学习而逐步形成的关键能力、必备品格与价值观念。围绕学科核心素养的形成重建学科教育的范式，是当前全面深化基础教育课程改革的重头戏。深入研究课程整合和学习方式，让核心素养落实到课堂，学生通过学习而逐步形成的关键能力、必备品格与价值观念，是发展素质教育的独特贡献，是学科育人价值的集中体现，也是适应我国新时代教育改革的迫切需要。

五 学校课程建设理应聚焦未来创新型人才的培养

学校课程建设最重要的是"人本""生本"。教育部部长陈宝生提出："中国的教育需要理念创新，决不能把老师变成分数统计师，把学生变成流水线上的产品。"面对未来人工智能的挑战，新时代教育需要适应国家和社会发展需要，遵循教育规律和人才成长规律，深化教育教学改革，创新教育教学方法，探索多种培养方式，形成各类人才辈出、拔尖创新人才不断涌现的局面。

新时代教育的目标就是培养推动社会发展的人，同时，社会的发展与进步也必然推动新时代教育的革新。我们要实现"中国梦"，进入世界人才竞争行列，需要大批创新创业人才，这是我们教育的首要任务。因此，新时代教育决策既要符合社会发展的需求，又要体现时代进步对人才培养的新需求。课程建设正是在新国际趋势下，聚焦人才培养的创新模式，顺应时代的要求，通过课程改革真正尊重学生，尊重差异，尊重选择，发现、培养一批优秀苗子并创造条件使他们脱颖而出，使我们培养的人在创新精神、实践能力、社会责任感等方面都能有显著的提升。

教育要从为了知识的教育转化成通过知识获得教育，这是观念性的转变。人工智能正在改变我们的生活，可以说机器变得越来越像人了，但是我们的教育很可悲的地方就在于，通过灌输式的教学，通过重复的训练，把人变得越来越像机器，这样的教育是没出路的！我们要建设有品质的课程，关键就是课程的重心，不应该再是知识的获得，而是回归教育本源，回到人格的塑造，知识的运用和创新能力的培养上来。我们的课程应与国家发展对未来创新型人才的需求紧密结合。

在未来社会，绝大多数我们今天的工作将不复存在，因此学校的培养目标，必须走向学生全能化，即学生能力无死角，帮助他们未来在任何情境下，都能够迅速适应并解决问题。因此，思维能力、动手能力、身体素质、艺术素养、文化适应、工具运用、领导才能、自我管理等"能够迁移的素养"在今天变得越来越重要。

全面发展与终身发展是20世纪70年代以来国际所倡导的教育的终极目标之一。《国家中长期教育改革和发展规划纲要（2010—2020年）》指出："全面提高普通高中学生综合素质。深入推进课程改革，全面落实课程方案，保证学生全面完成国家规定的文理等各门课程的学习。创造条件开设丰富多彩的选修课，为学生提供更多选择，促进学生全面而有个性的发展。""树立科学的质量观，把促进人的全面发展、适应社会需要作为衡量教育质量的根本标准。"12年的基础教育时光就像一个箱子，我们思考：要在这箱子里给孩子带上什么东西让他在未来远行的路上能解决将碰见的问题？课程改革有必要对此给出回应。

  课程建设是"为学生终身发展奠基"。这体现了以人的终身发展为目的，回答了学校发展观中学校"为谁发展"的问题，就是要学生"学会做人，学会学习，学会合作，学会创新"。学校课程建设就是落实全面推进素质教育，确立以学生为本的教育价值观，关注每一个学生身心的健康成长，关注每一名教师素质及能力的培养提高，因势利导，因材施教，因能施教，以学生的创新精神和实践能力为重点，培养国家的合格公民和向高一级学校输送优秀学生，为每一个学生的终身发展奠定良好基础。

第三章　青岛二中学校课程建设的实践与探索

 青岛二中课程建设的基本状况

（一）学校课程设计

青岛二中建于1925年，1953年被确定为山东省重点学校，以为国家培养各行各业领军人物著称，20世纪80年代后，其教育探索成就成为齐鲁大地教育改革的风向标。学校以"领先一步，追求卓越"为办学精神。为了激发每一名学生的生命价值，青岛二中提出"造就终身发展之生命主体"的育人目标，并围绕这一育人目标把满足学生的全面发展、个性发展和主动发展从而达到全人发展作为课程开发和建设的目标建设了课程体系。围绕提升学生人文素养、科学素养、身心健康素养、人际交往能力、自我认知和生存能力等五项基础素质和独特的智能品质、卓越的领袖气质、执着的创新精神、自主的研究能力、开阔的国际视野等五项特色素质不断优化课程体系，为学生的终身学习、可持续发展打造知识、能力和人格基础，努力培养创新型高素质人才。

青岛二中以"为了每个学生的终身发展，为了中华民族的伟大复兴"为理念，积极进行以"学生发展"为核心的学校课程再造，形成了"七大类别"和"三个层次"的立体课程结构（如图3－1所示）。根据学生的兴趣将课程划分为七个类别，分别是人文类课程、经济类课程、语言类课程、数学类课程、自然科学类课程、工程技术类课程和艺术类课程；根据学生能力、发展需要，将课程划分为三个层次，分别是满足全体的通识课程、满足类别的深度学习课程和满足个体的学术研究课程。

青岛二中校长孙先亮认为："课程存在的本义是为了学生的素质发展，学生的认同和共鸣决定了课程的效能。课程建设应落实到人才素质培养上。"传统的课程设计，被功利性的教育追求所异化，课程只是为了完成毕业学分的要求，只是为了让课程的内容和种类看起来丰富多彩，并没有真正考虑课程接受者的需要和感受。现代学校的课程建设，应当以适应学生全面而有个性的发展为导向，为学生搭建起素质发展的广阔舞台。

孙先亮校长认为，学校课程建设说到底就是为学生创设发展的最优化教育环境，让学校教育能够摆脱升学和应试的束缚，让学生因为课程释放出自身生命的

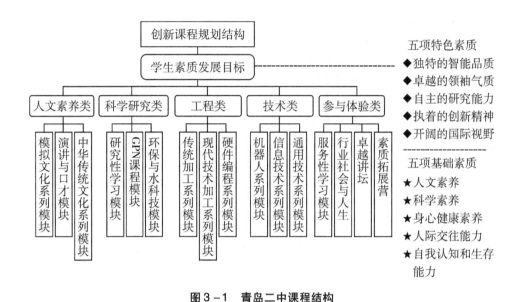

图 3-1　青岛二中课程结构

活力。因此，学校的课程建设必须进行教育的目标定位和价值定位，以前瞻性的教育理念来引领和评判学校的教育实践。学校课程建设必须重新审视教育价值取向，使课程设计的出发点回归到学生身上，使课程开发聚焦于学生的终身发展而非眼前利益，使课程实施的重点落在学生生命力的激发而非某个知识的掌握上。在此过程中，应遵循学生发展和教育发展的规律，向着更高、更精细化的层次不断攀升，让课程成为学校发展理念最忠实的践行者。

（二）学校课程实施

在课程实施方面，青岛二中创新之处颇多，其中有三大创新尤为亮眼。

1. 创新课程开发主体

青岛二中发展的一个重要特征就是实施自主开放办学。学校创新课程开发主体，让教师、学生、家长及社会专家等群体都积极参与课程开发、评价。根据学生发展需求，学校采取"自我开发＋众筹＋外包"的方式申报课程，充分尊重教师、学生和社会人士等不同主体在课程开发及实施中的自主性和贡献。首先，各学科教师人人开设校本课程、人人争创精品特色课程，学校所有职能处室也都是课程开发的建设者和组织者。其次，学校课程开发积极进行"供给侧"改革，让学生成为课程设计的主人，让学生的行动成为课程实施的基本方式，尤其在社团类课程建设中，呈现出一批"小先生"式的优质课程。最后，学生家长、高校科研院所和企业等社会力量也是课程建设的重要参与者，学校与科研院所和企业签订创新人才联合培养项目，为激发学生自主发展意识、培养其自主发展能力搭建了高端、精致的课程平台。

2. 创新课程治理结构

青岛二中积极拓宽多方参与渠道，努力发挥各种主体的作用，保障课程的决策、评审、质量监控和监督实施。首先，打造服务型学校，优化重组各类职能部门。打破传统的学校行政管理模式，建立了以服务师生为宗旨的学生发展中心、教师发展中心、创新发展指导中心等职能部门。在课程建设中，各部门统筹规划、整合资源，重视学生兴趣和选择的研究，重视基于学生生涯规划需要的教师课程的研发，重视学生个性发展需要的创新人才培养体系的架构，引领学校课程向着体系化、优质化、高端化发展。例如，将教研组升级为"学科学生发展基地"，由原来单一的教学职能，拓展为自主建设课程体系、特色社团、实践平台、创新团队和基地、学术研究指导等多元职能，以提高学生学科核心素养为导向，开展大量富有成效的活动。此外，营造学术氛围，培育建设专业指导团队。先后成立了课程审议委员会、课堂研究评价委员会、学分认定委员会等学术专业组织，全方位保障了课程建设与实施的质量。

3. 创新课程管理模式

打造共建共管平台。青岛二中确定"法道·精致·高端"的办学标准，建立规章制度评估及清理的长效机制。根据学生发展需要，依据上位法制定、修改、清理有关制度，建立课程管理的权限清单。建设校务公开机制，建立座谈、调研、答辩和听证制度，以适当方式公开公示课程标准、指标、程序和结果，保障教师、学生对学校课程建设的知情权和依法、科学、民主的决策权。

实施选课走班制度。必修课程由学校统一安排，而选修课程则完全由学生自主选择。实施课程选择指导。学校定期举行课程推介会，邀请学生和家长一起到校，由任课教师面对面指导和答疑。学生通过《选课指导手册》详细了解学校课程的规划和选课指导意见。网上选课交流平台可以让学生随时进行线上咨询。"全员导师制""青岛二中学生发展指导中心""优秀辅导员制度"帮助学生制订发展计划，监控学生的发展过程。

丰富的课程给学生带来了多样的选择。在选修课程（包括选修Ⅰ和选修Ⅱ）中，同一课程内，学生选择的模块可以不一样；同一课程模块，学生修习的先后顺序可以不一样；同一学段时间，学生修习的课程内容可以不一样。对选择人数较多的课程采用分部走班的形式，即四个班级为一个分部进行走班；对选择人数较少的课程实施整体走班，即集中时间让全年级的学生选课走班。学校坚持在高二、高三实施选课走班，最大限度地满足了学生多样化、个性化的选择需求，文理交融、学科交叉提升了学生综合运用知识的能力，促进了创新素质的培养。

实施分层教学制度。深入推进课堂教学改革必须遵循教育规律，基于学生的学业差异，为学生创造个性化的适宜的学习途径，不断培养和提升学生自主学习的能力。各年级灵活设计分层，根据高一、高二、高三年级学生的不同特点，高二年级理科根据学生的自主选择，实施数学、物理、化学、生物分A、B、C三层教学，实行全年级走班；高三理科实施数学、物理、化学、生物分A、B两层教学，实行分部走班。

走班管理实行任课教师负责制，重视过程性评价与终结性评价相结合，重视作业改革，设计分层作业，重视课堂表现力评价。为了保证分层教学的效果，学校认真研究各学科不同层次课程标准、评价标准和教学方法，搭建过程性评价电子平台。开展实验教学的研究，鼓励并引导学生自主设计实验，每位高一、高二的物理、化学、生物老师每学期至少指导5个自主设计实验课题，按照研究性学习课题进行跟踪指导和评价。将教师指导工作列入教学评价，同时开展网络课程研发试点，特级教师与青年教师共上一堂课活动，特级教师与青年骨干教师共同开展教学设计，由青年教师授课。

（三）课程评价

在学校课程的开发及设置方面，青岛二中建立了多元治理机制机构，让学生组织教代会、家委会、校务委员会等成员参与校本课程的审定、课程实施过程的督导评价、课程制度修订的听证、教研组课程建设方案的答辩，充分发挥了家长、教师、课程专家、律师等在课程建设和发展中的保障作用。同时，在学生对教师的评价方面，设置学生对教师开设课程的满意率调查，并作为精品课程的主要评价指标。

在学校课程的日常管理方面，青岛二中梳理完善《青岛二中精品课程评选办法》等已有课程类制度28项，建立《青岛二中课程吸引力团队建设办法》等新的课程制度9项，重新印制《青岛二中学生选课指导手册》，形成《学校校本教材开发和学校课程开设》等课程管理权限清单6项，根据课程评价情况启动奖惩机制，对履行不到位甚至违反既定规则的行为，启动问责和申诉机制。这有效保障了课程科学、客观、全面和公正的建设和实施。

在教师的日常课堂管理方面，青岛二中制订了《青岛二中分层教学实施方案》《青岛二中校本课程实施方案》，实施了《青岛二中分层教学管理办法》《青岛二中教师教学质量与效益综合评价办法》和《青岛二中教学增值评价办法》等制度，以教学评价激发课堂活力，将课堂教学评价的焦点放在教师指导前后所产生的"增值"部分。

在学生的学业成绩评定方面，全面实施模块成绩综合认定办法，突出对学生学习态度和情感、作业完成质量、平时成绩和日常出勤情况的过程性评价。破除过度关注终结性考试的学习行为和质量观，引导学生关注学习过程，激发学习动力和自信心，改错纠偏，肯定成绩和转变，规划、设计持续发展的方向和动力。

二 青岛二中课程建设的分析与思考

（一）青岛二中课程建设分析

1. 创新课程开发主体以促进教师专业化的持续发展

一直以来，课程专家和学者组成了课程建设的研究主体，一定程度上掌握着"生杀大权"。诚然，课程专家和学者掌握着更丰富的专业知识，他们的参与可助推课程建设的专业化，但是，课程专家学者大多从宏观层面探讨课程改革，为课程改革的实施提供方向性的建议，而最终沉入课堂，对课程改革的问题、实施成效及改进对策感受最深的是一线教师以及学生。增加课程的认同度需要凝聚多方的力量，共同致力于课程实践研究，调动"人"的积极性与主动性，及时对实施中存在的问题进行反思与改进，增加教师的话语权，多元主体共同发力。

青岛二中的学校课程开发实行"供给侧"改革，创新课程开发主体，让教师、学生、家长及社会专家等群体都积极参与课程开发、评价。教师、学生、家长及社会专家等组成课程开发的共同体有利于围绕学校课程建设的重大项目形成合力，建构跨学科、跨领域、跨学校、跨地域的课程开发。这样结成的课程开发共同体，彼此合作与竞争，一方面强化了课程开发实施的科学性、针对性和认同感，避免同质性，另一方面又可以借助课程建设，将教师、学生、家长（专家）及社区等学校利益相关者捆绑在一起，共同聚焦"学生发展"，促进教师持续专业化发展，倒逼教师个体在此过程中脱颖而出。

2. 创新课程治理结构以带动学校综合实力的提升

学校的课程治理能力直接表现为课程规划、开发、实施、管理和评价等学校行动力，间接表现为内蕴在行动背后的课程领导、整合、协同、创新的理性能力。它指向学生的学习和发展，直接关系着学校教育目标的实现，它既是一种行动能力，也是一种教育和课程理解力所带来的实践成效。

在课程实施中，青岛二中优化重组各类职能部门，打破传统的学校行政管理模式，建立了以服务师生为宗旨的学生发展中心、教师发展中心、创新发展指导中心等职能部门。通过创新课程治理结构，为学生提供更适切、更个性化的教育。这一深刻的变化，不仅进一步增强了学校的课程治理能力，而且从实践的角度看，学校课程治理能力构成了学校教育目标的行动能力，集中体现学校的办学理想和教育哲学，突出地反映在师生的日常行为之中，因此是一种全面提升学校发展的综合实力。青岛二中通过优化、重组各类职能部门，创新课程治理结构，找到了带动整所学校综合实力进一步提升的新增长点。

3. 创新课程评价以兼顾公平与质量

习近平总书记在党的十九大报告中指出"努力让每个孩子都能享有公平而有质量的教育"。新的课程改革对基础教育的定位有两个关键：第一个是提高国民基础教育素质，第二个是面向大众的基础教育。高中阶段的教育是承上启下的教育，既面向社会、高等教育，也面向义务教育阶段，有着不同于其他阶段的特有属性：一个是自主性，另一个是选择性。因此，高中教育的评价应该有两个维度：一是面向全体学生的基础性评价，二是面向学生个性化、差异化发展的评价。青岛二中全面实施模块成绩综合认定办法，面向全体学生，在关注孩子基础性的学业水平评价的同时充分肯定每个孩子进校之后的进步，让每个孩子都有机会体验到成功的喜悦，始终保持对学习的兴趣，从而保证让孩子都能享有公平的教育。与此同时，青岛二中完善精品课程制度，制定《青岛二中教学增值评价办法》等制度，让家长、学生参与评价，评价学校开设的课程能否对孩子的个性化、差异化发展有帮助，评价教师的课堂教学能否为孩子的个性化发展增值，通过评价让老师迸发为孩子创造发展条件和机会的智慧，从而保证了让孩子能享有有质量的教育。

（二）青岛二中课程建设思考

1. 中层积极性与教师积极性之间的平衡

青岛二中作为国内课程改革的前瞻者，课改的深入推进激发了教师参与的积极性，教职员工争做首席导师与助理导师。但是，学校的中层干部一方面在专业发展方面没有优势，另一方面待遇方面还不如首席导师，导致中层干部不可避免出现了职业倦怠，甚至出现了教师不愿意做中层干部的现象，有些40岁左右的骨干中层，看不到专业晋升的希望，没有资格参加更高一级的资格评审，这必然会影响学校的后续发展。

要持续推动学校的变革与发展，必须撬动每一个生命体内在的变革积极性。保持学校的持续领先地位，不能缺少足够的组织活力。从组织的维度看，一所学校始终面临两大挑战：一是能不能适应外部的变化，二是能不能让内部人持续保持激情。中层其实就相当于人的腰，腰有力人才会有精神。如何进一步提升教师参与课程建设积极性的同时兼顾中层干部的积极性，在评价方面兼顾中层干部的发展需要是学校创新发展机制不容忽视的问题。

2. 班主任制与全面导师制之间的平衡

青岛二中提出"每个学生都是好学生""办学生发展需要的学校"的理念，要求每个教师多看学生的优点和长处，让尊重学生成为教师的自觉意识和行为，让学校充分服务于学生的发展，让每个学生都能够做最好的自己。学校改变原有的管理模式，将以管理学生为主要任务的年级管理改变为以研究教学为主要任务的教研组管理，将教师角色从以监管学生为主转变为以研究教学、引导学生发展为主，取消原来的行政班，取消班主任制，全面实施全员育人的导师制。

导师制的推行确实促进了学生的个性发展，提升了教师引导、带领学生的积极性，让教师感受到引领学生走向成功的喜悦。但为数不少的学生舍弃学科老师而选择图书馆管理员当自己的导师的现象或许是取消班主任后学生中出现的新问题。思考如何在尊重孩子选择、保护孩子兴趣的同时引导孩子找准适合自己发展的努力方向，更精准地做到"让能跑的跑，能跳的跳，能飞的飞"，确实值得我们深思。

3. 学生个性发展与教师素养之间的平衡

青岛二中校长孙先亮一直强调："教育不只是追随和服务，更是引领和增值。"在青岛二中，老师要做专业研究，要带领社团，要开设精品课程。不可否认，不是每一个老师的发展都能跟得上学生发展的需求，有些很专业的项目可以外聘导师以填补本校教师专业知识的不足。但教师的整体专业素养如何与学生日益增长的个性发展需要之间同步提升并取得动态平衡是一个不可回避的难题。孙中亮校长认为："在教师专业成长的过程中，随着教师专业素养的不断提升，学校开展的统一和共性的培养已经不能满足需要。"一个优秀教师的发展，最终会从共性走向个性，如何促进教师的生命成长，使其知识与技能、情感与良知同步增值，成了学校绕不过去的难题。

第四章　广州两所不同层次中学学校课程建设的实践与探索

 广州市海珠外国语实验中学课程建设的实践与探索

（一）课程设计

该校创办于 1960 年，2013 年被认定为广州市首批外国语特色学校，是一所以"成全教育"为特色的省一级公办外国语完全中学，学校以提供优质教育服务助力区域发展为己任，近 10 年持续快速发展，在区域内拥有较高的美誉度。近 2 年，学校充分对接广州市战略重点，现正以申报"广州市示范性普通高中"为契机，为学校高位发展创造深度变革的机遇。学校通过"诚、和、敏、毅"之校训，以秉承传统儒家文化之精髓，以"成全教育"（学校成全学生的出彩，学校成全教师的出彩，教师和学生的发展成全学校的出彩）特色课程为主渠道，贯穿校训的内涵，从做人、做事、做学问的根本点上昭示学校的训育之旨。运用"成全教育"特色课程（图 3-2）实现从品德和身心、精神和气质、人格和素质等方面达成人才培养的目标，并由此变成今天的学子所崇仰并身体力行的准则，培养造就出"体貌谦恭、学养厚重、胸襟旷达、志趣高远"的成功的学习者、自信的个体、负责任的公民和社会的积极奉献者。

目前学校开设的校本课程分为四类：学科知识拓展类校本课程、人文艺术素养类校本课程、本土文化鉴赏类校本课程、能力素质提升类校本课程。"乐活英语"校本课程、"境中数学"校本课程和"基于信心教育的班级文化建设"德育课程三大核心特色课程，形成了将国家课程与校本课程完美融合，将学科课程与德育课程完美融合的"成全教育"特色课程体系。

（二）课程实施

在课程实施方面，海珠外国语实验中学主要有三大特色。

1. 课程统整

学校抓住新课程改革契机，通过"三个优化"（优化课程设置，优化教学过程，优化评价内容和方式）来落实新课程结构的改革目标，在深入学习和理解把握国家课程思想、课程理念、课程方案精神实质的基础上，以学校的教育哲学、价值取向和办学追求为指导，对课程、教学、课堂、评价等有了全新的理

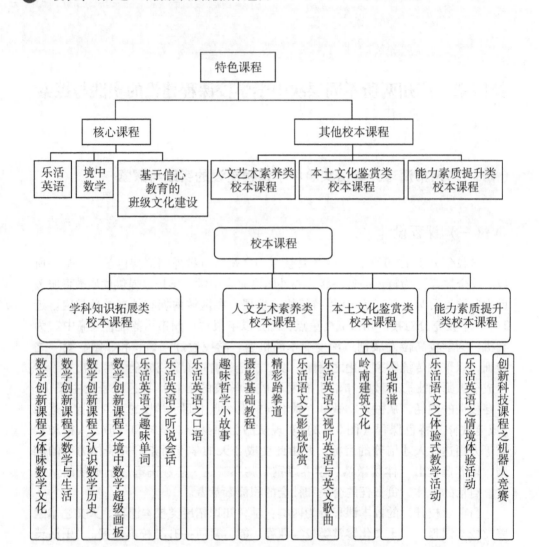

图3-2 "成全教育"特色课程整体结构示意

解,并着力优化"教室课堂"——让课堂焕发生命的活力;全面开放"校园课堂"——让校园成为师生的乐园;切实延伸"社区课堂"——构筑学生生命发展新时空,使学校、教师、学生与新课程共同成长。

着力优化"教室课堂"的策略为:目标叙写、导引教学,课程统整、有效备课,学案导学、强化学法,先学后教、重心前置,合作探究、互动共赢,实现"成全教育"课堂教学的优化与创新。学校以"学期课程统整"为抓手,探索国家课程的校本化实施。学期课程统整就是指学校教师以学期为单位,遵循国家(政府)的课程方案与课程标准,以指定教科书为主要教学资源,利用其他教科书等多种教学资源,根据科学的教育理念和本校的培养目标及学生实际,系统设计可以直接实施的教学内容并进行教学实践,取得实效的过程。

课程统整要求所有的备课组必须思考如何把学校提出的办学理念和办学特色贯穿整个学期的教学(图3-3)。以国家(政府)的课程方案和标准为依据,把一个学期作为基本周期,以指定的教科书为主要的课程资源,充分利用其他的相关资源,根据科学性原理和学校的培养目标,以及学生的实际,进行系统与集约化设计,使之成为可以直接实施的教学内容并展开有效教学实践的过程。主要采取"切块拼接"的方式进行,就是把一个学期的学习内容按照指定教材的单元编排顺序,由备课组中每一位教师分别承担一个或多个单元,按照横向与纵向两个纬度,从教学目标的调整、教学内容的补充、教学方法的整合分头编写操作指南,然后在备课组中反复讨论,就单元内部统整深度与广度的适切性,单元或年级之间梯度递进与螺旋上升等因素进行深入研究,同时开展专题听课评课活动,然后汇总形成文本,经过一学期的运用检验,再在寒假或暑假中予以修订。

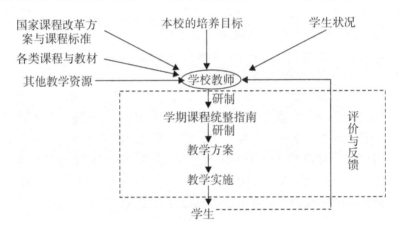

图3-3 学期课程统整实施模式

2. 教师领导力提升工程

教育大计,教师为本,教师的素质决定着课程建设的成败。苏霍姆林斯基说过:"只有人格才能影响人格的发展和规定,只有性格才能养成性格。"教师的人格影响力是巨大的教育力量,它比语言教育和规章制度管理具有更强的心灵渗透力,对学生的影响也更持久,更深远。

海珠外国语实验中学在实施《中学教师领导力校本提升策略研究》的基础上构建了"惠人达己——互动协同式教师领导力提升工程",极大地推动了学校师资队伍建设,为学校取得飞速发展奠定了人才基础。对教师领导力,海珠外国语实验中学的理解包含四层意义:第一,教师领导力的主体是教师,是指学校组织中的所有教师。第二,教师领导力是一种综合性影响力,它包括教师自身的知识体系、能力、情感因素等多个方面。第三，教师领导力的影响对象是指学校组织中的全部成员（校长、教师、学生）以及学生家长等，它的影响范围涉及较广，不仅仅是传统意义上课堂中的领导力，也是教师自身成长的动力。第四，教师领导力是一种教师自我激励和成长的动力。在教师领导力的提升与发展过程中，教师自身得到成长和专业上的发展，从而促进教师专业化的发展。

学校每年都会利用暑期开展对半封闭问题的探讨，引导体验参与式教育教学研讨会，引导老师们在任务解决和分享中互助释疑，深化对学校办学思想和价值追求、课程及课堂改革的理解。伴随着老师们的协同进步，研讨会的水平越来越高，研讨的问题越来越有深度，教师对问题的分析、发言、点评越来越出彩。

3. 智慧课堂

作为一所外国语学校，海珠外国语实验中学在课程实施的过程中，结合学校办学特色，对接广州市战略重点，进一步提升教育信息化水平。

第一，积极开展校本课程实践教学与应用评估，搭建体系。"智慧课堂"实践科组在高三级英语备课组率先运用"智慧课堂"教学模式，校本化实施英语国家课程，打造英语校本特色课程，如英语口语校本课程、第二外语小语种校本课程、高中英语序列化写作校本课程等。

第二，探索标准化课程发展模式。运用"智慧课堂"的平台，使用软件，在作业布置方面进行了有效监控，包括传统的客观题、主观题，以及语音题、朗读题；老师通过智能终端语音直接布置，移动端自动转化为英文文本，学生回答时提交语音录音，实现英语口语自动评测；英语教师布置朗读题，实现英文内容的口语练习与自动评测，提示错误内容，朗读内容来源支持自由编辑、复制文本、指定课本，对学生的英语口语训练进行有效监控。

（二）课程评价

评价是检测目标是否达成的载体，评价方法得当可以将"目标"变得可"度量"，有效评价体系形成了海珠外国语实验中学特有的制度保障。该校的课程评价评价方式和制度是多元的。

在对教师的评价中，为实施教学质量监控与评价制度改革，落实了三个相结合，即过程评价与结果评价相结合，同行评价与学生评价相结合，学校评价与社会评价相结合。过程评价与结果评价相结合，是指加强对教学效果的模块考核、学段考核、学期考核、学年考核的同时，重视对学生的升学成绩考核；同行评价与学生评价相结合，是指加强学生给教师打分、学生推选最喜爱的老师活动的同时，重视同行评价，同行评价较能真实地反映教师的情况，它建立在经常性的听课、课堂观察和分析反馈的基础上，对教师进行长期的动态的关注和监督，增强评价的有效性和权威性；学校评价与社会评价相结合，是指学校在加强领导班子对教师进行评价的同时，重视家长及社区成员对教师的反馈。上述三种相结合利于对教师进行较为全面、公平、深入的评价，确保评价的客观、公正和高效，最终让教师形成一种责任心态，保障课堂教学的高效实施。

在对学生的学习评价中，尤其注重过程性和形成性评价方式相结合，鼓励学生不断反思学习过程。评价方式的一大创新和特色是注重给予学生展示的平台，让学生在展示中体味成功的快乐、学会聆听他人的意见，并思考改进自我。

广州市番禺南村中学课程建设的实践与探索

（一）课程设计

1. 核心理念：正德厚生

该校源于明代的培兰书院与清代的贲南书院，1956年起命名为南村中学，为广东省一级学校、广州六类生源组农村完全中学。"正德厚生"为南村中学的校训。正德：正人德，正己德，正师德；厚生：厚爱师生、厚爱生命、厚爱生活。"正德厚生"源于《尚书》，可以解读为：

（1）端正品行，立德树人。坚持以德为先，把培养良好的品德修养与健全人格放在人才培养的首位，健全以生活指导为核心的学生发展指导。

（2）以生为本，厚爱学生，厚爱生活，厚爱生命。生存与发展以达到学生关爱社会、承担责任、健全人格之目的，提升生活的品质。

（3）正确处理好"正德"与"厚生"两者的关系。"正德"是"厚生"的前提，"厚生"是"正德"的目的。两者相互融汇，相得益彰，和谐相容，共同发展。

学校的办学理念为"正德厚生"，学校坚持以德为先，把培养良好的品德修养与健全人格放在人才培养的首位，健全以生活指导为核心的学生发展指导。以培养"有关爱精神、有责任担当、生活品位的、知行合一、人格健全的人"为育人目标，通过构建和开设"正德厚生"特色课程，引导师生处理包括人与自我、人与他人、人与自然、人与社会之间的关系（图3-4）。

（二）课程实施

在课程实施方面，番禺南村中学主要有三大特色。

1. 借力各种资源为课程建设服务

学校借力中山大学政治与公共事务管理学院资源，建立了中山大学青少年成长导师制，开设了"中山大学明灯课堂"项目，为学校课程建设发展服务。"明灯课堂"是学校团委与中山大学政治与公共事务管理学院政联合主办——"灯

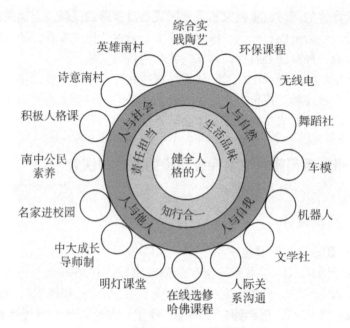

图3-4 番禺南村中学校本课程结构

在大学"系列主题活动,"明灯课堂"项目自成立以来,已在南村中学开展了"走近中山大学""医药急救知识专场活动""科技进校园""走近藏族文化""英语交流分享会""团知识解读"和"走近传统文化"等系列活动,拓宽了学生视野,激发其研究与学习兴趣。培养了学生人文关怀与公共情怀,实现"正德厚生,至善至美"的办学理念。

名家进校园活动,就是借力身边的校友资源、身边的大学城资源、身边的商业精英资源,为学校的课程建设服务,推动学术精英进校园、文化精英进校园、其他精英进校园活动,与学生对话。如中山大学夏书章教授、浙江大学余潇枫教授、雅典跳水奥运冠军杨景辉先生、美国著名华人科学家钟端铃博士、旅美华侨大数据专家涂子沛先生……南村中学希望通过名家的引领作用,加强德育内化,努力培养具有健全人格、现代意识与国际视野,又传承岭南文化内涵的谦。

南韵广绣社团,就是借力身边的广绣传人陈美玲。参观广绣工作室,了解广绣的历史与现状,探访广绣传人。目前,已培养了第一届学员,他们基本掌握了分线、平针、斜针等绣工。2016年的5月和7月,学校相继接待了来自美国芝加哥希望高中与香港文化交流团的到访,受到来访者的赞赏,也得到了家长的好评。

粤港交流活动课程,借力香港学校的优势。为开拓学生的视野,提高生活品位,促进学生素质的全面发展,南村中学设立了粤港交流及中美交流项目。其中，于 2013 年 12 月与香港龙翔官立中学正式缔结为粤港姊妹学校，于 2015 年 12 月与香港九龙工业学校的缔结为粤港姊妹学校；也与美国芝加哥希望高中结成姊妹学校，进而开展了一系列的对外交流活动。此项目设立了两地学生间、教师间、家长间的交流以及一系列的项目的交流，从学生社团活动、生涯规划课程等的交流与探讨，学习并引入香港及国外的课程体系，丰富了学生的活动课程，并让学生提前做好人生规划、职业规划。通过一系列的交流，增加了学生的视野，提升了学生的能力，增加了两地之间的认同与互信，提高了学校学生之间的相互了解与借鉴。

2. 课程体现地方区域文化与学校特色

英雄南村、诗意南村、南村中学公民素养课程、南村中学生活指导课程都体现了南村的区域人文文化，把南村过去的辉煌、故事以及南村中学的历史呈现给全体的学生，让学生知道南村的过去，展望南村的未来，同时把南村中学的贲南书院、培兰书院的书院文化呈现出来了。南村中学公民素养课程是生活指导课程，体现了学校的特色。南村中学以生活指导为核心的发展，主要围绕基本的生活习惯、人际关系的沟通、有品位的生活这三个层次，编写学校的校本课程，结合学生的实际的校本特色，解决学生生活中存在的问题。课程践行了陶行知的生活即教育的理念。

3. 丰富多彩多选修课程项目

学校开设了几十个选修课程项目，如芳草苑文学社、鹰隼航模社、"驾驭未来"车模社团、街舞社、无线电、棋社等几十个项目，让学生可以充分地选择。其中，学校的芳草苑文学社是活跃在南村中学里的一个拥有实力、拥有希望的文学团体。成立以来，始终坚持以"活跃校园气氛、培育文学新人"为宗旨，以"提高写作水平、丰富校园生活"为目的，开展一系列活动，也取得一系列的成果及经验。近 3 年来，有 11 人在市级的比赛中获奖，区级获奖的有 18 人，如邵翠仪在"阅读悦读——广州市大中学生征文比赛"中获市三等奖，罗慧丹在"在构筑中国梦的大道上"番禺区中小学生征文活动中获区一等奖，很多学生作品发表在《番禺日报》《南村时讯》等刊物上。

车模社团成立于 2012 年 9 月成立。社团的成立丰富了学生的课余生活，让学生在活动中锻炼动手能力，培养创新意识，同时，通过让学生参加广州市"驾驭未来"车辆模型教育竞赛活动，培养了学生良好的心理素质。社团开设"小马号"橡筋动力车、幻影 F1 电动直线车，以及"未来之星 S"初级遥控平跑车等活动。自 2012 年以来，社团每年参加广州市"驾驭未来"车辆模型教育竞赛活动，已经成为学校颇具影响力的特色社团。南村中学历来重视科技教育，积极组织学生参加各项科技活动和竞赛。学校的无线电、机器人小组在"明天小小科学家""创意机器人大赛"等竞赛中的成绩，可说是节节高升。南村中学机器人小组编程组、高中基础组和初中基础组三个活动小组,从首届创意机器人大赛开始,连续4年取得一等奖的好成绩。其中,伍思晴同学荣获第十五届全国中小学电脑制作活动一等奖。

(三) 课程评价

对学校特色课程的评价,学校采取学校评价、教师评价、学生评价与家长评价相结合的方式。学校评价:学校对课程开设、课程内容、活动效果进行评价。课程开设是否按照国家课程、校本课程的要求开足、开齐?课程内容是否有特色?活动效果如何,学生家长是否满意,学生是否满意?评价的结果对全体的教师公示,并对评价比较优秀的课程老师进行表彰。

教师评价:教师自己对课程的开设情况进行评价以及教师之间对课程开设存在的问题提出分析与诊断的意见,包括课程实施存在的主要问题,什么原因造成的,以及改进的策略措施等。

学生与家长评价相结合:家长与学生对课程的喜欢程度,学生的参与程度,选修课程的欢迎程度进行评价。对学生与家长评价比较高的课程与教师进行鼓励与表彰。

广州两所中学学校课程建设的分析与思考

(一) 两校学校课程建设的实践与探索分析

1. 聚焦区域与学校文化建设

根据特色课程建设的需要,海珠外国语实验中学及番禺南村中学对支撑特色课程体系的学校文化进行了较为深入的反思,踏上了文化寻根、文化认同,进而重塑学校办学思想体系的旅程,以特色课程为平台,建立了具有自身文化特质的人才培养模式。在特色课程建设的实践探索中,将目光聚焦到学校文化建设上,对学校特有的文化进行追根溯源,并依据所发掘的学校文化资源,采用从无到有重新提炼、推倒重来再次整理或增肥补血充实完善策略,建立个性化的办学思想体系;围绕特色课程的价值取向和育人目标构建目标指向性较明确、内容综合性程度高的"成全教育"课程体系、"正德厚生"特色课程体系,形成基于学校文化基础和办学特色的个性化人才培养模式。注重从自身的文化底蕴中提炼课程理念和课程目标,并以之为核心整合相关领域学习与活动内容。以文化为基础、以课程为核心、以项目为抓手、以出口为导向的综合性办学发展模式,形成了学校强烈的文化自信和文化自觉。

2. 重视学校隐性课程

早在20世纪初，最早涉及隐性课程研究的学者杜威就曾指出："有一种意见认为，一个人所学习的仅是他当时正在学习的特定的东西，这也许是所有教育学中最大的错误了。"由此，杜威将与具体知识内容的学习相伴随的，对所学内容及学习本身养成的某种情感、态度称为"附带学习"（collateral learning）。比如，一个儿童在学习数学时，养成对待数学学习的某种态度（如喜欢或不喜欢）即是附带学习。杜威强调，附带学习可能比正式学习来得更为根本、重要。"隐性课程"指学生在学校情景中无意识地获得经验、价值观、理想等意识形态内容，也可以说是学校情境中以间接的、内隐的方式呈现的课程。

与显性课程相对应，隐性课程具有潜在性、非预期性、影响深刻性和广泛性等特征。因此，只有关联与互动，方彰显其魅力与价值。在实现隐性课程与显性课程的关联与互动方面，海珠外国语实验中学以校园物质文化、基于信心的班级文化建设、校园节文化作为主要的着力点并取得较好的效果。校园文化建设使学生在耳濡目染和潜移默化中发挥着导向、规范、激励、凝聚、同化等教育功能。苏霍姆林斯基将其比喻为"使学校的墙壁也说话"，这是一份默默无语又无时无刻不在感化人的教育力量。海珠外国语实验中学与番禺南村中学均重视育人环境与课程的融合，精心安排校园每一个角落的建筑样式和功能室、教室格局。通过独特的构思人化自然，使学校以独特、鲜活、伟岸、丰满的形象站立起来，成为特色课程的底色与基调。充满诗意、充满魅力的校园，可以更好地成全学校群体的向心力，激发师生个体的活力。两校重视校园文化的科学布局；重视凸显一草一木、一水一石的高雅寓意和气息，以及其熏陶师生的灵性，把学校建设成为诗意化的学校和师生的精神家园。海珠外国语实验中学的校园，人与自然和谐互动，是师生心目中诗意化的"四园"，即花园、学园、乐园、家园。番禺南村中学的校园，昨天、今天与明天一脉相承，是师生"讲好南中故事"的精神力量之源。

3. 着力课堂教学改革

华东师范大学课程教学与比较教育研究所所长钟启泉曾说："我国基础教育改革贯穿着这样一个清晰的逻辑：教育改革的核心环节是课程改革，课程改革的核心环节是课堂教学，课堂教学的核心环节是教师的专业发展。"海珠外国语实验中学以学生核心素养提升为目标，以解决实践问题为导向。工作重心从"学科教学"转向"课程育人"，教学目标从"知识传授"转向"素养提升"，教研内容从关注"教师的教"转向"学生的学"，指导改进从"基于经验"转向"基于实证"，教师研修从"专家报告"转向"众筹学习"。通过深入开展"互动协同式教师领导力提升工程"总结形成"目标叙写、导引教学；课程统整、有效备课；学案导学、强化学法；先学后教、重心前置；合作探究、互动共赢"

的课堂教学特色。

南村中学正德厚生的"主体参与式"课堂教学改革，就是落实番禺区"研学后教"的课堂教学改革的延续，就是借鉴数学"非线性主干循环教学模式"课堂教学改革的操作策略。主要的做法：加强对教学内容的研究、整合，加强对教学操作策略的研究，加强课堂内对限时训练，有针对性的课内辅导等，提升课内的教学效益。

（二）两校学校课程建设实践与探索的思考

1. 更重视课程的"生本性"

从课时分配来看，虽然校本课程所占的比例不大，但是从学生个性化发展、学校特色发展、教师专业化发展角度来看，其作用必不可少，而且越来越重要。立足学生的发展，满足学生的需求，真正"以学生发展为本"，适应和促进每一位学生全面而富有个性的发展，是校本课程建设的首要目标和价值取向。

杜威说："儿童的世界是一个具有他们个人兴趣的人的世界，而不是一个事实和规律的世界。儿童世界的主要特征，不是什么与外界事物相符合这个意义上的真理，而是感情和同情。"陶行知先生也曾经说过："人生需要什么，我们就教什么。"孩子们需要什么，喜欢什么，就给他配什么样的课程。课程要充分体现儿童的"情趣"和"情感"，融通"科学世界"与"生活世界"的诉求，让每一个孩子乐在其中，有所感，有所思，有所悟，有所得。聚焦学习，回归生长，让儿童站在最高处。

强化校本课程建设的主体意识，努力改善学校的校本课程建设，海珠外国语实验中学关注学生的课程建设的同时还应该更加关注学生的课程需求和选择。对学生的课程需求进行更加系统的调查，并在构建课程框架时结合学校的课程开发资源、教师的开发能力等因素，对学生的课程需求给予恰当的回应，从而进一步增强校本课程建设的"生本性"。

2. 以多元评价促全面发展

"不讲分数没有地位，光讲分数没有品位。"过分重视分数，教师不可避免急功近利，重视知识传授而忽视能力的形成和品格的培育，不知不觉中培养出"失去灵魂的卓越"。海珠外国语实验中学作为一所中等偏上生源的完全中学，虽然每一年的中考、高考分数都直接决定着学校的沉浮，但是学校以校本课程评价改革为突破口，不仅仅关注冷冰冰的分数，还见证、记录学生成长的生命轨迹，以教师的学识和经验去引导、改变学生的生命轨迹，做到既教书更育人，回归教育的本真。美国学者刘易斯说："教育就是当你最初所学的东西都忘掉了之后所剩的内容。"正如知识性的东西随着时间的推移会被逐渐忘记，以知识为媒介所形成的能力、品格等会沉淀下来，让学生受益终生。海珠外国语实验中学在开展校本课程评价改革时，如果可以"不断冲破外部评价的禁锢，重塑学校组织形态和文化，使学生的兴趣、意志、权利、责任所焕发的活力成为学校新的秩序之源，促进学生全面而有个性的发展"，以实践的力量稍稍消解应试之弊，则是我们更加愿意见到的前景。

南村中学的大门对联为：培兰育帜先张正德推崇人立品，保土贡南首誉厚生利用信为根。"立善立品，诚信为根。"对学生的为人处事的评价，既是学校的价值追求，也是核心办学目标的要求。教师看学生的进步评价和学生的特色增长评价，比如对管乐班的学生进行跟踪评价。他们学习管乐，与曾和他们有同样成绩的学生做对比评价，成绩上大多数比不学习管乐的学生更加好一些，团队的意识也更加强一些。这些评价都促进学生综合素质的提升。

3. 始终强化学生社会责任指导

随着课程改革的推进，学生之间的差异越来越大，指导学生树立正确的理想信念，正确认识自我，认识自己的国家和民族，更好地适应中学阶段的学习和生活，处理好兴趣特长、潜能倾向与国家需要、社会需要的关系，合理选择适合的发展方向是学校义不容辞的责任。"课程应该是以学生发展为本，要连接过去、现在与未来，打破时空限制，促进学生个体成长，要注重他们的学习体验，发展他们的学习兴趣，在这个过程当中他们还要具有承担社会责任的担当"。

作为外国语特色学校，海珠外国语实验中学还应进一步探索"讲好中国故事"的国际化课程研发。围绕着"一带一路"美好愿景和广州建设国际化都市的步伐，积极挖掘中国文化、中国生活、中国社会在新时代蓬勃发展的课程资源，开发出国际化课程，让学生成为自信自觉向世界"讲好中国故事，传播中国声音"的新一代，将海珠外国语实验中学的学子培养成爱党爱国爱人民，有国家意识和社会责任意识，能够理解、认同和拥护国家政治制度，能够了解中华优秀传统文化和社会主义先进文化，并有中国特色社会主义道路自信、理论自信、制度自信、文化自信，具有"世界视野，中国情怀"的中国公民。

南村中学生活指导课程包括三个方面：基本的生活技能、人际关系的沟通、生活的品位与品质。基本的生活技能包括吃饭礼仪、穿衣、宿舍房间的整理、个人卫生习惯等。人际关系包括宿舍之间同学的关系、班级之间同学的关系、师生关系、与父母的关系等。生活的品位包括高雅的情趣，琴棋书画等欣赏，回归自我，在清楚衡量自己的能力与条件下追求最好的事物与生活。"正德厚生"特色课程：全方位、多层次，把"正德厚生"的校训内化为学生独特的内在生活品质，承担社会责任。粤港姊妹学校缔结和中美学校交流、名家进校园系列活动、中山大学成长导师制和明灯课堂活动课程：开阔了学生的生活视野，引导学生以"名家"为榜样，树立远大理想，确立生活中正确价值观、世界观，培养健全的人格。

第五章 新时代教育学校课程建设的建议与策略

新课改发起的主要原因在于多年以来我国所倡导的素质教育并未达到令人满意的效果，教育培养的人才不能很好地适应当今社会发展的需求，课程内容"难、繁、偏、旧"，课程结构过于单一，课程管理过于统一，课程实施过于注重书本知识和过分强调甄别与选拔。这些问题使课程存在的现状与学生的发展的多样化需求之间存在着深层的矛盾与冲突，课程改革的主要目标正是寻求这些问题的解决。前文在归纳、梳理广州、青岛两地三所不同层次中学在学校课程建设中的实践与探索，进行了微观层面的分析与思考。下文再结合广州、青岛两地若干所不同层次中学在学校课程建设方面，强调本土化、特色化以及现代化的实践与探索，试图以点带面，向教育新时代广州的中学进一步深化课程改革提出中观层面的建议与策略。

 课程构建：理顺关系

（一）学校课程建设的重心和基础依然是国家课程建设

"三级课程管理"框架下，三级课程管理区分的是三级课程领导责任，国家课程层面领导代表国家提出课程计划和总的要求，地方层面课程领导在理论上立足地方实际转化上级课程，学校层面课程领导立足自身现实性转化并践行好国家/地方层面课程要求。国家、地方、学校课程领导共处一个系统，共同创造一个互动对话的课程整体。自上而下，逐层具体化，各层课程自成整体，直到学校层面，才生成面向具体学生的具体课程，即最适合学生学习的课程。反之，自下而上，为各层级课程管理政策整体改进提供现实依据。新课改倡导学校在努力开足开全国家课程的前提下自主开设校本课程。由此可见，开足开全国家课程仅仅是学校课程建设的初级阶段。学校自主开发的校本课程体现学校的教育理念与办学特色，是学校教育走向个性化的重要体现。如何开设校本课程是开足开全国家课程的学校所面临的重要任务。"三级课程管理"体制为学校提供了更多的自主性，也为学校建构具有适应性的课程提供了基本的制度保障。但是，这并不意味着学校课程建设就仅仅是进行校本课程与综合实践活动课程的开发。语文、数学、外语等各学科国家课程的建设依然是学校课程建设的核心部分。

教育部于 2017 年 7 月正式成立国家教材委员会，负责指导和统筹全国教材工作。2018年1月16日，教育部发布《普通高中课程方案和语文等学科课程标准（2017年版）》，这次高中课程的修订，连同2017年9月投入使用的新修订的义务教育三科统编教材一道，成为自国家教材委员会成立以来教育领域备受关注的大事。从原来的一纲多本到现在的国家统编教材，再次明确向学校发出了开足开好国家课程仍然是学校课程建设的核心这一讯号。本文中广州的几所中学，办学条件基本处于全市的中下游水平，在学校课程建设中始终紧紧抓住各学科国家课程建设这一核心意义尤为重大。青岛二中作为齐鲁大地乃至全国有名的学校，其聚集的资源使其课程建设必然向着为不同发展方向的孩子提供有选择的课程这一更高的层次不断攀升。

（二）学校课程建设的着力点是进一步优化课程结构

习近平总书记指出，教育公平是社会公平的重要基础，要不断促进教育发展成果更多更公平惠及全体人民，以教育公平促进社会公平正义。当前我国基础教育要重点解决的问题是公平和质量。在学校课程构建中，面向全体学生的必修的国家课程实施始终是主体任务。为此，校本课程构建需要以国家课程标本化实施为主线，研制体现学校自身实际最大限度地促进学生深度学习的本校课程方案，编制各学科教学指导纲要。包括：提出恰当的本校课程标准；明确课程门类及相互关系、各门课程具体要求；描述根据学生发展实际需要对教材内容予以调适的方法、过程和结果等。

教育部《普通高中课程方案和课程标准（2017年版）》强调进一步优化课程结构，提出："规定学生所有科目都要学，达到教学基本要求；有特定学科潜力和发展需求的学生在相关科目上可以多学些，学得深些，做到发挥特长、因材施教。"学校是一定区域的学校，区域之间在社区环境、历史文化、自然环境等方面有差异，这是区域的具体性。不同学校学生有不同的来源，学生经验、基础、个性和兴趣都有所不同，这是学校的个性。即使同一所学校，学生之间同样存在差异，每个学生都有其独特的发展需求，这是学生的个性。理想的课程建构应该是针对这些"个性"，为了满足"每个"学生的实际发展需求，设计适合学生学习的课程。从开足开全国家课程到开足开好国家课程，在国家课程实施的过程中结合孩子发展的需要进行校本化是进一步优化课程结构的迫切需要。

青岛二中根据"领袖型"学生的能力、发展需要，将课程划分为三个层次，分别是满足全体的通识课程、满足类别的深度学习课程和满足个体的学术研究课程。广州市海珠外国语实验中学根据广州中上层次完全中学学生的需求，在国家课程校本化实施中构建了以"乐活"英语课程、"境中"数学课程（广州市首批立项资助的特色课程）为核心的校本特色课程。南村中学作为一所毗邻港澳的农村镇管完全中学，则构建了"正德厚生"校本特色课程。广州市白云区江高镇第二初级中学作为一所江高镇西部的农村初中,力行"泥肥土香、花自芬芳"的办学理念,保护和引领学生的自由生长,构建了"生长教育"特色课程。广州市豪贤中学作为一所地处广州中心老城区、面积较小的全普通电脑派位初中学校,践行"见贤思齐"特色课程。

在探索与实践过程中,我们发现,两地学校均强调学校课程建设的个性,不是脱离国家、地方课程计划,而是基于学校现有资源的有效落实,实事求是,是忠实落实国家课程改革精神,创造性实现课程目标、内容、方式、评价等要素结构优化,以最大限度地适合学生的深度学习。

 课程实施:整体规划

在我国当前实行的三级课程管理体系中,三级课程各有自己的开发需求与价值定位。三级课程在实施过程中有相应的比例,一般而言,国家课程内容占88%～90%,地方课程与校本课程占10%～12%。为了适应政治、经济、文化发展的需要,一般会开设一门以上的地方课程,而学校为了学生的发展需求会开设数目不等的校本课程。

学校课程建设不仅包括国家课程与地方课程的有效实施、校本课程的合理开发,更为重要的还在于如何基于学生的全面发展把所有学校课程建设成一个完整的课程体系。如果没有学校层面的课程实施规划,三级课程简单拼盘,表面"各司其职,井然有序",实则"彼此隔离,缺乏互通",那么课程之间竖起的藩篱将切断知识间的有机联系,使学生习得的知识呈现碎片化、片段性,难以形成综合的系统的知识体系,造成地方与校本课程实施的效果难以保证,甚至与国家课程形成矛盾与冲突,弱化国家课程实施的效果,影响学校整体课程的实施,难以体现各个学校自身的特色。基于学生的全面发展把学校课程建设成一个完整的、适合自己的课程体系,使课程之间形成良性互动,使学科课程内部充满活力,是学校课程管理实施中必然的行动逻辑诉求。

(一)有清晰的价值追求

没有价值取向的引领,学校课程建设就失去其立足的基础方向。学校的价值追求往往通过其办学理念、课程愿景、课程目标得以体现,尤其是通过学生的核心素养得以具体化。核心素养是整合了知识、技能、态度、情感及价值观的集合体概念,是学校课程建设价值取向的具体化,是课程总目标制定的直接依据。学生核心素养的认识不同必然要求不同的课程体系与之相适应,包括课程门类、课程结构、课程内容,甚至包括课程教学方式。

党的十九大报告提出粤港澳大湾区建设、粤港澳合作、泛珠三角区域合作等战略部署，广州作为大湾区内的全国一线城市必须承担会聚才智为经济增长注入新活力的责任。在深化教育改革、创新人才培养模式的过程中，广州的学校课程建设强调本土化、特色化、现代化是必然的价值定位。

如何结合学校的具体情况确立清晰的价值追求是学校课程建设的难点，广州、青岛两地都在实践中进行了积极有益的尝试。如青岛二中作为一所省、市重点打造的领头学校，特有的办学条件以及领袖型学生多样性、个性化发展的客观需求要求其围绕提升学生人文素养、科学素养、身心健康素养、人际交往能力、自我认知和生存能力等五项基础素质和独特的智能品质、卓越的领袖气质、执着的创新精神、自主的研究能力、开阔的国际视野等五项特色素质不断优化课程体系。广州白云江高二中希望学生领悟泥土文化的真谛，在得天独厚的自然和文化环境中，灵动活泼，乐学善学，努力开拓创新，成为有灵性、懂生活、会学习、求发展的江高二中学子。广州市第一一六中学地处农村，体育和艺术特色突出，在"多彩教育"理念指引下，尊重学生个性的差异，关注学生优势潜能的充分培育，追求每一个学生的个性发展，帮助学生个个成才，让师生都有人生出彩的机会。广州市豪贤中学以培养尚贤励志、文明雅致、健康多元、求实创新的现代公民为育人目标。

（二）有配套协调的实践设计

2017年版普通高中课程修订强调对创新精神、实践能力的培养，在信息技术、通用技术、数学等课标中要求学生学习了解物联网、人工智能、大数据处理等内容，培养精益求精的工匠精神和创意设计能力，感悟和弘扬劳模精神。领悟新课标精神并与教材、教学、评价、考试改革相互衔接、相互配合是学校课程实施整体规划的重要组成部分。

课标、教材、教学、评价、考试作为人才培养体系的重要组成部分，在学校教育工作中紧密关联，缺一不可，相辅相成。但实践中"五个环节"互不衔接、缺少配合的现象依然存在。贯彻教育部《关于全面深化课程改革落实立德树人根本任务的意见》，就要把课标、教材、教学、评价和考试等各个环节进一步有机统筹起来，作为一项系统工程加以设计和实施。依据教育规律和学生成长规律，统一按照各自学校不同的价值追求和培养目标对课标、教材、教学、评价和考试进行整体规划，使各个环节有效配合，形成相互配套、协调一致的制度体系，协同推进，综合发挥育人效益。

（三）有适切的课程结构

课程结构就像为学生的发展搭建的精神骨架，骨架搭建得是否均衡合理直接决定着学生发展的样态。尽管国家课程具有比较完善的课程结构，但是在学校层面，因为地方课程和校本课程两大课程体系的加入，以及学校之间文化、资源等条件的差异，国家和地方的课程结构均无法替代学校的课程结构设计。广州、青岛两地共同的做法是，通过对国家课程与地方课程进行校本化建设，使之更适合学校的实际情况，并开设了系列深受学生喜爱的校本课程，凸显了学校发展特色的同时促进了教师课程意识与能力的显著提高。如青岛二中根据学生素质发展目标构建的五类课程：人文素养类、科学研究类、工程类、技术类、参与体验类课程。又如广州市海珠外国语实验中学开设的学科拓展类、人文艺术素养类、本土的文化鉴赏类、能力素质提升类等四类课程。再如广州白云江高二中的"生长教育"课程体系，它由学科性课程、活动性课程、环境性课程三大类组成。学科性课程由基础课程和拓展课程组成；活动性课程主要包含"生长文化节日活动""社团活动""综合实践活动"三大模块；环境性课程包含文化物象和人文环境两个层面。广州市第一一六中学的"多彩个性化"特色课程包括学科拓展微课、基础素养课程、实践体验课程、社团个性化课程领、袖素质课程。广州市豪贤中学设计的科普类课程、学科拓展类课程、人文类课程等。

三 课程内容：课程整合

随着教师课程意识的增强，各类专题教育纷纷走进课堂，各种门类的校本课程如雨后春笋般涌现，在"减"负的呼声中，学校的课程体系越来越膨胀，不知不觉做起了"加法"。在国家课程建设的框架下，有机整合三级课程，从"加法"到"优化"，让课程更有效才能实现更深层次的"减负"和提质。广州和青岛两地学校主要从宏观、中观和微观三个层面进行了课程整合的思考。

（一）宏观层面

根据学校办学理念和育人目标确定课程目标，形成学校完整的课程体系，系统设计学校课程框架时有意识地打破学科本位，根据孩子们的身心发展规律将具有内在相关性的、重复的、交叉的课程内容进行重组和优化，尽最大的可能减少面向全体学生的必学内容及学习总量。

（二）中观层面

进行不同学科课程之间相关内容的整合。整体的知识不是简单的个体部分知识的聚合。学生整体的认知结构、思维方式、价值结构是学生通过对各学科知识的整合式学习来自主构建的，而非由各学科的知识、方法、价值等学科元素拼凑而成的集合。当前学生的学习由多门学科的学习共同构成，每个学科的学习虽由同一学生主体来经历，但它们的教学过程是相互独立、封闭的。零碎的学科知识生硬地嵌入或独立地储存于学生的知识结构中，只会增加学生拥有知识的数量，而不会增加学生知识学习的质量。不同学科之间具有相互渗透的需求，这种需求表明不同学科之间存在一种相互补充、彼此参照的积极性张力，通过课程整合使不同学科课程思想之间相互渗透正是促进这种张力释放能量的线索。

对此，青岛二中探索了基于消除知识条块分割的跨学科的项目式精品特色课程。广州市豪贤中学开设了学科融合课程、跨学科的 STEM 课程。广州白云江高二中充分挖掘当地综合实践课程资源来开展人文环境类课程等。这些有益的尝试不仅使教师开阔自身的教学视界，提升自身的文化修养，也能够引导学生认识不同学科之间最原始的关联，发现不同学科之间学习的互通性，创造性地将某个学科的知识学习扩展到其他学科的问题、经验和现象领域，进而引发这个学科知识结构内部以及不同学科知识结构之间知识的裂变和重组，最终形成更加系统的、整体的知识结构。

（三）微观层面

这是指同一学科课程内部相关知识点的整合。对此，海珠外国语实验中学进行了学期课程统整的实践研究（广东省教育科研"十二五"规划项目课题），尝试以地方指定教材为主要教学资源，对多种教材版本进行"剪裁"，作学科教材内的统整，尝试在学科内做基础性课程、拓展型课程、探究性课程的三种课程类型的统整并取得明显的效果。

四 课程评价：多元评价

2014 年教育部《关于全面深化课程改革落实立德树人根本任务的意见》明确提出，要"研究制定学生发展核心素养体系和学业质量标准。要根据学生的成长规律和社会对人才的需求，把对学生德智体美全面发展总体要求和社会主义核心价值观的有关内容具体化、细化，深入回答'培养什么人，怎样培养人'的问题"，要"研究制定中小学各学科学业质量标准和高等学校相关学科专业类教学质量国家标准，根据核心素养体系，明确学生完成不同学段、不同年级、不同学科学习内容后应该达到的程度要求，指导教师准确把握教学的深度和广度，使考试评价更加准确反映人才培养要求"。从国家层面上强力推动考试和评价改革。

长期以来，我国对学生的评价，主要是把分数作为指标，一直有着重视考试的传统，评价方法单一，除考试之外，其他评价方法未能在评价中发挥更大作用。旧的课标虽然从知识和能力、过程和方法、情感态度和价值观三维角度对课程进行了说明，但大部分学科对学到什么程度的要求不明确，难以量化、分级，缺乏明确、具体的评价标准，导致各地、各校评判教育质量的标准不一致。2017年新课标增加了"学业质量部分"，明确学业质量是对学生多方面发展状况的综合衡量，确立了新的质量观，改变过去单纯看知识、技能的掌握程度，引导教学更加关注育人目的。把学业质量划分为不同水平，可以帮助教师更好地把握教学要求，因材施教，为考试评价提供依据。新课标未发布之前，如何在真实的情境下测查学生问题解决、创新能力及态度价值观等方面素养，青岛、广州两地学校在教育行政主管部门的指引下已经前瞻性地探索如何科学地筛选最具有代表性、典型性的行为表现，制定可以观察和量化，注重可操作性的表现评价量表。

在实践中，两地学校均尝试采用多样化的方法进行校本课程评价，采用了定量评价与定性评价、结果评价与过程评价、大规模评价与日常性积累评价相结合的方法对不同的课程评价内容，采用不同的方法进行评价。对校本课程中可教、可学的外显部分采用定量评价、结果评价以及大规模测试评价的方法对学生知识、技能的掌握情况进行评价。对创新能力、情感、态度、价值观等无声、无形但可感、可知的内隐部分内容则采用定性评价、过程评价、日常性积累评价等方法进行评价。在评价实施过程中，两地的教师还尝试将一部分评价的权利交回给学生，老师评与学生评相结合，小组他评与自我评价相结合。既重视学生在评价中的个性化行为方式，又倡导让学生在评价中学会合作达到自我教育和同伴教育的目的。

在对教师的评价方面，广州、青岛两地的学校进行了大量有益的探索。如青岛二中的课程"供给侧"改革、课程"增值"评价。广州市海珠外国语实验中学为实施教学质量监控与评价制度改革，落实了三个相结合，即过程评价与结果评价相结合，同行评价与学生评价相结合，学校评价与社会评价相结合。广州市第一一六中学的教师评价包括自我评价（反思、表格、教学日记、阶段性工作总结）、学生和家长评价、同事评价（如评课）、学校或管理者的评价（教研课优质课比赛、期末评价量化）等。

与广州的学校相比，青岛二中更注重科学合理地使用评价结果。就学生评价而言，青岛二中由教师根据学生的具体情况，判断学生存在的优势与不足，在此基础上提出具体的、有针对性的改进建议，并通过分析指导来促进学生的发展。就教师评价而言，对教育教学现状作出的诊断基于教师指导前后有否"增值"而提供参考性的意见和建议。

总之，两地学校越来越认识到新时代的教育，知识从结果与终点，变成了条件和起点，学校将越来越与运用知识展开创造相联系；伴随着新中考、新高考改革，学校顺势而为展开一系列学校内部的评价改革旨在提高教学质量，不断促进学生的发展，不管是阶段性评价还是年度性评价，更多关注学生的全面发展、终身发展的价值，强调学生的个性化生存以及对学生的主体生命的人文关怀，体现出明显的"发展性"特点。

参考文献

[1] 石中英. 关于新时代全面落实党的教育方针的几点思考 [R/OL]. (2017 - 11 - 17) . http：//www. niepr. ecnu. cn/29/93/c10576a207251/page. htm.

[2] 施良方. 课程理论：课程的基础、原理与问题 [M]. 北京：教育科学出版社，1996.

[3] 靳玉乐. 课程改革的理念与创新 [M]. 北京：教育科学出版社，2003.

[4] 顾明远. 教育大辞典：第一卷 [M]. 上海：上海教育出版社，1990.

[5] 黄宪. 关于普通高中特色课程建设的若干思考 [M]. 广州：广东教育出版社，2015.

[6] 梁伟国，赖配根. 以我们的教育理想改写现实：来自 2014 新高中夏季论坛的声音 [J]. 人民教育，2014（17）：29 - 37.

[7] 朱华伟，李伟成. 特色课程建设推动学校特色化发展：以广州市普通高中特色课程建设实践为例 [J]. 中国教育学刊，2015（9）：42 - 46，76.

[8] 苏强. 教师课程观研究 [M] 北京：中国社会科学出版社，2016.

[9] 中共中央国务院. 中共中央国务院关于深化教育改革全面推进素质教育的决定 [EB/OL]. (1999 - 06 - 13) . http：//old. moe. gov. cn/publicfiles/business/htmlfiles/moe/moe_177/200407/2478. html.

[10] 王本陆，汪明. 学校课程建设的三大趋向 [J]. 天津师范大学学报（基础教育版），2016，17（2）：1 - 5.

[11] 中华人民共和国教育部. 基础教育课程改革纲要（试行）[EB/OL]. (2001 - 06 - 08) . http：//old. moe. gov. cn/publicfiles/business/htmlfiles/moe/s8001/201404/xxgk_167343. html.

[12] 李润洲. 学校课程建设的教学论解读 [J]. 基础教育，2016，13（3）：31 -35，50.

[13] 孙宽宁，徐继存，张莉. 论基于现实问题的学校课程建设 [J]. 课程·教材·教法，2017，37（7）：11 - 17.

[14] 石中英. 活力，新时期办学的核心追求 [J]. 福建教育，2017（4）：8.

[15] 中华人民共和国教育部. 面向 21 世纪教育振兴行动计划 [EB/OL]. (1998 - 12 - 24) . http：//www. moe. gov. cn/jyb_sizl/moe_177/tnull_

2487.html.

[16] 张华. 核心素养与我国基础教育课程改革"再出发"[J]. 华东师范大学学报（教育科学版），2016，34（1）：7-9.

[17] 褚宏启. 核心素养的真义[J]. 湖北教育（教育教学），2017（6）：1.

[18] 余文森. 论学科核心素养形成的机制[J]. 课程·教材·教法，2018（1）：4-11.

[19] 孙先亮. 构建为学生创造价值的课程体系——以青岛第二中学为例[J]. 新课程评论，2016（7）：54-59.

[20] 杨四耕，等. 首要课程原理与课程深度变革[M]. 上海：华东师范大学出版社，2017.

[21] 杨九诠. 综合素质评价：黄金有价玉无价[N]. 中国教育报，2005-06-03（9）.

[22] 蔺红春，徐继存. 我国学校课程建设十五年：回顾与反思[J]. 教育学报，2017，13（1）：56-63.

[23] 许洁英. 国家课程、地方课程和校本课程含义、目的及地位[J]. 教育研究，2005（8）：32-35.

[24] 钟启泉，等. 基础教育课程改革纲要（试行）教育研究解读[M]. 上海：华东师大出版社，2001.

[25] 王凯. 试论学校课程设计的二度回归：哲学考量与实现路径[J]. 课程·教材·教法，2014（3）：13-19.

[26] 刘鸿儒，凌秋千. 基于"个性化"教育向度的"核心素养"培育[J]. 现代教育管理，2015（8）：95-99.

[27] 陈娜，郭元祥. 学科课程思想的内涵、特征及其对教学的观照[J]. 新课程研究，2017（8）：11-22.

[28] 阙新建. 学生发展核心素养校本实施的路径选择[J]. 新课程研究，2017（1）：113-114.

引领教师走向专业成长的自觉之路

案例小组名单

小组成员：王海涛　广州市东圃中学
　　　　　饶宣妮　广州开发区外国语学校
　　　　　叶仕斌　广州市绿翠现代实验学校
　　　　　曾　敏　广东番禺中学
　　　　　邹向春　广州市从化区城郊中学
　　　　　陈丽云　广州市南沙黄阁中学
　　　　　谭展佳　广州市白云区石井中学
导　　师：熊焰　陈淑玲

摘　要　本章以党的十九大报告及国家政策法规为研究背景，以专家学者的调研报告为研究依据，结合跟岗学校教师专业成长的典型案例，以学校机制、校本人文生态、教师学习共同体三个方面为研究侧重点和切入点，分析教师专业成长。通过实证研究，提出了学校应通过有效的机制、多元的文化、学习自组织等形式，引领教师自我赋能，唤醒自觉角色，自主地实现个人专业成长。

第一章 问题的提出

 研究背景

（一）在教育领域贯彻党的十九大精神要求

党的十九大报告指出：经过长期努力，中国特色社会主义进入了新时代，这是我国发展新的历史方位。因此，教育的发展也必须适应新时代的要求。

教育关乎一个民族的未来，教育要培养的人是社会主义的接班人。党的十九大报告提出："建设教育强国是中华民族伟大复兴的基础工程，必须把教育事业放在优先位置，加快教育现代化，办好人民满意的教育。"优先发展教育事业，需要加强师德师风建设，培养高素质教师队伍。学校教育是在为这个时代培养人，在为实现中华民族的伟大复兴培养人才，因此学校首先要在精神上对师生进行引领，正如习近平总书记要求广大教师要做"有理想信念、有道德情操、有扎实知识、有仁爱之心"的好老师那样。习近平总书记指出，理想信念不仅是共产党员精神上的钙，也是每一名教师的灵魂之钙，更是每一名学生急需补充的思想之钙，这个钙补得及时、适量，就会让每一名学生坚定理想信念，树立远大理想，立志报效祖国。他同时又指出：广大教师要做学生锤炼品格的引路人，做学生学习知识的引路人，做学生创新思维的引路人，做学生奉献祖国的引路人。在广东省教育系统传达学习贯彻党的十九大精神会议中，广东省教育厅景李虎厅长要求要贯彻落实教育优先发展战略，全力以赴把"基础工程"做强、做优、做扎实。

（二）贯彻落实国家政策法规要求

教师是教育事业发展的基础，是提高教育质量、办好人民满意教育的关键。教师承担着传播知识、传播思想、传播真理的历史使命，肩负着塑造灵魂、塑造生命、塑造人的时代重任，是教育发展的第一资源，是国家富强、民族振兴、人民幸福的重要基石。党中央、国务院历来高度重视教师队伍建设，各地区各有关部门采取了一系列政策措施，大力推进教师队伍建设，取得了显著成绩。但同时也要看到，当前我国教师队伍整体素质有待提高，队伍结构不尽合理，教师管理体制机制有待完善，农村教师职业吸引力亟待提升。

2012年，为促进中小学幼儿教师专业发展，建设高素质教师队伍，根据《中华人民共和国教师法》和《中华人民共和国义务教育法》，教育部〔2012〕1号文关于印发《幼儿园教师专业标准（试行）》《小学教师专业标准（试行）》和《中学教师专业标准（试行）》的通知中指出，各专业标准是国家对幼儿园、小学和中学合格教师专业素质的基本要求，是教师实施教育教学行为的基本规范，是引领教师专业发展的基本准则，是教师培养、准入、培训、考核等工作的重要依据。专业标准中包含了基本理念、基本内容和实施建议。

同年，国务院（国发〔2012〕41号文）印发了《关于加强教师队伍建设的意见》的通知，意见中涵盖加强教师队伍建设的指导思想、总体目标和重点任务；加强教师思想政治教育和师德建设；大力提高教师专业化水平；建立健全教师管理制度；切实保障教师合法权益和待遇。

2018年1月20日，中共中央、国务院关于《全面深化新时代教师队伍建设改革的意见》出台，该意见全面贯彻落实党的十九大精神，以习近平新时代中国特色社会主义思想为指导，为造就党和人民满意的高素质专业化创新型教师队伍，从27个方面全面部署了深化新时代教师队伍建设改革的意见。

（三）基于专家学者调研报告反映的现实要求

《中国教育报》2017年9月20日发表了《今天中小学校长在想什么》，文中刊登了华东师范大学教育学部"影子校长"课题组成员深入学校进行学习与调研的文章。文中提到我国有近百万名中小学校长，他们的理念、行为极大地影响着中国教育的生态和走向，影响着两亿多名青少年儿童的发展和成长。通过"影子校长"计划，就中小学校长认为"最重要的事""最高兴的事""最关心的事""最困惑的事""最困难的事""最反感的事""最希望得到理解的事""最希望得到解决的事"和"最希望得到提高的事"等9个问题，对全国31个省、自治区、直辖市的500多名中小学校长开展问卷调研和深入访谈。在9个问题中，有6个问题的回答涉及教师专业发展、激励调动教师积极性、提升教师整体素质能力等。在调研和访谈中，出现频率最高的词是"教师"，是多个问题首选，可见"教师"议题是校长的首要关切。

无论从党的十九大报告中对教育提出的要求还是刚刚出台的关于《全面深化新时代教师队伍建设改革的意见》，或是专家、学者的研究，都提出教师是首要关切。要办好人民满意的教育，把基础工程做强、做优、做扎实，就必须有一批"有理想信念、有道德情操、有扎实知识、有仁爱之心"的高素质的教师队伍。基于以上系列的研究背景，作为学校管理者，研究教师专业成长是关键且必要的。

二 教师专业成长国内外研究现状

教师专业化是当前国际教育研究和教育改革的重要领域，教师专业化的概念最早源于国外。1966年，国际劳工组织和联合国教科文组织联合发表了关于教师地位的建议，世界上首次以官方文件的形式确定了教师的专业地位，应把教育工作视为一种专门的职业。教师专业化是教师专业发展的过程，可以理解为：一个人成为教学的专业人员，并且在教学中越来越成熟的一个转变过程。美国在20世纪80年代中后期掀起了"教师专业化"的改革热潮，先后发表了《变革师范教育的呼吁》《国家为21世纪准备教师》等关于教师教育的改革报告，其主旨都在于加强教师的专业性。1971年，日本在中央教育审议会通过的《关于今后学校教育的综合扩充与调整的基本措施》中指出，"教师职业本来就需要极高的专门性"，强调应当加强教师的专业化。在英国，随着教师聘任制和教师证书制度的实施，教师专业化进程不断加快。

面对教师专业化发展的国际浪潮，我国香港和台湾地区分别从20世纪80年代后期开始加大教师专业化教育制度的改革，教师专业化的观念成为社会的共识。我国内地从20世纪80年代开始，越来越多地注重教师专业化的研究，吸取世界发达国家的经验，制定了一系列政治制度和法律法规，提升教师专业化水平。1985年发布的《中共中央关于教育体制改革的决定》，提出将中小学教师的专业化作为教育改革的一项重要举措。20世纪90年代，我国颁布了《教师法》《教育法》《教师资格条例》等，规范和推进了教师专业化的发展。1999年，教育部颁布《中小学教师继续教育规定》，教师的在职培训走上了法制化道路。2000年，教育部出台《〈教师资格条例〉实施办法》，并于2001年全面实施教师资格认定制度。2006年3月，教育部启动《教师专业标准》的研制工作。2011年10月，为建设高素质专业化教师队伍，教育部印发了《关于大力推进教师教育课程改革的意见》。2012年2月10日，为落实教育规划纲要，构建教师专业标准体系，建设高素质专业化教师队伍，教育部印发了《幼儿园教师专业标准（试行）》《小学教师专业标准（试行）》《中学教师专业标准（试行）》。2012年8月，《国务院关于加强教师队伍建设的意见》发布，提出大力提高教师专业化水平，完善教师专业发展标准体系，制定各级各类教育教师的专业标准，提高教师培养质量，建立教师学习培训制度。

纵观国内外有关教师专业化理论的研究，教师专业标准的研究，及教师专业化研究中存在的问题等研究，体现出两个特点：第一，美国和英国走在教师专业化研究应用的最前沿，从20世纪80年代起就全面开展教师专业化的研究，并逐步形成了本国教师专业化的发展模式，影响并引领着世界其他国家和地区的教师专业化的发展理念与研究方向；第二，我国的教师专业化研究起步较晚，需要借鉴国外先进的研究成果，虽然1994年《中华人民共和国教师法》的颁布，规定教师职业具备了专业的性质，然而，从教师专业化发展程度来看，我国基础教育教师职业还没有真正成为专业，我国的教师专业化发展仍受体制等因素的影响，仍需解决理论研究和实践研究一致性的问题。

在中国知网，搜索教师专业成长，大约有3万条记录，文章基本都是从理论上阐述了教师专业成长的途径、方法及促进教师专业成长的策略等。搜索教师专业成长的案例研究，共有1000多条记录，分析这些案例研究文章，不难发现，文章基本都是从一个促进教师个体专业成长的案例研究来谈教师的专业成长，或是以某学科教师专业成长的案例作为研究对象。

在互联网上搜索教师专业成长，可以看到相当多的文章都是从学校管理者的角度谈学校如何促进教师专业成长的体会式文章、经验式文章或是总结式文章，对于教师群体专业成长案例的实证研究几乎没有。

本研究选取跟岗学校教师群体专业成长典型案例，从分析案例的角度切入研究，得出启示，为今后学校引领教师专业成长给出实操性的建议。

 教师专业成长概念界定及教师角色存在问题聚焦

教师专业成长，是新任教师从仅仅具备专业知识、专业技能和专业情感，发展到具有成熟的教育专业理念，拥有高尚的专业情感和较高科研能力的过程，通常需要经历初职适应期、成长期和专业成熟期三个持续发展的阶段，而且每个发展阶段都需要良好的学校环境和教师的自觉参与来共同发生作用、形成合力，从而实现专业成长。

有学者提出教师专业性应包含以下内容：教师职业要有较高的专门知识和技能；教师职业必须具有较高的职业道德；教师职业需要长时间的专门职业训练；教师职业需要不断地学习进修（专业发展）；教师职业的自主权；教师的专业组织。

作为学校管理者，我们认为教师专业成长是一个连续的过程，更多是个人的责任，教师专业成长是学校教师个人自愿、自觉的行动。专业具有不可替代性，教师专业成长包括从大学的培养到中学教育教学实践的提升。专业成长是个系统工程，包括学科业务的提升、个人成就动机、学校机制及教育精神的追求等。我们研究小组成员通过对省内外25所跟岗学校部分校长、管理人员及教师的访谈及问卷，聚焦了教师角色存在的六个问题：第一，教师队伍存在职业倦怠，缺乏工作"内驱力"；第二，受体制的局限性，学校在调动教师工作积极性方面可为的空间不大；第三，教师自我发展意识不够，追求自我实现动力不足；第四，教师对自己职业期望值偏低，容易受学校氛围影响；第五，教师习惯传统教学方式，观念改变比较难，科研能力偏弱；第六，部分教师受生源等因素的影响，职业成就感低，导致安于现状的情况普遍存在。

第二章 研究思路、目的及意义

 研究思路

教师专业成长，有观念、知识、能力、态度、动机、自我发展、需要等多方面的因素。因此，在教师专业成长中，终身学习是前提条件，学校教学实践中的行动研究是基本途径，学校人文生态环境的滋养是点燃情感的动力之源，教师学习共同体中的同伴互助是有效途径。

本文的研究思路是以小组成员跟岗的 25 所学校为基础，以实证研究的方法选取不同案例学校最突出的一个方面来研究，案例有交叉，也有侧重点。在分析案例的基础上，以三个方面为研究的侧重点和切入点：一是学校机制，二是校本人文生态，三是教师学习共同体。

 研究目的

本研究的目的在于从跟岗学校教师专业成长案例分析的角度提炼出教师专业成长启示，为跟岗校长们所在学校如何引领教师专业成长提供一定的参考。校长们可以根据本校的传统与文化，运用不同的策略，有针对性地调动不同职称、年龄的教师们，更好地发挥他们的工作积极性，唤醒他们专业成长的自觉。同时，也希望本研究的启示能对其他学校起到迭代效应。

 研究意义

本研究的积极意义是探究新时代教师发展问题。

20 世纪 80 年代以来，教师的专业发展成为教师专业化的方向和主题。人们越来越认识到，提高教师专业地位的有效途径是不断改善教师的专业教育，从而促进教师的专业发展。只有不断提高教师的专业水平，才能使教学工作成为受人尊敬一种专业，成为具有较高社会地位的一种专业。

21 世纪是以科技和人力资源为社会发展核心要素的世纪。在这个时代，经济的发展有赖于科技和相应人才的发展，科技的进步和高素质人才的培养有赖于教育的发展，教育质量和水平有赖于教师的素质和水平。因此，当代教师的发展问题已经成为全社会关注的焦点之一，也是教育研究的重心之一。教师专业发展或教师职业专业化，对社会而言，关系着中国教育的品质和人才质量；对教师而言，则关系着教师的生存状态和生存质量。著名教育家顾明远指出，社会职业有一条铁的规律：只有专业化，才有社会地位，才能受到社会的尊重。

第三章 研究方法

 文献分析法

利用图书资料和电子文献查阅目前有关教师专业成长的进展情况和研究资料，概括与归纳出当前教师专业成长研究的理论与方法、问题与不足，通过反思，形成本研究的理论、方法与视角，并全面掌握教师专业成长的核心内容和发展趋势。

 实证研究法

结合跟岗学校的学习、研究，借鉴案例学校的经验，加以提炼、概括与反思，形成案例研究特色。

 问卷调查与访谈法

对有关学校开展问卷调查，对教师专业成长的各方面要素进行深度访谈。

本项目还注重多种研究方法的结合，例如思辨研究与实证研究相结合，个案研究与整体分析相结合。注重跟岗学校的实践案例分析与启示，结合研究小组成员所在学校的现状，提出可行性的教师专业成长启示。

第四章 案例呈现、分析及启示

 案例 A 校

案例 A 校建校于 1997 年，经过 20 年的发展，学校现已是当地四大名校之一，通过对校长、教师发展部主任、教研部副主任、个别教师的访谈及部分教师进行问卷调查，可以发现，学校有一系列促进教师不断发展的机制。学校针对教师的不同发展阶段，制定了相对应的专业成长制度促使教师发展，得到教师较高的认同度，并已经成为学校的一种制度文化。教师们在学校不同阶段的机制引领下，不断成长，而教师的成长回馈给学校的就是学校快速发展，在短时间内成为当地四大名校之一，学生各方面得到发展，学校知名度、美誉度不断提升，得到当地老百姓的认可。

在深度跟岗中，我们发现使学校快速发展一个最重要的因素是学校拥有在各个方面都优质的师资队伍。学校成立了两个联合会及一项领军教师培养行动计划，这三项工程把学校不同年龄、不同性别、不同发展阶段的教师连接起来，使他们在组织的引领下优势互补，不断超越自己。三项工程为教师提供了发展、成长的平台。

学校成立了青年教师联合会，强制要求年龄在 30 周岁及以下的青年教师必须是青年教师联合会会员。青年教师联合会的任务是促进青年教师的专业发展，提高青年教师的职业素养，包括职业规划、职业信念、教学素养、研究素养、生活素养等方面，激励青年教师丰富学识，德才兼备。学校通过开展各项活动来达到培养青年教师的目标。

学校成立了骨干教师联合会，具备中级及以上职称、认同本会章程、愿意履行会员义务的在职教师均可申请入会。学校会进行考核，申请教师经考核通过后方可入会骨干教师联合会。进入骨干教师联合会的教师，必须参加学校举办的多种形式的学习、比赛和交流活动，参与学校各项课题的研究，参与并承担学校系列校本课程的开发和研究。对于长期不能完成规定任务的会员教师，教师发展部将对其进行劝退。对于在会员期间表现优秀的教师，教师发展部将推荐其进入领军教师团队进行培训。在会会员享有六项权利，其中最核心的是可以在各项教育教学进修活动中有优先参与权及在职称评定和职位晋升时具有优先被推荐权。会员有四项义务，其中最核心的是必须主动承担公开课教学、撰写论文、课题研究等教育教学任务，引领、带动学校青年教师共同进步。

学校实施了领军教师培养行动计划。学校制定了五年内学校拥有正高级教师、特级教师，各类名师、名师工作室主持人20人以上，每个学科有1～3名领军型教师的目标。在这样的目标下，学校有一系列对领军教师的培养计划，发挥领军教师对全校教师的专业发展的引领作用，带动全校教师的专业成长，形成一支结构合理、有职业理想、业务精湛、精诚合作的创新型教师队伍。

【案例分析】教师专业成长是有其规律性和阶段性的。在教师的成长过程中，如果没有持续的外力促进的话，极易出现职业精神疲惫、缺乏工作热情、安于现状、对工作和事业追求失去信心等现象。持续的外力之一就是学校有一套好的机制，让教师在不同的专业发展时期，有不同的策略，引领教师不断成长。案例A校的两个联合会会员享有的权利和义务其实质就是给会员的硬性要求，其作用就是用组织的力量促使会员成长，用主动与被动相结合的方式让教师不断在自己职业生涯中超越自己获得成就。学校教师追求专业发展形成了一种氛围，也形成了促进教师专业发展的制度文化。

分析发现，在学校管理中，作为学校管理者要确立教师第一的观念。一方面要认识这一现象的内在原因，另一方面要提出教师自我发展目标并提供教师专业发展的平台。针对不同阶段不同教师层次的需要，为他们个人发展创造条件。首先要给优秀教师赋予培养教师的任务和要求，让他们发挥更多的指导作用；其次要关注不同层面教师个性特点，为教师提供展示自己的舞台；最后是学校要舍得投入，制定合理的奖励制度，为教师外出学习比赛讲学创造机会。相信教师缺少的不是专业成长的意识，关键是领导要肯为教师搭建舞台，激发教师的内驱力，使教师产生专业冲动，从而提高其工作的主动性、创造性和凝聚力。

【案例启示】适度的外部刺激是促进教师专业发展的必要力量。案例中的两个联合会、一个行动计划就是基于一所新办高起点的学校，针对教师素质的客观现实，来选择教师管理和教师专业发展的外部刺激策略。

这个案例给我们的启示是：学校要针对教师不同的专业程度，采取不同的培养策略和方法。卡门的领导生命周期理论告诉我们：如果将被管理者分成四个阶段，即不成熟的被管理者、初步成熟的被管理者、比较成熟的被管理者和成熟的被管理者，那么，我们的管理方式相应为：命令式的管理方法、说服式的管理方法、参与式的管理方法、民主式的管理方法。这一理论启示我们：当教师成熟度、工作的自觉性还不是很高时，就应该加大外部刺激的力度，用种种制度来规范教师的教育教学行为；当教师成熟度、工作的自觉性很高时，应采取参与式的、民主式的管理教师，由教师进行自我管理。

针对教师所处的不同成长时期采用不同的策略。对于青年教师，学校必须制定相应的规定要求青年教师必须首先达到专业要求，必须具备教育教学常规；而对于具有一定教学风格的骨干教师，由于"教学有法，教无定法"，可能更好的策略是针对不同的个体与个案，发挥评价的诊断功能，这将更有助于教师的专业发展；而到第三阶段，可以说，这部分的教师发展，更多的是一种自我更新、专业自主的发展，最好的方法是以其所输出的成果来激励其更上一层楼，给这些教师以发展的空间，尊重他们的专业自主性。

总之，任何有效的策略都是针对特定的环境、特定的对象、特定的时间的，在选择促进教师专业发展的策略时，必须考虑客观的条件。只有建立充满活力的教师专业发展的内在机制，才能使教师变成教育教学的积极参与者、研究者和实践者，才能使教师的教育智慧充分发挥。

我们认为教师专业发展的理想目标是：教师的专业发展是"造血机制"和"自主发展机制"，而不是"输血机制"。随着将自我专业发展作为一种新的专业生活方式渗透于日常专业行为的方方面面，教师便可以逐渐脱离专家的帮助而自行完成自身的专业发展任务，从而使专业发展走向独立自主的轨道，这将是教师成长的最佳境界。

案例 B 校

案例 B 校建校起点高，在当地是一所享有名气的学校，已经形成了教师认同的管理模式和固有的学校机制。但是随着社会的不断发展，学校必须顺应时代，不断改革，不断创新，才能保持先进的地位。学校出台了一系列变革措施，在改革课堂教学和学校不断创新中倒逼教师从不断改变，不断学习，不断追求中变成自愿变革，自愿追求进步的主动作为状态。

学校制定了成功园丁模式，该模式的用人理念是以人为本。机制与环境是：赛马不相马，在过程中追求发展，为教师提供公平竞争的机制与环境。学校文化是自主发展，强化智慧优势，突出个性发展，以教育组织再造实现团队学习化、组织扁平化、发展自主化。学校把系统的教育观作为顶层设计统领整个学校，从"培养完整人"的角度实施教育，实现以学生系统发展促进终身发展，以人的终身发展为目标，不仅为学生的全面发展打好基础，而且为学生的个性发展提供宽广的舞台，更引导学生的主动发展。

学校以系统的教育观设计教师的发展，实现教师教学与育人的统一。学校提倡做学生发展需要的教师，派教师参加各种学习、培训、论坛、交流等。学校每年评选感动人物，以及年度精彩人物。学校从 2016 学年开始，以 MT（吸引力团队）的形式进行团队分班，每个 MT 团队由首席导师、助理导师及导师助理构成，其中，首席导师负责团队的整体建设，带领着助理导师及导师助理，负责一个 MT 团队。除了 MT 特色课程外，学校还开设了一系列选修课程、大学先修课程等，基本由本校老师承担。为此，学校每年都安排20名教师赴美国教育学习，学校有定期的教育论坛，思想者论坛，为学校发展创造价值等论坛主题；学校还有为青年教师开设的卡内基培训项目，青年教师赴北京名校考察项目、沃土工程等，所有培训项目的开设，都为教师提供了发展的基础和平台。

在与教师访谈的过程中，我们被教师精神焕发的力量感染着。教师们自愿追求进步，一致认为是学校文化激发了他们的潜能。教师们乐于改变，不甘于落后，这样的学校氛围和文化已经根植于教师们的内心，他们主动改变，主动追求上进，形成了被认可、被需要是一种幸福的状态。

【案例分析】教师的专业成长与所在学校的精神文化有密切的关系，后者是在学校长期办学及历史传承中形成的全体教师能共同认可的价值，是教师育人风范、精神与气质的集中体现。主动成长最能激发人的内在潜力，在教师的成长过程中，如果没有点燃教师的内心，那么教师极易出现职业精神疲惫，缺乏工作热情，安于现状，对工作和事业追求失去信心。通过在B校的跟岗，我们感受到学校文化及由此形成的氛围是促进教师不断提升的动力。

首先，要让学生走向成功，先让教师走向成功。学校将系统的教育观作为顶层设计统领整个学校，从"培养完整人"的角度实施教育，实现以学生系统发展促进终身发展，以人的终身发展为目标，为了学生终身发展培养学生。学校MT（吸引力团队）中，首席导师负责一个MT团队的整体建设，带领着助理导师及导师助理，负责整体传帮带任务，有效地实现了老、中、青团队内部的梯队建设及教师人才的培养，调动了团队内部积极向上的情感动力。学校通过各种培训活动，让教师有能力开设一系列选修课程、大学先修课程等，帮助教师成长不断走向成功。

其次，相信教师、依靠教师、发展教师、成就教师。在教师专业发展过程中，教师也是参差不齐的，有的老师进步得快，有的进步得稍微慢一点，但如果一个学校想取得更好的进步，想走得更远，仅靠少数老师的卓越是不够的，需要让更多的人成为优秀卓越老师。学校通过各种形式的"传、帮、带"系列活动，教师外出培训后的成长分享等给教师，创设一种积极向上的正能量氛围，培养教师的教育情怀，提高教师的职业成就感和幸福感。学校还搭建各种平台让教师走出校园交流学习，关注教师的身心健康和精神。

【案例启示】案例B校的教师专业成长，是唤醒了教师的成长情感，激发了教师主动成长的情感动力。教师情感是对工作动机有激发作用，对工作状态有影响的因素。美国学者凯尔卡特曼（Kelchtermans）认为："在教师的情感与认知、自我与环境、道德判断和有目的的活动之间存在着非常复杂的互动和关联，只有立足于这种复杂性，教师的职业活动才可以被更全面、更深刻地理解。"从这一角度出发，教师专业发展可以被界定为一种贯穿教师职业生涯始终的终身自我发展过程。

很多时候，教师专业发展都被理解为外部力量作用下的必然结果。这种观点更多关注的是外部培训的规划、设计、实施和影响，而忽视了教师在自我发展中的主体意识和主观能动性。在 B 校跟岗过程中，我们得到的启发是：教师情感是激发教师专业成长的重要因素之一。教师情感是一种教师对其职业行为过程的心理体验，这种情感来源于教师的认知，随着教师对于特定事物认知的变化而发生改变，是教师职业行为决策的基础，是教师个人与学校之间的有意义互动。可以说，教师情感是一种与教师行为本质密切相关的经验，这种经验依托于教师所处的学校文化，来自教师个体与环境的互动，根植于教师认知，并能够体现出教师的职业行为模式特征以及学校文化对教师个体影响最大的各类因素。

概而述之，作为学校管理者，从教师情感的角度出发来促进教师专业发展，就是把促进教师专业发展的外部力量逐渐转向推动教师发展的内在动因上，在这种由外向内的转化过程中，教师专业发展可以被看成一种唤醒的过程，一个激发教师创造性力量的过程，一个点燃教师主动作为的过程。

一所优质学校，在关注学校教师发展的过程中，更要创设氛围，激发教师主动成长，有所担当。教师强则学校强，每一位有责任感的教师，必能有目的、积极主动并快乐地投入教育教学工作，使自己的工作更加富有意义和效率。

三 案例 C 校

案例 C 校秉承"以研为乐，做儒雅教者"的教师发展理念，采取积极有效的措施推进教师专业成长。学校以"青春快车"为平台，积极推进青年教师制订科学合理的、个性化的专业成长规划，提升青年教师对专业发展的规划能力。

具体做法：一是专业辅导，学校有针对性地邀请专家指导青年教师如何制订个人专业成长规划；二是自主研修，学校要求青年教师结合个人现状制订年度个人专业发展规划；三是专家引领，学校运用校内资源（区名师），对教师制订的个人专业发展规划案例进行点评和指导，同时还进行点对点的指导；四是自我反思，青年教师对制订规划的心得体会进行交流。

为实现学校"青春快车"品质发展，学校提炼出"342"培训模式："3"是借助外力侧重内涵成长——拜校内名师修炼学科专业，拜校内班级管理名师修炼管理能力，拜校外区域名师修炼综合能力；"4"是搭建系列平台进行展示——专业学习平台、专业交流平台、专业比武平台、成果炫彩平台；"2"是促进教师的专业成长的两项管理措施——青年教师成长与评价、"十佳"评选。在"342"模式下，青年教师得到极大锻炼，个人专业得到极大提高，同时彰显了"快车"带动作用，"青春快车"职业价值得以实现。

在促进教师专业成长的实践中，C校利用课堂观摩这一渠道，通过同伴互助，提升自身课堂反思的能力，最终使青年教师实施课堂转型能力明显提高。一是拓宽视野，参加学校安排的外出观摩看课，以他山之石反思自己的课堂；二是实践提高，参加学校课堂转型拉链课活动，邀请学科教研员和同教研组老师听评课，提高自己的课堂教学能力；三是寻找差距，填写"六步诊断看教学"表，反思自己的课堂，提出自己课堂教学改进点。

【案例分析】案例C校为引领教师队伍专业成长方向，以"青春快车"系列活动为抓手，构建了教师专业发展指南，指导教师制订适合专业发展计划并落实，使参与教师在学有所悟的基础上，逐步培养和提升教师自主发展意识与能力，使之逐步具备可持续发展的能力，实现个人专业发展与学校发展双赢。

对入职的新教师，以任务驱动，为其配师傅，一对一进行帮带，同时以学科组的团队力量对其课堂教学进行三轮打磨，即采取备课组一磨，区教研员二磨，同课异构三磨，在不断地打磨之中促其尽快进入角色，提升教学水平。在项目中组建教师合作团队，教师发展是在学校教育实践中进行的。

教师是一个群体，教师的专业发展绝不能仅仅依靠个人的努力来实现，而是要充分发挥教师群体的作用。因此，学校以任务驱动为着力点，整合资源、搭建平台，充分发挥群体作用，激励教师团队快速发展、自主发展、优质发展。如采取同课异构过程中的课堂反思等形式来激发教师的团队教研激情，采取关注教学环节中的某一个主题进行专题反思来引领教师的团队专业发展。在此基础上，通过任务驱动，激发教师队伍专业发展的内动力，使青年教师高起点，中年教师再发展，老年教师新贡献，实现新老教师在专业发展中共同成长。

【案例启示】案例C校的教师专业成长就是以学习共同体为依托，教师在学习共同体中成长。所谓学习共同体，是指一个由学习者及其助学者（包括专家、教师等）共同构成的团体，在团队中彼此之间经常在学习过程中进行沟通、交流，分享各种学习资源，共同完成一定的学习任务，从而在成员之间形成了相互影响、相互促进的人际联系。

案例C校通过对年级组教师实行年长和年轻参半搭配的策略，让年轻教师和老教师实行教学相长，互相搭伴、相互学习，提高工作效率，相互碰撞形成新的教育教学策略与育人思想，促进青年教师在学习共同体中成长。

为提升学习共同体的有效性，学校还实施教育督导制，组成了由校长和临近退休教师组成的检查督导小组，分工进行教案、计划、德育工作、课堂教学等方面的督导检查，推动学校教师工作按照学校教育规划的各项工作要求规范落地，严控教育质量的稳定。

教师队伍在这样的一种推动式活水文化管理策略的引导下，实现个人与团队的共同发展，在同伴互助及学习共同体中，互相促进，互相影响。在这样的组织中，团队会自然形成一位精神领袖，这位领袖往往能够唤醒并影响更多的人，使团队中的每个个体得到发展。

（四）案例 D 校

案例 D 校是当地首批重点中学，全国教育系统先进集体。学校坚持"树本砺新"的核心理念，践行"为成就每一位学生的未来服务"的办学理念，秉承"海纳百川，德建名齐"的校训，提出"服务个性，追求共生"的素质教育理念，促使学生素质全面提升。学校坚持"策必广益，行必专精"的管理理念，已形成"民主、和谐、服务、精细"的管理特色。

该校校长提到，学校教师发展存在的最大困惑是持久性动力问题。他认为目前教师对学校的认同度和执行力未达到学校预期目标。在学校管理中，校长认为首先需解决教师专业意识和专业精神不佳问题。他提出要在两个方面着力：一是着重在学校内部强调自我修炼，指导教师反思自我，为他们推荐自我学习的内容，让教师们在学习研讨中有相互碰撞的机会；二是着重系统培养，在学校中强化青年教师的专业意识和专业精神的培养，建立"人格传帮带"的师徒关系及建立青年教师"人生导师制"等，其目的在于"以人化人"。

【案例分析】案例 D 校为引领教师专业成长，在传递学校办学精神、形成师生成长的共鸣方面形成了学校特有的誓词宣誓活动。通过制定学校管理目标，形成管理特色，促进教师专业发展。经过学校多年的实践，形成了"民主、和谐、服务、精细"的管理特色。主要体现为：扁平化管理——舍得放权；民主管理——允许教职工说话；和谐管理——商量着办事；服务管理——增强服务意识；精细管理——探索精细文化；创新管理——在"创新"上下功夫。通过青年教师的培养——师徒结对研究，探索人才培养新模式。探索低职高能高聘，对职称低、能力强、效果好的教职工试行高聘。通过奖励浮动工资，创新人事制度改革，打破传统机构和岗位设置。探索校内设立校级制，实行首席教师和星级教师评选制度。

学校通过良好的评价、激励机制促进教师专业成长。在教师自定目标、自我发展的前提下，从实际出发，做好测评，完善评价体系。采取分项、多元方式对教师进行水平和绩效评价，以此激励教师发展。通过制度激励、思想激励、目标激励、情感激励、关怀激励等激励方式及通过成才计划、名师计划、暖心计划、形象计划等计划，给不同年龄，不同需求的教师制定了专业成长的路径。

学校还注重建立学习型组织，倡导读书，发放读书卡，开展读新书活动。通过活动，适时提出学校发展奋斗目标，用精神引领教师。

【案例启示】在纪大海教授等研究的《教育家成长实践研究中》一文中提

到，要提振教师成长的"精气神"，就要营造"热锅效应"的环境和氛围。要营造学校的"热锅"氛围，首先全体教职工要达成价值共识，即有共同的信仰和追求，有见贤思齐、效仿榜样的文化心理；其次要建构制度文化，即着力建设良性激励制度，用制度激励并规范教师发展；最后是要有系统的活动设计，即将"比学赶帮"活动系统化、制度化，在活动中生成"向上流动"情结。案例D校正是在这种学校管理机制与校园人文生态相互融合的发展中，促成教师专业发展，教师专业发展亦必将反哺教育事业的不断前进。

五 案例 E 校

案例 E 校是一所九年一贯制公办学校，建校 13 年。学校有一支素质较高，焕发着青春活力的年轻教师团队。学校全面贯彻党和国家的教育方针，积极推进素质教育，坚持"注重基础、突出特色、培养人文精神，造就国际化人才"的办学思路。学校高标准起步，跨越式发展，办品牌学校，取得了丰硕的成果，并逐步形成了"培根教育——为每一个孩子的幸福未来培根"的办学理念。

学校要持续发展，就需要有一支专业化水平高的骨干教师团队引领教师队伍的成长。案例 E 校正是在新课程改革实施过程中，立足校本，采用多种方式促进教师的专业成长。

【案例分析】案例 E 校把学习作为提升教师专业发展的首要因素。学校每周会布置教师读书任务，在下一周的教研活动中先让老师代表分享读书心得。通过长期坚持，使全体教师形成了良好的读书氛围，老师们都能充分利用、发现、创造各种机会和条件，自觉学习，关注校内外的先进经验，举一反三，注意积累自己的实践历程并加以理论上的反思和提升。可以说，教师自主发展的意识是教师成长的关键因素。

学校通过教研组，带领本组教师积极开展校本培训、专项培训。通过理论学习，养成教师理论学习和实践反思的习惯，不断提高研究和解决教学实际问题的能力，提高校本课程开发和建设的能力。学校把日常教学工作与教学研究、教师的专业成长融为一体，通过教研组的不断学习，提升理论修养。教研组在培养青年教师方面，通过走出去、请进来的方法，使青年教师开阔了眼界；通过上一节汇报型的提高课，使自身教育教学水平得到提高，把理论学习内化为自觉行动。

学校在集体备课中提倡"三级备课"，即自备、复备、完善。自备，教师分到备课任务后，根据备课要求先行备好教学设计；复备，备课组活动时，由备课教师先行说课，备课组成员就该教案的得失提出修改意见，备课教师根据成员意见修改教案；完善，各教师根据实际情况补充教案，使之更为完善，并在教后及时填写好"教后札记"，完成"教学反思"。这种备课方式让每位老师集中精力备好一至两个单元的课，提高了每位老师的备课质量，减轻了老师的负担，节省了时间，让每位老师有更多的时间投入到课堂教学中，同时，集思广益，"以思维碰撞思维，以智慧点燃智慧"，充分发挥教研组的"群研智慧"，真正做到资源共享、优势互补。

【案例启示】教师专业成长，是指教师参加工作以后的教育思想、知识结构和教育能力的不断发展。由于教育的动态性和拓展性，教育技能和素质只有在教育、教学实践中才能得以不断认识和提高。案例 E 校的经验告诉我们，教师的专业成长离不开学校有效的规范的管理制度，离不开教研组和备课组平台的合作交流，离不开课堂教学的探索与实践，更离不开自身的奉献精神和努力。只有上述四个条件的和谐统一，才能真正有效地促进教师的专业成长。

第五章　引领教师专业成长的策略

我们知道，教师专业成长是人的成长。人的成长是由内外因共同作用的结果，但内因在发展过程中起了决定性作用。同样，教师的专业成长，更多的是教师在教育教学过程中自发自觉的自我决策和自我赋能的结果。教师只有不断地自我赋能，唤醒自觉角色，自身专业能力才会不断得以提升。"赋能"，顾名思义，就是为谁或某个主体赋予某种能力和能量。它最早是积极心理学中的一个名词，旨在通过言行、态度、环境的改变给予他人正能量。在教师专业成长中，教师自我赋能可最大限度发挥个人才智和潜能。"自觉"指自己有所认识而主动去做，即内在自我发现、外在创新的自我解放意识。在教师专业成长中，教师只有唤醒自觉角色，才能主动成长。

 以学校机制引领教师专业成长

学校管理的机制属于学校的顶层设计，好的机制能有效地调动教师发展的主动性，减少教师的职业倦怠，凸显学校教师的群体精神，从而推动学校的发展。教师这个群体普遍存在着"中国知识分子心态"，而不同年龄阶段的教师专业成长的需求不同，引领是校长之职，学校只有建立科学的教师发展机制、评价管理机制、激励机制等才能有效推动教师的自主成长。

（一）制订专业成长规划，鼓励教师自主学习发展

终身学习是对教师的素质要求，是"新课程"对教师的现实要求，是"教学相长"在信息时代的客观要求。学校管理者要帮助每位教师制订个人的专业成长规划，把生硬的集体学习变成教师自主选择的学习菜单，变"必修"为"自修"，制定激励教师自主专业发展的评价体系。根据教师的现状和发展愿景，学校制定教师专业素质层级评价标准，设置不同的等级，作为目标供每个教师个体自主攀升。以"自主"为内涵的评价管理机制变革，是以焕发每个个体发展动力为目的的变革。

（二）重视结果评价作用，淡化过程控制评价机制

作为学校领导，教师在学校的教育教学中有自己的绝对权威，学校评价就要重视结果评价，淡化过程控制，其主要目的是提升教师的自主意识，鼓励教师按

照学校的育人目标结合自己的教学,开展教学工作。

(三)加强激励机制运用,促进教师自觉拓展专业

教师的专业知识是需要教师不断学习,是一个不断提升的过程,这种专业知识是因人而异的,如果教师只停留在固有的知识和书本知识上,那么他的劳动只具备普遍性。一个主动追求发展的教师,他在会把一般教学法知识等"活化"之后,经由自身价值观做出判断、选择、重组而形成的动态知识,是教师主动建构、积极创造的结果。这种知识形成的过程,就是教师个性发展的过程。具备专业知识的教师,是有人格魅力的教师。乌申斯基再三强调:在教学工作中,一切以教师的人格为根据,因为教育力量只能从人格的活的源泉中产生出来,任何规章制度、任何人为的机关,无论设想得如何巧妙,都不能代替教育事业中教师人格的形象。苏霍姆林斯基说,"教育是人与人心灵上最微妙的相互接触",教育教学过程实质上就是教师与学生心智和情感交流的过程,人格赋予教师的言、行、情、态等活动。教师正是以这种品味来熏陶学生的。教师的人格形象是学生亲近或疏远教师的首要因素。专业人格的建构,是教师在教育教学过程中随着对教育的本质与价值、学生生命与特征、自我生命与生活的深切感悟理解的加深而逐步形成的,是教师在长期的教育实践中对职业道德和教育理想自觉追求的结果与内化,是教师专业发展心智成熟的表现。

以校本人文生态滋养教师自主发展

学校文化是学校管理机制创新和办学实践的"根",学校人文生态是教师自主发展向心力。学校应通过创设环境、尊重教师等多元文化的管理方式让教师产生认同感,从而让他们自主发展。虽然规定、岗位职责、政策能够限制人们的所作所为,但对人影响更大的则是那些无须明说的氛围和期望,这些植根于人文生态中,并随着时间的推移愈加强烈。

(一)尊重教师,促进教师形成自我专业思想

教师专业发展其实就是教师专业成长,包括专业理想、专业道德和专业能力,最终向自我实现迈进。教师个体的专业发展是教师作为专业人员,从专业思想到专业知识、专业能力、专业心理品质等方面由不成熟到比较成熟的发展过程,即由一个初职教师发展成为专家型教师或教育家型教师的过程。

专业思想是教师在深入理解教育工作的本质、目的、价值的基础上所形成的关于教育教学的基本观点和信念。它是教师在教育教学工作中的世界观与方法论,是教师专业发展的理性支点和专业自我的精神内核,是教师对成为一个成熟

的教育教学专业工作者的向往与追求。教师的教育专业思想不是静止不变的，而是动态发展的，是随着自己的教学阅历的不断增长而不断形成的，学校的人文环境能够激发教师们不断更新自己的教育专业理念，发展自己的教育专业思想。

（二）创设环境，通过体验引导教师实现自我迈进

教师的工作是具有创造性的，这种创造性的工作给自己带来了内在的尊严与欢乐。教师如果在实施教育、教学的过程中对自己掌握的知识和具备的能力充满自信的话，他就能够体验到教育教学对社会和自我生存的价值和意义，体验到与学生交流的愉悦，体验到从事专业的幸福。他在促进学生生命发展、实现职业的社会价值的同时，也享受到教育教学过程所带来的自身生命力焕发的欢乐与尊严，就能充分体验到"人之师"的价值感。教师是在教育教学过程中不断超越自我，让他人幸福让自己快乐的职业，这样的体验就达到了自我实现。

以学习共同体促进教师专业成长

教师专业成长既需要教师个体自我反思、自我更新、自我超越的独立学习，也需要教师群体的自组织等学习共同体。

（一）构建组织，让教师在组织中成长

组织是由个体构成的，个体学习是组织学习重要的前提和基础。组织不是个体的简单相加，组织学习也不是个体学习的简单累计。组织具有记忆和认知功能，通过这些功能，组织可以形成并保持特定的行为模式、思维准则、文化以及价值观等。组织不是被动地受个体学习过程影响，而是可以主动地影响其成员的学习。因此，组织学习对于教师个体和群体的专业发展具有增智、聚能的作用，构建具有团队学习特点的学习型组织，可以为教师的专业发展搭建环境平台。构建学习型组织有五项修炼：自我超越、改善心智模式、建立共同愿景、团队学习、系统思考。

我们认为，学习型组织作为一种合作的、互动的团队学习形式，其组建方式可以是教师自愿组合，也可以由学校根据需要进行配置，如有经验的教师和教学新手的结合，或根据共同研究的课题来组合等。学习型组织中开展的学习形式可以是规范的，也可以是"沙龙式"的。学校管理者应地将教师的团队学习摆在战略的重要地位。教师通过团队学习，可以促使每位学习者都养成积极合作的态度、彼此信任的诚意和开放的学习心态，从而在共同学习中实现共同成长。

和学生自主发展一样，教师的自主发展正日益受到关注。无论多么好的教育，都要教师正确理解和参与。教师应该发挥自主意识，变被动为主动，使自己

能全身心地投入到教师自主发展中。教师身为学校一员，学校的氛围与制度都会影响教师自主发展的积极性，学校应该大力支持教师的发展，营造良好的氛围，完善相关的保障制度，激励教师自主发展。有效的教师培训需要有外界的推动，有教师自身的需求，这样才能促进教师真正的自主发展。

（二）搭建平台，让教师在实践中反思

在学校管理中，应给教师搭建向上的"梯子"，如青年教师练兵课、教研展示课、工作交流等。校长要根据实际，让更多的教师展示自我，让教师感到自己被重视，是个有价值的人。"成功的有效率的教师倾向于主动地创造性地反思他们事业中的重要事情，包括他们的教育目的、课堂环境，以及他们自己的职业能力。""反思被广泛看作教师职业发展的决定性因素。"如美国心理学家波斯纳认为，没有反思的经验是狭隘的经验，至多只能是肤浅的知识。他提出了教师成长的公式：成长＝经验＋反思。相反，如果有一个教师仅仅能满足于获得经验而不对经验进行深入的思考，那么，即便是有"20年的教学经验，也许只是一年工作的20次重复；除非……善于从经验反思中吸取教益，否则就不可能有什么改进"，他永远只能停留在一个新手型教师的水准上。面对教育中层出不穷的问题，教师只有不断地反思自己的教育教学行为，才能促进自身成长和教育的不断完善。反思有利于教师自我激励与提高，它是提高教师专业素质的有效途径，是教师自身成长的重要方法。

第六章 结语及研究的局限

总之，教师的专业成长，源于教师对于自我职业发展的认识、对专业工作的热爱和对专业发展的期待与渴望。在一个民主、和谐氛围浓厚的环境里，教师的专业生活将更具有主动性和选择性，这将更有利于教师实现自身的内在超越，不断地唤醒自觉角色。只有教师的专业成长走上了自觉之路，学校才具有可持续发展的基础。这里所说的自觉，指教师内在自我发现、外在创新的自我解放意识，表现为教师对于自我存在的必然维持、发展，是指教师在承担某种角色时，明确意识到了自己正担负着一定的权利、义务，意识到了周围人们期待着自己做什么或不做什么。自觉角色与不自觉角色均属于社会角色，自觉角色需要唤醒。例如，通过制度进行角色唤醒，教师个人在刚刚充当某一角色时，往往容易表现为自觉角色，由于对新的行为规范还不完全适应和熟悉，因此努力克制自己，以适应新角色的要求，这样就扮演了自觉角色。又如通过学校共同体这种集体活动唤醒，有助于实现自觉角色，这是因为在他人在场或他人对此角色提出了明确希望的条件下，容易出现自觉的角色。再如灵活的机制唤醒，定期地让教师检查自己的工作或经常自我提醒等，这种特定的环境与任务常容易使人表现出自觉角色。以上均是实现教师自觉角色的重要条件和重要途径。

角色自觉是一种心理上的积极态度，是教师在学校组织中能够明确认识到自身的权利、责任和行为规范，在正确掌握和认知一定的客观规律后，有计划、有目的地努力用自己的行动去感染周围的其他角色。因此，作为学校管理者，首先，应在学校建立促进教师专业成长的刚性制度，建立开放、公正的教师奖励机制，营造重视骨干、鼓励创新的氛围，为教师快速成长和脱颖而出创造条件。其次，应努力建设民主和谐、多元参与、积极进取的学校文化氛围，让学校形成良好的组织学习文化和真诚、信任的人际关系，为教师专业成长提供良性的外部支持环境。最后，要引领学校教师成立多层次的自组织学习共同体，建立优秀教师传帮带的团队协作共同体，让教师在专业文化氛围中自主地实现个人的专业成长，引领教师自我赋能，唤醒教师自我角色，以提高教师专业发展的自觉性。

由于本次研究的主要依据是跟岗学校的案例，虽然研究结果有一定的普适性，但也受跟岗学校的地域、跟岗的时间、跟岗的深度，以及当地教育行政部门赋权给学校的不同及学校历史、文化和背景的局限，不一定研究得全面充分。同时由于受研究人员理论水平、能力及时间的限制，研究的广度和深度方面受到了局限。问卷的设计、访谈的设计等方面还可以进一步优化，案例的深度研究及深层次的分析和启示，还可以做更具突破性的研究，在教师专业技能发展、专业评价发展方面还可以做更广泛的研究。

参考文献

[1] 张妮妮. 教师专业生活的三重意蕴 [J]. 东北师大学报，2014（3）：201-205.

[2] 李艳莉. 论基于教师生活的教师专业发展 [J]. 当代教育科学，2014（10）：38-41.

[3] 孙玉洁. 觉醒与自主：教师专业发展的基点——基于生活情境的研究 [J]. 中国教育学刊，2008（8）：41.

[4] 李保强，薄存旭. "教学相长"本义复归及其教师专业发展价值 [J]. 教育研究，2012（6）：129-135.

[5] 刘良华. 教师专业成长：刘良华教育讲演录 [D]. 上海：华东师范大学，2008.

[6] 叶澜，等. 教师角色与教师发展新探 [M]. 北京：教育科学出版社，2001.

[7] 白益民. 教师的自我更新：背景、机制与建设 [J]. 华东师范大学学报（教育科学版），2002（4）：28-38.

[8] 叶澜. "新基础教育"论 [M]. 北京：教育科学出版社，2006：247-248.

[9] 刘铁芳. 走向生活的教育哲学 [M]. 长沙：湖南师范大学出版社，2005：13.

[10] 裴希山. 论自主学习中的教师自主 [J]. 湖北社会科学，2010（9）：21-23.

[11] 冯建军. 教育学的人学视野 [M]. 合肥：安徽教育出版社，2008：325.

[12] 唐凯麟，刘铁芳. 教师成长与师德修养 [M]. 北京：教育科学出版社，2007：49.

[13] 王伯康，周耀威. 塑造教师新形象：教师作为研究者之必要性、可能性及途径 [J]. 高等师范教育研究，2001（1）：31-35.

[14] 饶从满，等. 教师专业发展 [M]. 长春：东北师范大学出版社，2005：152.

[15] 肖川. 教育与文化 [M]. 长沙：湖南教育出版社，1990：32.

[16] 杨连山，田福安. 教师专业化五项修炼 [M]. 昆明：西南师范大学出版社，2010：149-150.

[17] 熊焰. 校本教师专业发展研修手册 [M]. 天津：天津教育出版社，2012.

[18] 单颖. 中学教师自主发展研究 [D]. 上海：华东师范大学，2006.

附件1　校长、中层干部访谈提纲

(1) 作为学校管理者，您觉得目前学校教师专业发展的状况如何？

(2) 学校教师专业发展的困难有哪些？

(3) 有什么样的因素制约学校教师专业发展？

(4) 学校是否有针对不同年龄及针对不同职称的教师有不同的促进教师专业发展的策略？

(5) 学校安排了哪些教师培训项目？以什么样的方式进行？

附件2　教师专业发展调研问卷

学校快速发展中，教师是关键，学校是教师成长的沃土，促进教师的专业发展是学校发展的永恒主题。作为教师成长的研究案例，恳请您客观、真实地反映您的想法，对您的支持和配合深表谢意。

一、您的背景资料

1. 年龄：①20～29岁　　②30～39岁　　③40～49岁　　④50～59岁

2. 性别：①男　②女

3. 教龄：①不足3年　②3～5年　③6～10年　④11～15年　⑤16～20年　⑥20年以上

4. 职称：①正高级或特级　②副高级　③中级　④初级　⑤未定级

5. 最高学历：①大专　②本科　③硕士研究生　④其他

6. 总体来说，您对自己从事教师这一职业感到_____。
①满意　②比较满意　③不太满意　④很不满意

二、您对专业发展的规划

1. 您是否思考过自己作为教师的专业发展？
①经常思考，有自己的发展规划　②考虑过，但不知怎样着手
③听从管理部门的安排　④从未思考

2. 您认为一名中学教师最需要培训的方面是_____（可多选）。
①应用现代教育技术教学的能力　②课程开发能力
③教育教学科研能力　④课堂教学的实施能力
⑤课堂教学的设计能力　⑥教学反思能力
⑦班主任管理能力　⑧学科理论知识

3. 当前，您在学校教育教学活动中所面临的主要挑战有_____（可多选）。

①专业知识陈旧老化　②缺乏教育学、心理学知识的支持　③缺乏对新的教育教学方法的了解和运用　④缺乏对课堂教学各环节的调控能力　⑤缺乏对多媒体信息技术手段的了解和掌握　⑥缺乏新教育信息的交流渠道　⑦缺乏教育教学科研意识和方法　⑧缺乏对新课改的适应能力　⑨缺乏与家长学生交流沟通的能力　⑩缺乏同事之间交流沟通能力

4. 在教师专业发展中，特别在校本培训中，希望学校领导能够为您做些什么？

①无　②多为中青年教师提供向老教师学习的机会　③学校领导已为我们教师的专业发展搭建了许多平台，如校外培训、校内培训的开展，教研组活动的参与等，都让我获益匪浅　④希望领导能为校本培训提供更好的场所、先进的设备、培训经费等保障　⑤希望能保证充足的教研活动时间　⑥希望学校能进一步支持教学骨干外出学习　⑦聘请一线教育教学专家来校开设讲座

5. 以下影响教师专业发展的主要因素，请依据您认为的重要程度选取三项。

①自身能力　②家庭环境　③职业理想　④专业挑战　⑤教学兴趣　⑥教师团队　⑦学校生态环境　⑧进修途径　⑨学校制度　⑩工作压力　⑪社会环境

6. 您希望学校为您的专业发展提供哪些机会或条件？（可多选）

①学历提高　②创造学习化环境　③赴名校参观学习　④业务进修　⑤教学观摩　⑥集体备课　⑦科研课题引领　⑧学校项目带动　⑨名师引领

7. 您认为什么最能体现教师专业发展的进步与成功？（可多选）

①职务职称的提升　②取得更高的学历　③学生获得良好发展　④个人修养的完善　⑤业务水平的提高　⑥经济收入提高　⑦受到社会的更多尊重　⑧获得各种荣誉

8. 您认为促进教师专业发展的主要动力是＿＿＿＿＿＿＿（请按重要性大小，选出您认为最重要的三项）。

①更新知识，提高素质　②使学生获得更好的发展　③追求职务职称的提升　④追求更高的收入　⑤适应教育改革的新要求　⑥更好实现人生价值

生涯规划教育的实践探索及启示

案例小组名单

小组成员：黄志远　广州市南沙东涌中学
　　　　　彭国德　广州市彭加木纪念中学
　　　　　余显义　广州市白云区同和中学
　　　　　刘竞贤　广州市第四十一中学
　　　　　源迪文　广州市黄埔区港湾中学
导　　师：刘　娟　谢虎成

摘　要　本章以跟岗学校在学生发展方面的案例为研究基础，确定以生涯规划教育为研究的切入点，论述了中学生生涯规划教育的研究意义，明确了中学阶段生涯规划教育是素质教育重要组成部分，是关系中学生未来发展的教育。从跟岗城市普遍存在的生涯规划教育开展现状来分析生涯规划教育存在的问题及原因，提出了中学阶段开展生涯规划教育的实施策略。

第一章　研究的缘起

中学生生涯规划在我国已经开始进入人们的视野。受发达国家和地区的影响，我国开始重视生涯规划，从政策层面到实践层面，生涯规划教育逐步发展起来，但尚对其概念、性质、意义和作用存在模糊的认识，因此难以做到位，有待进一步的实践和探讨。在国内几个城市跟岗学习和研究中，发现各大城市的中学开展生涯规划教育情况存在着较大的不均衡。2018年秋季起，广东省全面实施新高考，学生面临选科走班，生涯规划教育对学生适应新高考尤为重要，但相当多学校对生涯规划教育没有给予足够的重视。

核心概念界定

（一）生涯（career）

生涯指个人一生的道路或进展途径，包括工作、职业、生活、爱情、家庭、休闲等方面内容，是一个人选择并透过其工作或专业、生命去追求人生价值的课题。美国国家生涯发展协会（National Career Development Association）定义其特点为延续（time extended）、创造（working out）、目的（purposeful）、生活模式（life pattern）。生涯的发展是个人终其一生所扮演的角色的整个过程，与工作有关的个人成长、学习和发展过程。美国舒伯（Donald E. Super）等人认为生涯发展可分为成长、探索、建立、维持、衰弱等五个阶段。中国台湾学者黄中天博士在其著作《生涯规划概念——生涯与生活篇》中通过对"生涯"各种定义的分析，归纳出生涯概念的四种特质：终生性，即一个人一生所拥有的各种职位和角色；综合性，即指一生中所有的职位与角色的综合；企求性，即指个体的生涯适合自身的特质并是个人所希望的；工作性，即个人生涯的工作中心。显见的是，生涯是过程的、发展的；生涯是多方面的，不只是职业或者工作；生涯是个体的，但也是个体与外部相互作用的产物；生涯不仅包括活动，也包括态度、行为及结果等。

（二）生涯规划（career planning）

生涯规划是一个人为实现人生价值所进行的自我认识、规划和实现的过程，是以人生命历程中的事业生涯发展为核心，关心个体一生当中的教育、职业及相关角色的选择与发展，包括对经济、社会、心理、教育、生理等因素的选择和创造。其建立在个体对自我全面、深刻的认识的基础上，需要结合事业发展的一般性特点。生涯规划的宗旨是促进人的全面发展，即身心、智力、品德、审美观、个人责任感、精神价值观等方面的发展。

生涯规划观念认为：每项职业对社会都有独特贡献；事业是生命的重要部分，人有寻求生命意义和方向的动力，即理想；要求我们回顾过去、探索现在和将来，重建信心，制定目标；通过规划不同的生命角色才能迈向多元的人生目标；生命意义和目标可以在不同领域中实现；探索自己、了解自我定位和需要；规划事业时要考虑社会环境的操纵因素和不可控因素；生涯规划的技巧可以从适当的辅导中学习。

（三）生涯规划教育（career planning education）

生涯规划教育，是指用正确的教育理念、科学的方式方法对学生的学业发展、职业生涯、生活技能、心理素质等发展领域进行教育指导，包含自我发展、生涯探索、生涯管理三项内容的一种综合性的心理教育。中学阶段是人生成长的重要阶段，是青少年身体发展及心理发展的关键时期。在中学阶段开始生涯规划教育，有利于中学生明确自己前进的方向，有利于中学生对自己的人生进行及时的规划，有利于帮助中学生更好地完成自己的学业。因此，中学阶段开展生涯规划教育具有十分重要的现实意义和时代的迫切需要。

  生涯规划理论研究

生涯规划与管理学说起始于20世纪60年代，并于20世纪90年代中期从欧美国家传入中国，它是西方人力资源管理理论中的一个重要组成部分，也是西方各企业人力资源开发的一个重要方法，在企业界引起广泛的重视和应用，受到企业和员工的普遍欢迎。当前，生涯发展理论日趋多样、日趋成熟。其中，霍兰德（John L. Holland）的职业生涯理论与舒伯生涯发展阶段论影响最为广泛。

霍兰德认为，职业类型可以分为基本的六种：实际型、研究型、艺术型、社会型、企业型和传统型，每种类型都具有各自显著的性格特征，不过，它们之间并没有明确界限。为此，霍兰德建构了职业分类的六边形模型，开发了职业偏好量表与自我指导探索量表，并运用于职业指导和职业咨询实践中。

舒伯则提出了基于个体生命的"生涯阶段论"与"生涯彩虹图"（图5-1）。他认为，个体经历成长阶段、探索阶段、建立阶段、维持阶段和退出阶段等5个阶段。在每个阶段中个体扮演不同角色，在同一阶段也可能扮演多种角色。1980年，舒伯提出了职业生涯层面理论，即"生活广度——生活空间的职业生涯发展观",并根据职业生涯发展阶段与角色描绘出一个多重角色生涯发展的综合图形,即生涯彩虹图。舒伯认为,15~24岁是人生第二个阶段,即"探索阶段":需要学校教育、休闲活动、社会实践等多方面参与,支持促进个体自我角色的形成、职业探索和选择。这一阶段个体需要在学习、职业之间建立联系或者做出某些选择。这个阶段发展的任务是使职业偏好逐渐具体化、特定化并确定职业偏好。

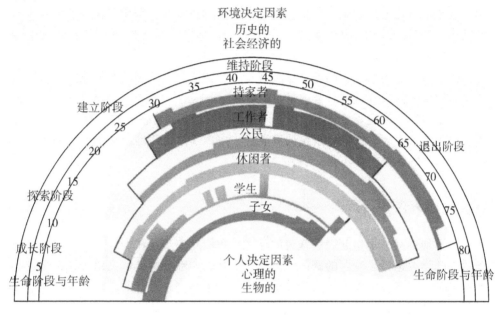

图 5-1 生涯彩虹

在中学生生涯规划的研究过程中,有课题组通过不断调查了解,分析归因,进行课程实验,最后在课题结题时得到了两个中学生生涯规划理论与实践的重要结论:层次界定与阶段划分。

层次界定。中学生生涯规划的两层次理论,也是至今为止,各个研究领域和研究成果中鲜有专家提及的观点。我们认为,中学生生涯规划的重要方面应该是两个层次,即学习生涯规划和职业生涯规划。学习生涯规划是为职业生涯规划打基础的,是为了将来更好地从事自己选择的职业而进行早期的职业素养培养,将学习的焦点进一步提前和集中,可以提高学习效率,节省学习时间,而且学习是终身的。

阶段划分。中学生生涯规划研究的主要问题,在前期应该是以学习生涯为主,到后期才进行职业生涯规划的渗透。学习生涯规划可以大致分为三阶段:初中阶段、高中前阶段和高中后阶段。三个阶段的生涯规划内容与层次不一样,有差别。

国内生涯规划教育理论研究之不足。国内中学生生涯规划起步较晚，现存的关于生涯教育的研究成果多集中在高等教育阶段，以整个基础教育阶段为对象的研究也有若干，聚焦于高中阶段生涯教育的研究则相对较少，而关于普通高中生涯教育课程的探讨更是寥寥无几。广东、浙江、上海等地不少学校也开展了高中生涯教育，但可借鉴的成果还不多。

认识模糊。人们不知道未来的方向，也没有了解对未来进行规划是一门科学，更是一种技术，因此在认识上都存在着模糊的概念。很少有人知道生涯规划的技术已经日趋成熟，如彩虹图、生命线、九宫格、六边形理论和四因素理论等，这些都是科学进行生涯规划设计的技术手段。

研究忽略。当前，我国的许多教育专家往往热衷于研究教育的热门问题，而鲜有人问津生涯规划这种跨学科的冷门话题。因为研究成果可能不会很快出来，即使有了研究成果也不会很快被认可，且普及的过程是漫长的，所以在中国大陆，关于中学生生涯规划的理论研究著作大多数是从台湾地区和国外翻印的。目前存于市面的研究著作不足20种。

三、研究内容与范围

为了加强对中学生涯规划教育的认识，我们对广州及深圳、重庆、大连、青岛等地的学校进行了专题的调研，查阅了大量的文献资料，本文对各地各学校生涯规划教育进行一些探索，力图找出一些关于生涯规划教育的启示，以更好地促进学校生涯规划教育的发展，促进学生的发展。本文拟研究以下内容：

（1）国内中学生涯规划教育的现状概述，包括学校理念、师资、生涯规划的具体做法等。

（2）案例评析，包括各地、各校做法的优点、不足、给我们的启示等。

（3）中学生涯规划的实施策略探索，包括组织机构和师资培训、课程建设与实施、评价等。

四、中学生生涯规划教育研究的背景及其意义

现阶段中学教育几乎都围绕着升学来开展，明显地呈现出"重知识轻能力，重理念轻实践"的现象，忽略了对学生能力、素质的培养，脱离了社会发展的实际需要和学生个体成长的需要，因此我们应该尽早并广泛开展生涯规划教育。

（一）我国基础教育改革和发展的需要

近年来，学生生涯规划教育工作受关注的程度越来越高，已成为我国基础教

育领域，特别是中学阶段极为重要的工作。最早在2003年，在教育部颁布的《普通高中课程方案（实验）》中首次提出要培养我国的高中生初步具有职业意识、创业精神和人生规划能力，这表明对高中生进行生涯规划教育成为高中教育的重要内容。

2010年7月，《国家中长期教育改革和发展规划纲要（2010—2020年）》明确指出，在高中阶段要"建立学生发展指导制度，加强对学生的理想、心理、学业等多方面指导"。2014年9月，上海、浙江两地公布高考改革方案，均在高中阶段取消文理分科。新的改革举措，大大地增加了学生个性化发展和多样化发展的机会，同时将高中学生选择未来专业和学校的时间提前到了高一年级。2018年秋季开始，广东省普通高中学校也将实施高考改革，这些都要求我们要大力加强生涯规划教育，提升学生生涯规划能力。

2016年9月，中国学生发展核心素养研究成果公布，中国学生发展核心素养，以科学性、时代性和民族性为基本原则，以培养"全面发展的人"为核心，分为文化基础、自主发展、社会参与三个方面，综合表现为人文底蕴、科学精神、学会学习、健康生活、责任担当、实践创新纪录等六大素养。这些素养和要求与学生生涯规划教育中的学业发展、生涯规划、生活技能三大领域的内容是高度吻合的。

教育部基础教育二司副司长马嘉宾在2016年8月举行的高考改革与学生发展指导高峰论坛上透露，教育部正在起草学生发展规划指导文件，不久将出台。其中，涉及的学生生涯规划指导内容包括理想指导、心理指导、学业指导、生涯指导和生活指导，生涯指导和生活指导也首次被写进规划纲要相关文件。未来，生涯规划或生涯教育将成为高中生的必修课，我国将用5年左右时间普及生涯规划教育，让学生读懂如何制定自己的目标，和生涯规划联系起来。因此，在中学阶段开展生涯规划教育是各中学教育发展和改革的必然要求。

（二）顺应社会发展的需要

早在20世纪50年代，日本就将生涯发展课程纳入课程大纲和学校计划。1972年，美国职业教育学会在推广教育工作报告书中指出："生涯教育是针对所有国民，从孩提时代至成年的整个教育过程。它能使学生对学习的目的有清楚的认识，并且对将来所要从事的工作具有热诚，这是整个教育事业的重心与目标。因此，需要运用教育家的智慧及家庭、社会的资源，以使整个生涯教育达到预期目的。"1974年，美国国会通过了《生涯教育法案》，为解决学校教育与社会生活脱节的问题，引导青少年从"升学主义"浪潮转向个人的生计与未来发展，将职业生涯规划教育的重点放在以学校为基础的生涯教育模式上。到了1997年，英国出台的《教育法案》要求所有公立学校对13～19岁的学生进行生涯规划义务教育，必须确保学生得到生涯指导和最新的生涯发展信息资料。直到今天，我国生涯规划教育仍然相对落后。调查显示，在中国，只有33%的高中生接受过职业与毕业的指导，初中生接受过生涯规划教育的比例就更低了。在美国，有69%的高中生接受过职业与毕业的指导；在日本，有78%的高中生接受过此类指导。在美国、日本等国家，生涯规划教育属于强制性的教育内容，政府出台了完善的法律和制度予以保障。比如美国早在1989年就颁布了《国家职业发展指导方针》，明确规定职业生涯规划教育要从6岁开始，还成立了专门的国家级管理机构，负责制定、发布指导方针，定期进行监督考核；具体内容也涵盖广泛，课程学习和实践体验活动相结合，并针对不同年龄特点进行分层教学。此外，很多学校与大学展开合作，在高中阶段开设大学选修课程，让学生更加全面地了解大学专业信息，提前适应大学的学习生活。日本在1991年6月29日通过了《关于完善终身学习推进体制的法律》，以此促进终身学习体制的建立。1999年，日本以职业指导为基础，推出新的生涯教育。同年12月，日本中央教育审议会报告提出，为了能够使初中、高中、大学和社会的连接更加平稳，必须从小学阶段开始进行旨在适应更高阶段的生涯教育，使学生进行树立正确的职业观和劳动观，并掌握与职业有关的知识和技能。

目前，我国生涯规划开展得较成熟的是香港和台湾地区，而内地尚未将生涯教育纳入九年义务教育课程，尽管少数发达地区的学校自发地开展了生涯教育，但在理念、内容、场所、师资、社会资源等方面存在一定的困窘。

（三）顺应中学生的个体身心发展和生涯发展的内在需要

美国著名的职业生涯规划大师舒伯首次创建了具有跨时代意义的"生涯彩虹图"。他将人的一生分为五个阶段：成长期（约相当于儿童期）、探索期（约相当于青春期）、建立期（约相当于成人前期）、维持期（约相当于中年期）以及衰退期（约相当于老年期）。其中，15～24岁是探索阶段，青少年通过学校活动、社团活动、社会实践等机会，对自我能力及角色、职业做一番探索。按照埃里克森八个阶段成长理念，12～21岁这一阶段是学生对身份与角色的困惑，他们要找出适应世界的方法，接受自己生理上的变化，界定自己对于异性的身份，界定在同性和同辈里身份，确定人生就怎样过，这是生涯规划的黄金时间。

（四）生涯规划教育现状特点倒逼生涯规划教育的推进

1. 生涯需求与生涯准备的不对应性

中学生在生涯发展方面存在强烈的需求，而生涯准备状况存在较明显的偏差。这一方面说明中学生的生涯需求与生涯准备之间存在着严重的不一致，从而造成中学生生涯发展的无知与盲从；另一方面，也反映了两者之间的空白区域正好为学校开展中学生涯发展教育提供了丰富的可能性。

2. 生涯决策知行不一，缺乏自主性

具体而言，随着新课程的推进，面对丰富多彩的社团、选修课、研究性学习，应该如何选择？中学生往往从自己的爱好特长出发进行选择，然而，事实并不这样。有决定权的并不是学生本人，更多的是家长说了算，中考、高考说了算。在这些方面，中学生存在着严重知行不统一，缺乏自主性的现象。这是谁的过错？

3. 学校生涯规划教育的无意识性

学校在学生认知自我、探索未来的时候，几乎起不到应有的作用。我们不禁要问：学校的教育功能是什么？我们的学校教育，往往只关注远大、宏观的理想，而缺少对眼前实际学业、就业与创业上的必要指导。可以说，学生学习目的的缺失或迷惑，学校教育应承担相应的责任。我们认为，中学生涯教育应该是帮助中学生进行生涯设计、确立生涯目标、选择职业生涯角色和寻求最佳生涯发展途径的教育。生涯发展规划理念强调一个人对自己一生各个阶段发展道路的科学设计和规划。生涯的规划和选择不应是被动、盲目且仓促的，而应是一个在自我认识明确、环境了解清楚的基础上形成的最佳匹配。特别是，高中阶段的文理分科、志愿选择都是人生中的重要拐点，此时的选择已需要有科学的生涯规划的指导，只有采用科学正确的引导方法，才能引导学生走出使自己、父母、老师都满意的生涯道路。可见，中学阶段进行生涯规划教育至关重要并且势在必行。

近年来，全国一些地区的普通高中学校积极探索实施以生涯规划教育为主的学生发展指导工作，生涯指导教育工作得到了我国教育行政部门、学校、研究界及社会的广泛认可。2010—2016 年，华东师范大学课题组与全国 10 多个省市 40 所普通高中学校联合开展了高中学生发展指导实践行动研究。

随着 2017 年新高考制度在上海与浙江两地的先行实施，各地高中学校对实施生涯规划教育、职业指导等工作给予了更多重视。但是，当前高中学校学生发展指导工作的探索与实施，尤其是生涯指导教育的实践，还存在诸多问题。主要的问题在于，生涯规划教育较多地停留在借鉴国外实践的方式方法上，过分注重测试与鉴别个人特质与潜质，过分重视"规划"导向的职业与工作定向。尤其在新高考注重学生选择的背景下，生涯规划教育在一定程度上成了学生选择大学专业与未来职业的"功利性"工具。生涯规划教育被简化为心理测试与专业选择、职业发展之间的对应关系；生涯规划教育被看成新增的分外之事，作为一项活动或者一门新课程而实施；以学校德育的思维与方式实施生涯规划教育，以心理健康教育替代生涯规划教育，在实践中也不少见。更值得关注的是，某些披着生涯规划教育外衣的商业化机构，打着支持高中学校改革和发展的旗号，在学校中试图推行他们所认为的生涯规划教育。目前，高中学校和教师对生涯规划教育还缺少科学而全面的认识，缺少科学实施生涯规划教育的思想与方法。生涯规划教育实践发展没有成为支持高中学校全面提高学生综合素质的载体，没有与整个学校课程教学实现有机融合，也没有成为教师教书育人的有效手段，更没有成为高中学校变革与转型的思想基础，迫切需要改进。

五 中学阶段开展生涯规划教育的意义

生涯规划教育的一项重要内容是帮助学生选择适合自己的学习或职业道路，展示生涯发展空间，让学生明确发展自己所需的各种素质与条件。生涯规划教育可以使学生了解自我与社会、工作之间的联系，使学生在学习知识的同时增加未来适应社会的能力。

（一）生涯规划教育对中学生的引导作用

中学阶段的生涯规划教育主要是为中学生起到一个引导作用，生涯规划教育是希望借助生涯规划的理念对中学生的生涯规划进行全面的分析，得到一个理性的思考结果，使中学生在认识自己的基础上，了解生涯规划的目的和意义，进而更好地规划自己的人生。中学阶段的生涯规划教育就是引导学生发现真正的自己及内在的需求，并为实现自己的目标不断学习、实践，在学习和实践中锻炼自己，为实现自己的职业理想做最充分的准备。

（二）生涯规划教育为中学生提供持续的学习动力

在我国，中学阶段的学生要面临两次分流，一次是初中毕业，一次是高中毕业。初中毕业之后，一部分中学生进入高中或者中等职业院校继续学习，另一部分则直接进入社会。同样地，高中毕业之后，学生也面临进入高等院校继续深造和步入社会的分流。对于继续升学的学生来说，生涯规划教育可以很好地为他们理清学业与未来职业的关系，从而改变中学生的学习态度。因此，生涯规划教育可以为中学生的学习提供持久的学习动力。对于中学毕业后直接进入社会的考生来说，中学阶段的生涯规划教育则可以让他们提早了解社会的用人需求，帮助他们在初入社会时可以很好地融入社会，同样可以为他们的继续学习提供动力。

（三）帮助学生合理定位，顺应课程改革的趋势

中学阶段开展生涯规划教育，是有效推进高中课程改革的重要载体和落实新高考改革的基础性措施。新一轮高考制度的改革，增加了学生对课程的选择权，学生可以根据自己的兴趣、特长和发展方向自主选择三门选考课程，也就是说职业规划被提前到高中，高一学生就要自我认识、自我规划，对未来要报考的学

校、专业和职业规划有较为清晰的目标。通俗地讲，以前是高三毕业公布高考成绩后确定报考的高校和专业，现在是高一下学期结束前后就要确定高考选考科目，大致确定报考的高校和专业。高考改革的一大核心就是"选择"，在其倒逼之下，只有开设生涯规划课程，才能有效地指导学生落实高中选课工作。学生通过职业兴趣、职业性格测评及对我国就业现状的分析，对自己的个人爱好、特长的清醒认识，明确自己的优势与不足，对自己的人生追求做出合理调整，对自己的职业倾向合理规划，从而明确高中阶段的努力目标，避免在高中阶段人生轨迹中出现重大偏差，确保在高中阶段对自己的人生轨迹定位准确，从而高效、愉快地度过高中阶段的学习生活。

在高中阶段开展生涯教育，培养学生的职业规划能力，既是顺应世界教育改革和发展的需要，又是满足学生身心发展特点的需要和实现自我价值的关键。

（四）提前规划，激发动力，明确努力方向，点亮人生航标

据调查，高中生在文、理分科，高考专业选择方面盲目性大；70%学生对自己的专业不满意；大学生就业率年年创新低等问题的出现与学生缺乏必要的职业生涯规划教育紧密相关。这些问题的产生既浪费社会资源，又给社会带来不稳定因素。上海华师大教育管理系两名学生历时两年半完成的一项覆盖上海市逾千名高中生和大学生的调查显示，23.8%的学生对所学专业不了解，缺乏专业学习兴趣。北京大学曾对入校的"高考状元"学生做过追踪调查，结果发现其中一些人进入大学后学习成绩远比不上高中优秀，就业更没有明显优势，甚至有些人很快变得平庸，原因也在于对所学专业失去兴趣，缺乏明确的职业规划。老师、家长的表扬和榜样的树立，可以给中小学生足够的学习动力，但是在高中阶段，学生开始思考学习的目的和人生价值等，需要自主发展的动力。如果缺乏对自主目标的指导，就很难调动学生内在的学习动力。通过开展生涯规划教育，学生学习的方向感和目标性更强，在学习和生活上更自觉自主更容易找到自我的优势，增强自信心，对人生目标合理定位，对职业倾向科学规划，特别是在选择的时候可以更加理性和成熟，对未来的思考更加有远见和多元化。高中生涯教育其实是人的全面发展理论在高中教育中的具体体现。

（五）找准方向，把握机遇，增强职业能力

在价值观多元化的社会背景下，职业生涯规划的意义在于寻找适合自身发展需要的职业，实现个体与职业的匹配，体现个体价值的最大化，从而确定人生的方向，为准确定位提供奋斗目标和策略，并根据不同的职业特点准确评价个人特点和强项，认真分析个人目标与现实的差距，找准职业方向，把握职业机遇，增强职业竞争力。这有利于减少学生填报高考志愿时的盲目性，促使学生以后的职

业生涯发展更加科学、顺畅，避免人才浪费，节约社会培养人才的成本。由于长期以来对生涯教育的忽视，许多学生埋头苦学，花费 12 年的时间提高成绩，却在高考结束后，短短的几天内仓促决定引领一生发展的志愿以及职业走向，在很多情况下是听从老师的建议、家长的意愿，或者根据社会上时髦或者赚钱的职业而定。学生盲目选择志愿的结果就是将来从事自己不擅长或者不喜欢的职业，很难做出成绩和贡献，因此生涯教育的缺失和滞后客观上导致了人才的浪费。提前规划，合理定位，明确职业倾向，在填报高考志愿时，就可以大大地降低志愿选择的盲目性。实施生涯教育是为学生终身发展奠基的必然选择。

总之，开展中学生涯规划教育，有助于学生了解并适应社会发展需求，建立学校学习与未来发展的内在联系，形成对人生发展的清晰认识，促进自我设计与完善，为学生的终身发展和创造有价值、有意义的幸福人生奠定基础。

第二章 我国部分地区中学阶段开展生涯规划教育的现状及启示

由于受到传统的教育观念和模式的影响，我国中学生涯规划教育目前正处于摸索阶段，与西方发达国家相比，还存在明显的差距。但是，随着我国教育制度的不断完善，教育观念的逐步更新，生涯规划教已经得到的重视。从课题组成员跟岗的几大城市来看，不同城市的中学生规划教育状况也存在较大的差异，沿海部分发达城市明显优于内地欠发达地区城市，在同一城市或地区的不同学校也是做法不一。

 跟岗学习城市中学开展生涯规划的现状

在本期卓越校长培养对象跟岗学习培训过程中，我们分别到了深圳市、重庆市、大连市和青岛市，进行了为期五周的跟岗学习和培训，我们五位组员分别在这四座城市不同学校里对生涯规划教育情况进行了较为深入的了解和研究，在华东师范大学中学校长培训中心学习三个月的过程中还对上海部分中学进行了视察了解，下面就这几个城市的部分中学开展生涯规划教育现状进行一个简单的分析。

（一）深圳市

目前，中学生生涯规划在深圳市已经被列为"八大素养"的序列，深圳教育"十二五"规划也将其列入其中。在深圳第三高级中学初中部，在每年初一年级新生教育中，学生生涯规划教育必为重点内容。新生教育一般分为两部分。第一部分是"认识我们可爱的学校"，此部分中较大篇幅介绍学校各类社团活动，告知学生学校就是一个广阔的成长舞台，鼓励学生积极各类的社团活动，展现自己的才华，成就美好的中学生活。第二部分是"为自己的选择负责，为一生的幸福奠基"。此部分内容就是生涯规划教育，主要包含三个方面的内容：一是"同在求学路上，应学习他们什么"；二是"见贤而后思齐，要自强自律自省"；三是"记住四个建议，做品学兼优学生"。建议要有一个乐观向上的心态，学会生存和共享；要认识自我和欣赏他人；要懂得创新精神比知识本身更重要；要明白人生规划是前行路上的明灯，提前规划自己的人生，长远目标是成就精彩人生的原动力，在生活中逐渐领悟一些人生哲学。老师会告诉学生："中学阶段是每一个学生终身发展的重要阶段,教育的本质是发展人,全面推进素质教育的终极目标就是要高度关注我们生命的健康成长,引导激励我们追寻生命的意义,丰富生命的内涵,培育生命的智慧,开发生命的潜能,燃烧生命的能量。让我们坚守自己的选择,为人生的幸福和事业的成功奠基。"

在深圳市第三高级中学,新同学踏入校门,将会收到学校的小礼物。初一的同学拿到的是《初一新生入学教育读本》,该册子包含学法指导、安全指导、身心健康指导、家庭教育指导和行为规范指导,旨在"从这里起步,从今天开始,舞出人生不一样的精彩",做的就是学生生涯教育。高一的同学得到的是一本题为《规划素养提升——我的未来我做主》的书,书中每一章节都由生涯医务室、生涯图书室、生涯实验室、生涯加油站、生涯资源网等栏目构成,内容翔实,可读性强。另外一本《深圳市第三高级中学学生成长手册——励志笃行写人生》更是生涯规划教育的优秀读本。书中设有我的三年规划、我的心中明灯、我的奋斗足迹、我的规划完成情况、我的放飞梦想乐园等栏目。这些小册子或读本,都是很好的生涯规划教育的校本教材,而且起始年级是开展生涯规划教育最好的阶段,时机与工具兼备,教育自然能水到渠成。

翠园中学高中部,经过多年探索,亦已形成了成熟的学生生涯规划教育课程体系,课程结构中分基础型、专业型模块。基础型课程主要包含必修类,分别开展生涯规划认识、生涯探索和生涯选择等主题的有关生涯规划的基础性讲座,要求全体学生必须参加。同时通过心理健康教育课程,引导帮助学生更好地了解自身的兴趣、能力、价值观与个性,以获得更高的自我认知,形成对教育、职业等合理的认识。基础型课程也安排了选修类,是从自我探索、学业规划和职业规划三个方面对学生进行生涯规划教育,由学生根据自身需要选择性参加。专业型模块主要是引进型课程,主要由专业团队进校开展相关讲座和运用信息技术进行指导。

我们跟岗的几所学校高中部和初中部均要求学科教学中渗透生涯规划教育。学校通过对学科教师的培训,引导其发掘学科教材中所涉及的生涯规划教育相关事例,选择合适切入角度,因材施教;或利用教材中显性的名人成功发展经历,挖掘教材背后隐含的名人之路,分析成功生涯的要素。学校要求全体教师在一学年中的课堂教学设计,至少有一次与生涯规划教育内容相挂钩。如此,可以利用学科专业特点,丰富学生生涯知识,同时可以借此对比前人,反观自身,思考个人的认识坐标,从而提升生涯规划能力。

深圳各中学广泛开展生涯体验活动,组织开展一系列社会实践活动,通过生涯人物访谈、职业见习、志愿者服务等形式,帮助学生亲身体验社会的人和事,认识自我,明确自我需求,加深对社会的认识,体味学习的重要性,进一步帮助他们明确自己的人生目标。在翠园中学,生涯体验活动主要有学军(军事训练)、学农、主题班会、讲座、年级主题团辅活动、生涯查阅和社团等校内活动。校外的生涯体验活动主要是利用节假日到社区、医院、商业机构、企事业单位进行参观访问，或进行短期见习，利用研究性学习开展课题调查，撰写调查报告。比如，高一年级每周开展志愿者服务等，高二年级，各班轮流利用周六假期到敬老院为老人服务。

事实上，在深圳教育界，对生涯教育的探讨和实践早已开始。现任福田中学校长王德久是深圳较早接触并开展生涯教育实践的教育工作者。2000年，他就开始搜索有关学生成长指导方面的理论，当时在内地（大陆）的专业杂志里，只有整合了心理教育的"生命教育"相关理论，后来他关注到港台地区高中生的生涯辅导，开始组建团队开展课题研究。他调到福田中学后不久，即在高一、高二年级开设生涯规划教育课程。而生涯教育也已经在深圳各区展开。福田区连续2年举办了生涯发展教育百人种子师资培训工作。红岭中学在2011年就成立了学生成长支持中心，统筹推进生涯发展教育，包括开展生涯规划课程，组织学生参加高校游学、讲座等认知与体验活动。梅林中学通过编写中学生涯发展的手册，记录学生高中三年的发展状况，为学生的生涯发展、生涯角色提供翔实的客观依据。在南山区，已经有育才中学等7所学校被确定为"南山区生涯规划教育试点学校"，将率先在全校范围内面向全体学生实施生涯规划教育。

深圳市大多数中学在学生生涯规划教育上有着多年的探索，并积累了一定的经验，而且正在积极探索更为有效的方式和方法。部分学校的生涯规划课程已经比较成熟，对于我们广州一些尚未启动或刚刚启动生涯规划教育的学校有很多可借鉴的经验，像深圳中学的立体化生涯规划教育课程。自2004年开始，深圳中学就面向全体高一新生开设了生涯规划必修课程。从"适应"主题出发，遵循学生每个阶段的身心发展特点和实际需求，分别开展自我探索、时间管理、目标管理、人际关系、青春期情感、积极心理、心理健康、职业规划等主题学习活动（见表5-1）。2007年，学校集结成果，编辑了第一本《高中生生涯规划》校本教材，并配套了相应的"课堂力行手册"。这一常规课程有效帮助了学生重新认识自己，学会应对变化。

（二）重庆市

我们跟岗的3所学校均没有正式把学生生涯规划教育纳入日常课程中，属于还没有起步阶段。查找了一下相关文献资料，在"知网"中也只能找到3篇有关重庆市中学生涯规划教育的相关文章，其他学校反映生涯规划教育的活动也甚少出现。有报道的分别有重庆市渝高中学、重庆一中等。其中，重庆日报网于2016年11月2日报道过重庆一中的"生涯规划课程"在当天正式开课，文章中提到该校希望通过开设这门课程，引导学生自主规划人生目标和职业方向。目前，该校"生涯规划课"为选修课，每周开设一节。在网络上还可以查到一则通知，名为《重庆市教育科学研究院关于采集普通高中生涯规划教育信息的通知》，通知中提出："开展重庆市普通高中生涯规划教育信息采集工作，以切实加强我市高中学生生涯规划教育，促进我市高中学生适应新高考改革和高校招生的新要求。"其中附件"重庆市普通高中生涯规划教育信息采集表"的内容主要是：学校是否开设高中生涯规划教育，哪年开始开，以及开设具体情况（几年级开，必修还是选修，周课时数，课程总课时，开设形式，校本教材名称，任课教师等）。

从上述文献资料及对跟岗学校了解到的情况初步分析可知，整个重庆市中学范围内还没有统一要求开展生涯规划教育，只有个别学校在起始年级有相应的课程内容。通过实地考察和相关文献资料的查阅，可以初步发现，重庆市各中学开展生涯规划教育起步较晚，大多数学校未将生涯规划教育纳入课程。

表5-1　高一生涯规划常规课程目录

模块	主题
适应高中	生涯起航；适应问题大搜罗；适应策略大讲堂；合理定位
探索自我	走进自我；人格侦探；我的价值观；超能战衣；我的兴趣
自我管理	我的目标我做主；时间管理大演习；情绪的奥秘；我的情绪我做主
人际关系	自我概念与人际关系；高中生常见的人际冲突
青春期的爱与性	属于我们的"爱情"；爱的花朵并非来自性的种子；爱人的能力来自先爱自己；柜子外的情感
职业规划	职业规划第一步：认识职业；职业规划第二步：你喜欢做什么；职业规划第三步：性格与职业；职业规划第四步：什么对你最重要
生命教育	做个心理健康的高中生；可以预防的心理流行感冒；心理咨询那点事；一份礼物；脆弱的表达与求助；幸福生活小偏方

（三）大连市

在大连市跟岗1周，我们与大连市第四十四中学佟世军校长有过多次详谈。佟校长在大连市几所重点中学担任过校长，长达20年之久。他坦诚地告诉我们，大连市四十四中学至今还没有开展生涯规划教育的课程和活动，包括他原来任职的大连市第十六中学（也是完全中学）也没有开展生涯规划教育。我们也有学员在大连市第八十中学跟岗1周，据该校的丛滨校长介绍，大连市的高中或初中在这方面的教育情况都很不理想。但作为大连市的名校长，他非常清楚现在国家已经非常关注这一方面的教育，他带领八十中成功开展生命教育，初三开始开展职业生涯教育，效果很好。丛校长还向我们推荐了2017年国家综合实践纲要中职业体验部分课程标准等。另外，大连市第十一中学也已经在开始相关教育，并且有一些成就。由于时间有限，未能前往该校了解具体情况，只能从该校网页和其他途径获知更多的情况。学校是以"为学生终身发展和一生幸福奠基"为办学理念，尊重学生能力差异和个性差别，实施分层教育，通过构建完善的"发展力课程体系"，即以国家主体课程的"分层次教学"为核心，辅以成长性德育课程、选择性延展课程、多元性特长课程、主题性实践课程等校本特色课程体系，让不同层次的每一个学生在高中阶段都能够充分发挥自身的潜能优势，从而实现最优化的发展。从学校的一系列校本特色课程中可以发现，这些课程在为学生的成长规划，也就是在给学生做生涯规划教育。早在2013年7月，该校参加由华东师范大学普通高中教育研究所霍益萍教授和朱益明教授负责的教育部课题"普通高中学生发展指导"并完成结题工作。在结题会上，华东师大课题组专家对该校的"以'发展力课程体系'促进学生'适性发展'"课题研究活动及成果予以了充分的肯定，一致认为该校的课题研究成果丰硕，学生发展指导工作扎实有效，有很多的经验值得学习和分享。该校的"学生发展指导"系列校本教材自2013年编写使用以来，不断完善，并在大连市里得到很好的认同。

（四）青岛市

山东省于2017年正式进入新高考制度的改革，之前被忽视的生涯规划教育因为其对培养学生选择能力具有积极的作用，受到越来越多的学校和教师的高度重视。自2008年起，山东省教育厅下发《山东省义务教育地方课程实施指导意见（试行）》，规定在全省范围内面向九年级学生开设"人生规划"必修地方课程，旨在帮助初中毕业生为未来的人生发展和职业生活奠定基础。近年来，青岛市各中学已逐步开展学生生涯规划课程。早在2015年11月，青岛市教育局与台湾师范大学签署教育战略合作交流备忘录。依托与台湾师范大学的教育交流合作，市教育局将遵循"发现自我、唤醒潜能、科学规划、助力成长"的生涯规划核心理念，通过实施五项生涯规划教育行动帮助学生确立未来的职业理想和当下的发展目标，努力实现为每个学生创造适合自我发展的教育。一是开发适合青岛市学生的生涯规划教材。学生生涯规划的理念落到实处必须要以教材为依托，以课程为载体。市教育局将在近年来青岛市学生生涯规划教育的实践基础上，借鉴和吸收国内外学生生涯指导的先进成果，开发适合青岛市学生学情的生涯规划教材和课程，帮助学生探索生涯发展方向，确定职业志向。二是开发青岛市中学生生涯规划测评系统。市教育局将引进台湾师范大学学生生涯测评系统专利成果，根据青岛市普通高中和职业学校的专业设置、知识架构、技术能力和未来发展方向，开发由计算机化生涯能力测评、情景式生涯兴趣测评和生涯信息主系统三部分组成的青岛市中学生生涯规划测评系统，通过系统测评，科学分析青岛市学生兴趣爱好、知识能力、心理发展等各方面信息，帮助学生了解自身的特长、能力和兴趣，明确自身现状与理想专业之间存在的优势及不足，指导学生科学规划。三是将青岛市中学生生涯规划测评系统与互联网技术相融合，建立集技术、信息及应用于一体的青岛市中学生生涯规划测评云平台，提升生涯规划测评系统服务能力。四是培养生涯规划专兼职教师，科学引领学生规划。生涯规划教育是一门科学，做好学生生涯指导必须不断提升青岛市教师的生涯规划指导能力和专业素养。市教育局将借助台湾师范大学专家团队，结合青岛市中学生生涯规划测评系统为青岛市教师开发教育与心理测评相关技术等方面专业培训课程，提高青岛市教师进行生涯规划辅导的能力。专业师资培训计划在台湾和青岛分别进行，每年150人次，至2019年全市参与培训教师达到600人次。五是建立生涯规划体验实践基地。依托青岛市现有的19个青少年校外活动场所和300处社会课堂资源，加强政府统筹，整合各类资源，着力推进青少年校外活动场所建设和特色发展，建立健全生涯规划体验课程和实践基地，为青岛市学生开展生涯规划体验创造条件和提供便利，引导学生通过亲身实践，体验职业，感悟人生，明确方向。

据介绍，在台湾，每15个班（约450名学生）就会配1名专任辅导教师。台湾师范大学有辅导系，每年向中小学输送不少专职生涯规划辅导老师，这几年人数在逐渐增多。截至2017年，台湾的初中开展生涯规划辅导，已经有10年时间，高中也开展了4年，测评系统及辅导机制比较完善。青岛和台湾将在中学生生涯规划测评方面开展合作，并建立起中学生生涯规划测评系统。首先在市教育局直属初中学校和市内三区部分初中学校进行试点，然后逐步推广到全市，最终建立起集技术、信息及应用于一体的青岛市中学生生涯测评云平台。青岛市中学生生涯规划测评云平台正在架构中，预计到2019年，全市初中学校每年参与测试学生将达24万人。

2017年11月，青岛市教育局在青岛开放大学举办了2017年青岛市中学生生涯规划指导教师专题培训班。本次培训共有120余名初中心理教师参加本次培训，青岛市教育主管部门邀请了台湾师范大学中学生生涯规划测评与指导项目组姜海韵等3位专家，先后进行了初中阶段学生生涯规划教育课程发展历程、生涯规划线上测评体验、学生测评结果的解析与应用、生涯规划个别指导技巧等专题讲座。

（五）上海市

上海市是第一批新高考改革的试点城市，高考采用"3 选 3"的模式。我们在上海进行为期 3 个月的培训，期间曾经走访过上海市大同中学、上海市格致中学、上海市静安区实验中学、上海教育学会宝山实验学校、上海市梅陇中学等，无论是高中还是初中，均能从学校的课程开设方案里发现生涯规划教育（或指导）课程，而且落实得很好。上海市一份 2017 年的调查报告，共调查了 226 所高中学校，学生 344074 人，生涯教育教师 1483 人，结果是 50.9% 的学校全面开展了生涯规划辅导课程，39.4% 的学校部分开展，仅 9.7% 的学校还没有开展但准备开展。生涯规划辅导课程在高中各个年级基本得到开展，高一、高二、高三开展生涯规划教育辅导的分别占 78.3%、77.9% 和 74.3%，各个年级开展情况基本一致。调查结果还反映出学校的生涯课程和学校老师是学生得到生涯规划教育指导的相关信息的最多渠道，说明学校的生涯学校规划教育课程和学校教师对学生生涯规划教育起着重要的作用，也说明上海市各中学生涯规划教育做得很扎实有效。

（六）广州市

广州市是广东省的省会城市，教育一直走在全省的前面。但根据我组的调查研究，生涯规划教育在广州市各中学开展的情况并非十分理想。华南师范大学政治与行政学院郑泽萍、林梦洁等几位研究生组成了生涯规划调查课题组，课题组选取广东实验中学、广东华侨中学、第四十七中学、第四中学、彭加木纪念中学、花都秀全中学的高中生为研究对象，共派发 470 份问卷，调查范围涵盖省市示范性、区重点和一般学校。调查结果显示，仅 18.2% 的高中开设了此门课程，仅 23.08% 的学生对学校开设此门课程表示非常满意，23.85% 的学生表示比较满意，持一般态度和不满意态度的分别占 45.38% 和 7.69%。由此可见，大部分普通高中并未开设正规的职业生涯规划课程，学生对此门课程的满意度总体不高。我们组员任职的学校，也均没有在初中或高中开设生涯规划教育课程，也没有设立生涯规划指导中心等机构。另一份调查结果显示，33.9% 的学生认为老师在职业生涯规划上对自己有提供指导；46.6% 的学生认为老师在此方面几乎没有提供指导，帮助不大；而学生认为老师从来没有提供指导或没有帮助的占 14%。数据说明教师向学生提供生涯规划指导很不理想。相比上海市的调查结果，以及跟深圳市现实情况相比较，广州市各中学开展生涯规划教育明显有点逊色，这亟待我们广州市地区中学教育的反思。

不过，在广州市范围内还是有一部分高中或者初中，对生涯规划教育非常重视并且取得了很好的成效。像广东实验中学，以开发生涯规划教育特色样本课程为工作的切入点。到今天，学校对学生的学业指导和生涯指导已经实现在教育教学过程中全面渗透，逐步培育以"师长""学长""家长"为主要成员的指导教师团队，建成了以测试平台、自编教材、拓展读本为一体的教育资源库，形成了以学校、家庭、社区和高校为网络的教学区域集合。此外，在学生发展中心主任蓝敏的带领下，该学校学生发展指导教师团队编写了一套"学生发展指导系列"读本，其中《生涯规划》一书内容生动，可很好地帮助学生有步骤、有层次地对生涯进行规划，激发学生自主探索的兴趣，提升学生生涯规划的能力，促进学生对生涯进行自主探索，培养学生"自主发展"的核心素养。

总体来讲，在沿海发达城市，在生涯教育上能较好地借鉴发达国家以及港台地区已经比较成熟的架构与理念体系，先后涌现了一大批开展生涯规划教育有特色的学校，这些学校的经验可以向起步较晚的地区和学校推广与分享，从而推进生涯规划教育的均衡化发展。

我国部分城市中学生涯规划教育存在的问题及原因分析

（一）生涯规划教育相对落后，本土化理论缺失

在美国，有69%的高中生接受过职业与毕业的指导，日本则有78%的高中生接受过此类的指导，而我们只有极少数高中生接受过职业与毕业的指导。直到2014年，我国才提出"生涯规划或生涯教育将成为高中生的必修课，我国将用五年左右时间普及生涯规划教育"，这意味着到2019年只能达到高中普及生涯规划教育。而现实学校可能差距更大。当前，国外在这方面的研究比较成熟，相关理论以国外为主，但毕竟存在文化差异，我国目前缺乏本土的理论指导。新高考下，学校、教师、学生都缺少专业性的指导，处于摸索中，这也导致总体生涯教育水平不高。

（二）普通高中学生由于以往中考和现在高考的压力，对于生涯或者说职业的认知水平和职业抉择能力一般

高中生没有机会了解社会对人才的要求和标准、职业种类和紧缺人才等，不能很好地根据自身优势确定自己未来要从事的职业。高中生对职业前途感觉迷惘的主要原因，一是在于现行的教育制度和人才选拔制度仍然以高考为最重要的标志，高考获胜就意味着成功，但是成功者毕竟是少数，"大学毕业等于失业"的现象比比皆是；二是高中学生普遍自我目标不科学，高考前学习的唯一目的就是上大学，学习是为了父母、为了老师，唯独没有考虑自己的个体需要，对自我兴趣、个性、价值观了解不够；三是高中学生的自我生涯规划发展期望值过高，多

数学生在填报志愿时，关注更多的是未来职业的薪金和福利待遇问题，没有把个人发展空间或者未来的发展前景放在首要位置；四是长期以来一些学校工作主要围绕学科考试进行，以至于很少关注学生的生涯规划教育。

（三）师资匮乏，缺少专业性指导

高中职业生涯规划教师大多数由心理健康教师、班主任或科任教师担任。到目前为止，极少大学开设相关的专业，学校也没有专业的生涯规划老师，甚至有些学校连专职心理教师也未有配备，其他兼职教师长时间专注于教学，对于职业生涯规划教育的相关知识、信息了解甚少，加上没有经过系统化的专业培训，他们根本无法给学生提供有针对性的专业指导。

（四）学校重视程度不够，缺少生涯规划意识

受限于现有高考制度的弊端，大部分地区还是唯升学率论英雄。在大力提倡素质教育背后，依然实行应试模式，虽然这种现象在逐步改善，但需要经历一个长期的过程。当下，我们对高中生的评价仍以分数为主，学校难免会更加关注升学率，而忽略其他方面的教育。同时，学校教师普遍认为抓教学成绩教好书是自己的分内事，但关于了解高校、了解专业、志愿填报，生涯规划等非硬性工作，应由家长和学生自己决定。在升学压力的约束下，学生们对自身兴趣、能力的探索明显不足，也无暇对专业职业有系统的认识，更谈不上规划自己的未来。无论是学校、教师还是学生，都没能全面认识到生涯规划教育的目标在于认识的提高与能力的培养，以及其对促进学习成绩提升的重要性。

（五）家庭教育中缺失生涯规划教育

在不少家庭中，对小孩的生涯规划教育是没有得到重视的，而家庭教育中的生涯规划教育的缺失势必影响着学生的生涯发展。家庭教育也是学生获得全面教育的一个必要外因素，父母对学生教育的重视程度影响着学生在家庭这个环境中的正常成长，父母的言传身教很大程度上影响着学生的为人处世、性格特点和价值观的形成。为数不少的父母都会希望自己未完成的愿望和梦想在自己的孩子身上实现，在孩子成长过程中不断给小孩灌输甚至强加给孩子。他们给孩子进行鼓动和灌输的大多是社会上的热门职业，过程中往往忽略了孩子的兴趣和思想。在当前的社会大背景下，一些家长也有一定的功利性，追逐利益，依据个人经验，给自己孩子未来的生涯发展做出不理智、不科学的设想。另一些家长则对孩子的生涯规划盲目乐观，盲目支持，或者认为自己是无能为力的，干脆撒手不管。

（六）起步阶段的固有弊端

参考目前职业生涯规划教育实施较好的香港、台湾地区，它们的职业生涯规划经历了萌芽期、实验期、建制期、推展期、提升期、转型期，总共花了60年的时间，经历从无到有、从学术团体倡导到行政全面领导、从实务走向实务与理论相结合、从行动走向行动与制度相融合的发展历程。目前，我国内地（大陆）的职业生涯规划教育正处于起步阶段，在制度上缺少政策法规的保障，在管理上缺少相应的教育管理机构，在经费上缺少应有的财政支持，加之面对当前复杂的教育环境，即使有些学校想采取某种教育措施，也是处于心有余而力不足的状况，高中生职业生涯规划教育处于举步维艰的境地。

第三章　中学阶段开展生涯规划教育的实施策略设想

2017年9月教育部印发《中小学综合实践活动课程指导纲要》。综合实践活动是国家义务教育和普通高中课程方案规定的必修课程，与学科课程并列设置，是基础教育课程体系的重要组成部分。本课程强调学生综合运用各学科知识，认识、分析和解决现实问题，提升综合素质，着力发展核心素养，特别是社会责任感、创新精神和实践能力，以适应快速变化的社会生活、职业世界和个人自主发展的需要，迎接信息时代和知识社会的挑战。其中附件1的《中小学综合实践活动主题汇总》的"职业体验及其活动"中专门列出"10到12年级'开展高中生生涯规划'"这一主题。可见，中学生生涯规划已经上升到国家的层面。

开展高中生涯教育，是落实《国务院关于深化考试招生制度改革的实施意见》和教育部与之配套的《关于普通高中学业水平考试的实施意见》《关于加强和改进普通高中学生综合素质评价的意见》的精神，引导高中学校积极应对变革，重建课程体系，调整管理思路，全面关注学生学业与发展的重要举措，是高中学校建设的一个重要转型。

 普及生涯规划知识，提高中学师生对生涯规划教育重要性的认识

生涯规划教育是关系到学生未来发展的教育，是为学生未来奠基的教育。若不提高思想上的认识，则中学开展生涯规划教育无从谈起。我国对于中学开展生涯规划教育存在很多错误认识，认为那是大学的事情，中学生的首要任务是考上大学。事实上，生涯规划教育不是学生某个阶段性任务，而应贯穿学生教育始终。

立德树人是生涯指导教育的思想基石。2013年11月，党的十八届三中全会指出全面深化改革的总目标，要深化教育领域综合改革，要坚持立德树人，增强学生社会责任感、创新精神、实践能力。《国家教育事业发展"十三五"规划》中明确提出，要"以新理念引领教育现代化"，强调"把立德树人作为根本任务，全面实施素质教育，积极培育和践行社会主义核心价值观，更新育人理念，创新育人方式，改善育人生态，提高教师素质，建立健全各级各类教育质量保障体系，全面提升育人水平"。2016年9月，中国学生发展核心素养正式出炉。所谓"学生发展核心素养"，主要是指学生应具备的能够适应终身发展和社会发展需要的必备品格和关键能力。核心素养是关于学生知识、技能、情感、态度、价值观等多方面的综合表现；是每一名学生获得成功生活、适应个人终生发展和社会发展都需要的、不可或缺的共同素养。发展是一个持续终身的过程，可教可学，最初在家庭和学校中培养，随后在一生中不断完善。正式发布的"中国学生发展核心素养"共分为文化基础、自主发展、社会参与三个方面，综合表现为人文底蕴、科学精神、学会学习、健康生活、责任担当、实践创新等六大素养，具体细化为国家认同等18个基本要点。由此可见，学校应该为每一个学生创造个性充分发展和身心健康成长的空间，应该用现代教育理念帮助学生取得优秀的学业成绩。同时，切实为学生未来持续发展奠定重要的品德、人格、思维和生存生活基础，培养具有民族灵魂、国际视野的高素质公民。生涯规划教育的目的也是要培养"全面发展的人"，因此，学校应该利用各种途径，宣传生涯规划教育，尤其对初一、高一新生，更应加强教育，提高全体师生对生涯规划教育重要性的认识，让师生在内心上接受生涯规划教育，推动生涯规划教育普及发展。

构筑中学生生涯规划教育体系：让学生学会选择

我国的生涯规划教育指导体系发展相对滞后，小学阶段的生涯规划教育接近空白，中学阶段的生涯规划教育只在部分学校试点实施。面对社会严峻的就业形势以及学生欠缺的职业能力，重视基础教育阶段的生涯规划教育是当前教育教学工作的重要任务之一。

在国家层面上，应提供政策保障，加大经费投入。一是出台相关的生涯规划教育指导纲要和分层教育框架等法律文件，将生涯规划教育端口前移至义务教育阶段，并贯穿于教育全过程，既凸显教育的针对性与层次性，又兼顾各教育阶段的有效衔接；二是提供充足的经费支持，用以普通高中生涯规划教育师资培训、机构设置、设备购买等，确保各项教育活动的顺利开展。

在学校层面上，应提高重视程度，努力构建系统化的职业指导体系。首先要设置科学合理的生涯规划教育课程，结合就业市场变化、行业发展要求、学生实际情况等合理设置生涯规划课程。其次是针对不同年级学生特点分层次实施生涯规划指导，满足学生对生涯规划教育及服务的需求。最后是构建系统化的职业指导体系。课内通过职业规划课程、职业规划讲座等，向学生系统传达职业生涯规划的理念与知识；课外通过社会实践、团体辅导、个性化咨询、职业规划比赛等，增强学生的职业规划意识，由此打造全方位、多层次、立体化的职业生涯规划指导体系。

（一）分阶段设定目标，规划生涯规划教育路径

高中阶段的生涯规划教育不是简单的一门课程，而应该是融合在学校办学理

念下的全方位的系统工程,是能够使学生在知识学习和活动实践中得到充分的自我发展的一种教育。为此,学校应该不断探索创新生涯规划教育,针对从高一到高三不同阶段学生的心理特点及学业重点,逐步推进从"励志"到"砺志"再到"立志"的主题教育,鼓励学生制定自我发展目标以及具体的行动路线。

1. 高一年级

"励志"教育,帮助学生认识自我。高一学生因刚刚跨入新的学段,面对环境、角色及学习任务的转变,心理上会有诸多的不适,需要有一个缓冲和调整的过程。同时,这一阶段的学生在自我表现上更加独立,看问题开始趋向理性,但对问题的认识还不够深刻。基于此,高一阶段的生涯规划教育主要围绕"励志"展开,包括帮助学生认识自我、发现兴趣,初步了解生涯概念,对学科选择有初步意向。届时会由专业教师对全年级学生进行生涯规划基本知识的普及,同时结合学校开展的各项生涯规划教育活动,帮助学生发现自身的兴趣和潜能,发展自己的能力,为选学科做好充分准备。同时教师还要帮助学生尽快了解高中的学习内容,形成自主学习能力。

2. 高二年级

"砺志"教育,指导学生完善自我。进入高二年级的学生已经适应了高中的学习生活节奏,开始探求更广阔的世界,同时自我意识显著增强,也有了比较强烈的逆反心,偏激、冲动等是他们这一阶段比较明显的心理特征。同时,这一阶段的学生对自我开始有了较为清晰的认识,在行动上更为独立自主,但在人生观和价值观上存在一定的迷茫。基于此,高二年级的生涯规划教育主要围绕"砺志"展开,如组织学生积极开展社会实践,从中认识人生、感悟社会,激发学习热情,形成正确的价值观、人生观。此外,高二阶段,必修课走班全面铺开,学生将面临学考和选考。因此,这个时期需要对学生进行深入的学法指导,优化学生的学习策略(包括制订学习计划、听课策略、复习策略等),提高学习的实效。

3. 高三年级

"立志"教育,助力学生实现自我。高三学生面对高考现实的压力,表现为既渴望成功、追求梦想,又担心遭受挫折、害怕失败的矛盾心理。但这个阶段的学生,有了学考和选考的基本分数,对要冲刺的语文、数学、外语三门学科有较高的期待和压力,更加注重行动上的努力,对目标的实现更有坚持性。基于此,高三年级的生涯规划教育主要围绕"立志"开展,即着重对学生进行专业选择、就业心态等方面的指导,培养学生生涯规划的决策能力,如通过各种方式,为学生提供升学、就业、各大学自主招生信息等方面的政策咨询与指导,使学生对未来大学与专业的选择有基本的方向和定位;同时历练学生的学习品质,提高他们的耐挫能力,使其根据自我制订的生涯规划有步骤有方法地管理自己,为实现人生理想而努力。

（二）完善课程设置，建立生涯规划教育体系

中学生生涯教育主要通过专题讲座、学科渗透、与各类德育活动相结合的方式进行，随意性大，组织松散，缺乏针对性和系统性，很难真正达到生涯教育的目标。开设生涯教育选修课程，可以让每个学生更好地认识自己，发挥自己的优势，从而选择适合自己的升学和发展路径。选修课程的模式能够充分尊重学生的自主选择，为有需要的学生提供系统的职业规划指导，照顾到学生的个性化需求，然后通过辐射作用，扩大到全体学生。在先行试点的基础上，通过不断总结经验教训，最终推广到全省高中。高中生涯教育课程主要分为实践类、指导类两个方面，包括了解生涯规划及其意义、认识与发展自我、探索环境与社会、生涯管理与决策等部分。在学科定位上，作为一门技术性课程，生涯教育不是为学生应试而指导，是为学生发展而指导。在与德育的关系上，生涯教育是高中德育的重要组成部分，二者密切相关，但是德育起着上位、统领的作用。同时，开展生涯教育，必须注意与其他学科的渗透高中阶段的生涯规划教育，不可脱离学校整体的课程建设。为此，我们在原有课程基础之上，结合生涯规划教育的开展，不断充实完善相关课程。

1. 普及生涯规划教育通识课程

为学生建构人生规划的方向，结合学校和学生发展实际，学校可以开发"高中生职业生涯规划通识课程"，把内容划分为四大模块，即测试板块、选课板块、兴趣板块和励志板块，围绕个体由高中到大学再到社会的成长逻辑开展，为学生建构起完整的人生规划的思路和方向。

（1）认识自我（测试板块）。学校在引入生涯规教材后，可积极进行本土化的校本开发和实施，编写相关的测试问卷。测试板块采用多元潜能测试，如哈佛职业测试、霍兰德职业测试等量表，帮助学生正确认识、探索自我，了解自己的兴趣和职业倾向，知道自己适合的方向。

（2）认识专业（选课板块）。在高中阶段，学生的兴趣爱好广泛，但又具有不确定性。在专业板块里，学校应结合学生发展需要，为学生提供各类高校的相关大数据，为学生选择专业提供丰富的内容，与学生深入探讨专业的分类、特点、大学的特色、专业与中国社会职业的关系等，帮助学生理性分析专业，为选考做好充分的准备。

（3）认识职业（兴趣板块）。在兴趣板块里，学校可通过课程帮助学生澄清自己的价值观、人生观，了解现今职业的发展和社会的需求，引导学生深入社会，提高对职业本身素养要求的认识，帮助他们树立正确的职业价值观，使其在未来选择中有正确方向。

（4）认识学习（励志板块）。在励志板块里，学校可通过教育开发个体的学习潜能，帮助学生适应高中的学习生活，并通过一定的学法指导，引导他们建构积极向上的人格品质，让学生在追求自我理想的过程中，能够正确看待挫折，很好地完成该阶段的学考和选考任务，最优化地成长自己。

2. 创新活动体验类生涯课程：让学生深入认识职业、提升能力

（1）社会实践活动。学校应将生涯规划教育与学生的社会实践活动相结合，鼓励学生亲自去体验相关职业，感受其中的甘苦，使学生们对职业本质和相关素养有了更加清晰的认识，也为将来的理性选择做好充分的思想准备。

（2）学校特色活动。学校可以将生涯规划教育与学校各项特色活动相融合，旨在充分发挥学生各类潜能，发展他们的特长与禀赋，为其将来的生涯选择提供平台。比如，学校可设置校歌比赛、通用技术竞赛、摄影大赛等各类比赛项目，涉及数理、人文、艺术、科技等多个领域。活动期间，每个学生都可以根据自己的优势和兴趣选择不同的参赛项目，学校根据学生在大赛中取得的成绩，给予相应的学分奖励，以激励学生发展各自特长。

（3）学生社团活动。情景学习的相关理论认为，学习是通过社会活动来实现的，知识意义形成的关键在于整个学习活动本身，不能单纯只以个体认知的角度来解释学习行为的发生。只有让学习者在真实的活动中运用所学知识，并允许其在学习背景中进行摸索，才能真正让学习者形成多种属于自己的解决问题的策略。生涯规划教育着眼于未来，以促进个体的生命发展为根本目的，引导学生树立自己的职业发展目标，挖掘自身潜力，从而循序渐进地实现自己的人生理想围绕生涯规划教育的需求，学校应该为学生开设丰富多样的社团活动，如文学社、篮球俱乐部、足球俱乐部、书画社等社团组织，让学生在社团活动中找到兴趣，发挥特长，培养能力。

（4）校内岗位实践。实施校内民主管理，学生参与校园事务管理，为学生提供发现自己兴趣、特长、锻炼自己能力的机会和展示自己的舞台。学校也是一个小型的社会，在学校中也存在着丰富的职业种类，这些离学生最近的职业岗位往往被学校教育者所忽视，比如，学校餐厅的饮食类的职业、学校复印室和学校商店的服务员、清洁工、园艺师、医务室的医护人员、接待室的礼仪等，安排学生到这些部门实习，不仅为能学生提供真实、自然的工作环境，使学生体验相关的工作内容，强化工作技能，还可以节约学校的日常开支。

（5）组织生涯规划活动和竞赛。如文艺演出、演讲比赛、生涯规划规划设计赛、生涯设计咨询会等活动，不仅可以培养、锻炼学生的组织、协调和管理能力，也促进了生涯规划教育在校园的深入开展。

（6）鼓励学生参与社会实践活动。学校可以充分发挥综合实践基地、学农基地的作用，组织学生深入工厂实习，了解生产情况，熟悉工艺流程，体验职业生活；组织学生深入农村，亲自参加农业生产实践，引导学生树立正确的人生观、学习观和劳动观。发掘学校附近社区资源，与社区建立长期联系，让学生参加社区服务。寒暑假鼓励学生深入各行各业，广泛开展社会实践活动，如到饭店、商场、超市当服务员，到街上当交警的义务协管员，或到企业当产品推销员。通过这些活动为培养学生的职业意识、职业精神和创业精神奠定基础。

3．开设多样化选修课程

助学生发展潜能，了解职业倾向学生对各学科的兴趣是生涯教育的开始，也是学生进行自我规划的最佳着眼点。学校可依据学生的各项资质和潜能开设不同的选修课程，多样化的课程为发展学生兴趣建立了选择的平台，各类知识拓展类学科、大学的前沿学科还帮助学生提前进入个人生涯的准备状态，让学生对未来的专业选择有比较直观的认识。

 健全管理系统，保障生涯规划教育的实施

（一）成立学生发展指导中心，提升生涯规划教育专业质量

为提升生涯规划教育专业质量，学校可成立学生发展指导中心。中心可由校长或校党委书记牵头，主要组成人员有学生处、教学处、团委各处室领导以及各年级组组长和心理教师等，围绕学生发展需要指导相关人员开展工作。

1．开展个人职业和性格测评

学校在了解学生职业价值观的基础上，帮助学生分析自身性格、兴趣、能力、气质等个性特征，将个人的主客观条件和专业及社需求进行对照，测定学生是否具有从事某种职业的潜质，从而帮助学生树立职业生涯目标，做好初步规划并付诸行动。

2．提供个性化职业咨询和心理辅导

高中阶段的学生处于生理和心理都快速发展的时期，又面临巨大的升学压力，会出现很多的冲突和矛盾。学校可按照"择己所爱，择己所长，择己所需，择己所利"的基本原则，帮助有困惑的学生进行正确的职业定位，并给出符合学生个性的职业发展意见与建议。

3．建立个性化电子信息平台

有条件的学校可为学生建立个人电子信息平台。平台包含学生的学业成绩、兴趣特长、所获荣誉等各方面信息，学生可以随时上网进行生涯规划测试，了解自己的相关信息。对于学生在规划中经常出现的问题，教师会在整理后，以传播知识的方式发布在信息平台，以供学生们浏览学习。

（二）建立生涯导师团队，强化师资保障

1. 严格导师遴选

生涯导师主要包括专业导师、育人导师、特长生导师等类型，所有科任教师原则上均应担任生涯导师。生涯导师先由学校导师制工作小组初步确定人选，报学校导师制领导小组审定。领导小组在确定生涯导师人选后，向师生公布，并根据自主、公开的原则，以年级和班级为单位，采取师生双向自愿的办法进行选择，每学年选择一次，原则上一名生涯导师指导 15 名左右学生。

2. 明晰岗位职责

生涯导师日常主要履行以下职责：与受导学生建立相对固定而长久的联系，积极创造一种温暖、真诚和开放的师生关系；对受导学生三年的学业发展规划（如课程修习计划、选课计划）提供指导和帮助；通过学生的生涯报告书，全面了解受导学生情况，并提出合理化建议；密切关注受导学生的学业进展情况，对受导学生及时进行指导和帮助。

3. 完善工作制度

生涯导师日常工作制度包括以下内容：一是档案制度，即为每个受导学生建立基本档案，通过班主任及学生电子档案平台，对学生每周的表现情况进行了解，并做好相关记录；二是建立家访联络制度，即定期家长接待日和不定期的家访、电话联络，及时与学生家长沟通；三是谈话与汇报制度，即坚持每月与学生进行个别谈话至少一次，及时了解学生的思想状况；四是小组活动制度，即每个生涯导师与所指导的学生组成一个小组，小组内与小组间将由生涯导师组织定期（每月一次）交流。

4. 加强导师培训

学校可通过创建数字化平台、成立名师工作室、鼓励教师考取心理健康教育 C 证等方式，开展以生涯规划师、升学指导师、心理辅导师为对象的"三师"培训，以提升教师对学生多元发展的指导能力。

（三）有效借力外援，拓展生涯规划教育资源平台

1. 挖掘社会名人和校友资源

学校充分挖掘社会名人和校友资源，举办职业生涯规划教育讲座和座谈会等活动。如邀请社会某个领域有造诣的专家学者，就学生感兴趣的专业进行专题介绍；或是邀请出色校友，将自己的成功经验与学生交流，对学生进行励志教育。

2. 引进高校优质教育资源

学校可根据实际和地缘优势，与附近高校合作，为生涯规划教育搭建资源平台。学校还可以利用寒暑假期，组织学生进行研学，走进高校，参观、学习、体

验自己喜欢的课程。

3. 充分开发家长资源

学校应强化家庭对子女进行生涯规划教育的责任，向家长宣传生涯规划教育的意义、内容、方法等，使家长参与到学生的生涯规划教育中来。同时，学校还充分借助家长的力量，开展"家校互联、走近职业"活动，邀请从事不同职业的家长，就各自的工作内容、薪酬、前景等为学生进行全面介绍，为学生未来的选择提供方向和动力。

（四）开展职业兴趣、职业性格测评活动

利用网络开展学生职业兴趣与职业性格测评活动，如中学生生涯规划网（http://www.stu-career.com/），通过测评让学生较清晰地了解自己，明确自己的优势与不足，确定自己的努力方向。当然，受多方因素制约，测评会有一定的误差，可能会造成学生认知偏差与情绪上波动，因此教师在测评中一定要做好指导工作，让学生明白，兴趣可以培养，性格可以改变，能力可以提高。

（五）生涯规划的学科渗透

学科教学是学校教育的主要内容，课堂是教学的主阵地，在学科教学中渗透职业生涯规划教育是在高中实行职业生涯教育的一种有效的补充性途径。学生在校时间大部分是在课堂里度过的。将生涯发展指导融入学科教学之中，既可以丰富生涯发展指导的途径，充分利用学科中的生涯发展指导的效益，又能促进学科教学改革，真正落实以学生为本的要求。通过各学科教学渗透生涯教育可以在更广的范围内培养学生的职业理想、职业观念、职业生涯规划意识与思维等。各科教材内容中蕴含丰富的生涯教育素材，有些内容本身就是职业生涯教育的好材料，同时又是学生未来职业生涯所必需的基础知识，充分、合理地运用这些生涯教育的素材，可使教学获得事半功倍的效果。比如，在高中语文课堂中，有一篇文章是《在马克思墓前的讲话》，在谈到马克思的贡献时，可引导学生阅读马克思在17岁时写的一篇文章《青年在选择职业时的考虑》，引导学生感受马克思对未来职业的思考，并进一步引导学生思考自己的追求。同样，美术课也可以采用一些与美术专业有关的成功人士进行分析，从成功人士的例子中帮助学生体验职业兴趣、职业理想和职业素质对一个的职业追求的重要性等。此外，我们还可以充分发挥各学科的专业特点，利用学科知识丰富学生的职业知识。随着年级越高，学科的分化程度也越来越高，与之相对应的各科的专业化程度也相应会增强。因此，高中各科所含的有关职业方面的知识也会较多，如果能够在教学中有效利用，就可以较好地丰富学生的职业知识，这对他们了解职业特点有很大的好处，如化学老师可以引导学生开设"化学中的职业"一课，让学生了解更多与

化学有关的职业。

在学科教学渗透职业生涯规划教育对学科教学本身和职业生涯规划教育都有促进作用，通过对学科教师的培训，引导其发掘学科教材中所涉及的生涯发展相关事例，选择合适切入角度，因材施教，或利用教材中显性的名人职业发展经历，或挖掘教材背后隐含的名人成功之路，分析成功生涯的要素。利用学科专业特点，丰富学生职业知识，同时可以对比前人，反观自身，思考个人的认识坐标，提升生涯规划能力。学校组织专人挖掘各学科中职业生涯规划教育的内容和素材，作为课程目标引导各学科教师在学科教学中渗透职业生涯规划教育，联系学科，适时渗透，既能激发学生学习学科的兴趣，也能引起学生对职业生涯规划的思考，一举两得，到达"润物细无声"的效果。可见，通过各科教学渗透生涯教育也是普通高中实施生涯教育的一个非常有效的途径，通过各科渗透生涯教育，一方面可以帮助学生了解学习内容，明确学习目标，提高学习兴趣，增强学习热情，有利于提高教学活动的效果；另一方面也在不知不觉中渗透着生涯教育相关的知识和技能，为学生将来能够顺利地融入社会、工作岗位打好坚实的基础。

（六）团体指导和个别指导相结合

以团体指导的方式进行生涯发展指导，讲座或小团体的形式，有其特别的优点。指导团体是一种具有探索、交流和治疗气氛的团体，能让所有成员在团体中自由的讨论生涯问题并及时得到团体成员更多意见及指导老师的引导。团体指导主要是学校和教师为帮助学生更好认识自己、他人和外部客观世界而开展的指导课程，就学生关注的问题，如就"高一学生如何6选3""如何科学地认识自我"等开展一系列活动，就自我认识、发展规划、专业选择、出国留学等内容邀请专家名师为学生排忧解疑。团体指导可以让心理老师参与，采取"主题月"的形式，实现对学生的团体指导。同样，主题的确定可以分年级进行有效的实施。大致可以这样操作：指导教师可以先确定各年级生涯发展指导的主题，然后班级围绕年级主题再确立各自的主题，设计分年级递进的主题结构。比如，高一年级可以围绕高中的适应，学业的规划等问题，着重自我探索和规划；高二年级主要针对文理科、选修课等展开专业与自我的互动探索；高三年级则侧重大学和专业探索。

个别指导是学生生涯教育中的重要形式，是生涯教育个性化的体现，相对于团体指导，个别指导更能满足学生个性化的需要。由于遗传、环境和教育等因素的影响，每个学生在身体心理等方面的发展都存在着各自的特点，也都具有独特的潜能，单纯依靠团体指导很难满足学生个性化的需求。以心理指导中心为核心，配备专业的指导老师为学生提供专业的个别指导，在班主任、科任教师的共同协作下，为学生提供"一对一"的个性化咨询，通过倾听、关注、引导帮助学生了解自己的优势与不足，扬长避短，合理选课，科学规划。从硬件上可以配备测试软件，高中生职业生涯规划指导书籍等，让学生更全面地了解自我和职业。

（七）生涯规划的职业体验

学校可充分利用社会资源，开展关于高中生生涯规划的名人讲坛。邀请成功人士（如企业老板、大学教授、政府机关公务员、个体经营家、传媒人、下岗再就业者、取得一定成就的校友）解读职场经验，创造机会让学生近距离接触各领域代表公司或企业及其管理人，拉近学校与社会的距离；加强与大学的职业生涯规划等相关部门的交流与合作。广州市真光中学和广东第二师范学院番禺附属中学在这方面做得很成功，每年这样的活动都能引起学生和家长的极大兴趣和参与的热情。

校友回访是学生获得职业信息的有效途径。学校在校友回访之际，邀请他们分享经验，开展讲座，也可定期邀请校友，以沙龙的形式，为学生和家长提供与成功人士交流的机会。此外，家长资源非常优秀且各具特色，通过家长委员会可以帮助高中生了解更多的职业、提供多方面的帮助。学生的家长在社会上从事各种行业，家长们的经历本身就是最好的资源，加上家长与孩子接触最多，也是最了解孩子的人。学校可以邀请家长作职业介绍，说职业感悟，这也是了解职业最直接有效的途径；班主任可组织家长座谈，建立微信群，让家长参与到孩子的职业生涯规划中来。

学校或班级可以组织模拟招聘的活动，由学生扮演招聘方和应聘者，不同的学生扮演不同行业的招聘方案，应聘者可以应聘自己感兴趣的职业。模拟招聘中，招聘方需要了解本行业的职业信息，对求职者的要求，应聘者则要了解所应聘职业的用人条件，还要准备简历，学会推销自己等求职技巧。这样的活动可以增加学生对职业的了解，也能训练其求职技巧。

（八）建立完善的成效反馈

在推进生涯规划教育过程中，学校一定要注重资料的收集和整理，编制不同的成果集。具体包括：①形成特色的系统化的生涯规划教育校本课程体系；②形成生涯规划教育指导团体活动方案和实施照片；③编制生涯发展个别咨询案例集；④学生生涯规划状况的跟踪调查。通过上述资料，吸取经验和教训，创新工作方法，推动学校生涯规划教育不断发展。

（四）以课题研究为抓手，开展生涯规划教育研究

以教育科研促进培养和提高全体师生的生涯规划的意识和能力。学校必须成立一个课题组作为生涯规划的核心团队，校长或校党委书记任组长，开展中学生生涯规划教育相关的教育科研活动，如申报生涯教育课题，编写生涯教育读本等。课题组应注重顶层设计，以课题研究推动生涯教育工作，使其更加规范化和科学化。在此过程中，参与课题研究的教师通过学习借鉴、思考与实践不断提高专业水准，推动学校生涯规划教育的发展。

（五）强化师资队伍培训，打造专业化师资团队

目前，普通高中职业生涯规划指导教育师资力量薄弱。提高职业生涯规划教师的专业化水平，有助于提升教育实效，为学生提供有效的指导。

第一，强化师资队伍培训。学校可聘请校外专家，加强对班主任和科任教师的培训，使他们掌握相关职业生涯规划教育理论知识、职业指导技能，了解社会最新就业动态与职业需求，并将职业生涯规划教育与日常管理工作、德育实践活动相结合。此外，选派优秀的教师到职业规划教育实施状况良好的中学观摩学习，接受培训，借鉴成功经验，结合本校实际，开展职业规划教育研究。

第二，建设专业化师资队伍。目前普通高中几乎没有专门的职业规划师，从事职业生涯规划教育的专职教师屈指可数。应加大经费投入，引进职业生涯规划专业人才，如职业规划师、行业优秀人士、企业人力资源主管等，为学生提供更为专业化和个性化的职业指导。在专业化人才的引领下教师进行互动交流，合作共享，打造高水平的师资队伍。此外，学校可定期开展生涯教育研讨会，共同探讨和解决教育过程中出现的难题，制定出本校适合的职业生涯规划教育体系，提高职业生涯规划教育的水平和质量。

第四章 结　　语

　　生涯规划教育的最高价值是提高人的自我控制力，使学习者有目标地学习，有计划地发展。高中生的人生规划是指高中生在了解自我和社会的基础上，确定未来从事职业的目标，制订计划，利用一切可以利用的资源和条件，采取必要的行动来实现自己的职业目标的过程。高中生的人生规划对于高中学生来说，主要作用是帮助他们思考自己的未来，如想成为怎样的人，想要过怎样的生活，究竟该往何处去等，让他们有机会想象"未来的我"，让他们通过了解社会上的不同职业，在自我了解和熟悉职业的前提下，探索适合自己的人生道路。此时开始生涯规划教育，有利于中学生明确自己前进的方向，有利于中学生对自己的人生进行及时的规划，有利于帮助中学生更好地完成自己的学业。因此，中学阶段开展生涯规划教育具有十分重要的现实意义和时代的迫切需要。高考改革方案，大大地增加了学生个性化发展和多样化发展的机会，同时将高中学生选择未来专业和学校的时间提前到了高一年级，这些都要求我们要大力加强生涯规划教育，提升学生生涯规划能力。12～21岁这一阶段是学生对身份与角色的困惑，他们要找出适应世界的方法，接受自己生理上的变化，界定自己对于异性的身份，界定在同性和同辈里身份，确定人生就怎样过，这是生涯规划的黄金时间。

　　随着中国学生发展核心素养的提出，与学生生涯规划教育中的学业发展、生涯规划、生活技能三大领域的内容是一致的。生涯规划或生涯教育将成为高中生的必修课，因此，在中学阶段开展生涯规划教育是各中学教育发展和改革的必然要求。学生生涯规划教育工作受关注的程度越来越高，已成为我国基础教育领域，特别是中学阶段极为重要的工作。

　　生涯是过程的、发展的；生涯是多方面的，不只是职业或者工作；生涯是个体的，但也是个体与外部相互作用的产物。经济社会日益发展和职业变更日益频繁的时代，如何引导青少年正确地认识自我、探索职业、了解社会、规划人生，从而过有意义的生活，是职业生涯教育关注的焦点。在普通高中新课程改革日益深化的背景下，将生涯规划教育以"校本课程"的形式引入普通高中，沟通了学校与社会之间的联系，给学生还原了一个真实的世界，有利于扭转长期以来的"普职分离"现象和由此造成的"只见分数不见人"的片面发展。在普通高中阶段实施生涯规划教育，是普通高中发展的内在要求和必然选择。广雅中学叶丽琳校长曾说："生涯规划作为学校课程的一部分，也是未来高考改革的一个铺垫。我们不是为未知而教，而是为未来而教。"

然而，目前国内生涯规划教育理论研究不足。国内中学生生涯规划起步较晚，高中阶段生涯教育的研究以及关于普通高中生涯教育课程的探讨都相对较少。少数发达地区部分学校开展了高中生涯教育，但在理念、内容、场所、师资、社会资源等方面存在一定的困窘，借鉴的成果还不多。美国、英国、德国、我国台湾等地的基础教育阶段生涯规划教育为我们普通高中阶段实施职业生涯教育提供了实践借鉴和发展方向。生涯规划教育的目的，绝不只是帮助个人按照自己的资力条件找到一份工作，达到和实现个人目标，更重要的是帮助个人真正了解自己，为自己订下事业大计，筹划未来，进一步详尽估量主客条件和内外环境优势和限制，在"衡外情、量己力"的情形下，设计出符合自己特点的合理而又可行的职业生涯发展方向，体验到生涯规划实施的情感。为达到目的，生涯规划课程的实施更需突出过程与方法，尽量通过学生探索、思考、观察、操作、创新等丰富多彩的认识过程，使目标和过程有机地融合起来。在实施过程中，使学生体验到愉悦的情感生活，在规划逐步实现过程中促进学生道德品质和人格的养成，努力使规划课程成为学生高尚的道德生活和丰富的人生体验。

一个人事业的成功，并不一定是他的能力有多高，机遇有多好，而是因为他对自己的职业有明确的规划，并能按照自己的规划脚踏实地去实现它。在中学阶段开展生涯规划势在必行且任重道远，相信生涯规划教育能助我们的学生在人生道路上越走越远。

参考文献

[1] 国务院. 国务院关于深化考试招生制度改革的实施意见 [EB/OL]. (2014 – 09 – 04). http://www.gov.cn/zheugce/content/2014 – 09/04/content_9065.htm.

[2] 蔡晓东. 高中生涯规划 [M]. 北京：北京师范大学出版社，2015.

[3] 章达友. 职业生涯规划与管理 [M]. 厦门：厦门大学出版社，2005.

[4] 崔丽娟. 性格气质与大学专业选择——高中生必读 [M]. 北京：人民军医出版社，2006.

[5] 蓝敏，钟燕. 学生发展指导系列读本之生涯规划 [M]. 广州：广东高等教育出版社，2017.

[6] 王建明，赵林. 为自己的青春做主：高中生生涯规划教程 [M]. 上海：华东师范大学出版社，2017.

[7] 褚雯萱，刘小玲，魏琰. 做自己人生的设计师——MAGIC 中学生涯规划15堂课 [M]. 杭州：江浙工商大学出版社，2017.

[8] 蔡琪. 高中生职业生涯规划教育的现状与对策研究——以广西为例

[D]. 南宁：广西师范学院，2014.

[9] 夏莉. 浙江省首届新高考学生生涯规划教育现状调查报告 [J]. 中小学心理健康教育，2017（16）：32-36.

[10] 崔平川. 新课改下普通高中职业生涯规划课程现状及对策 [J]. 中小学心理健康教育，2017（16）：36-38.

[11] 郑泽萍，林梦洁. 普通高中职业生涯规划教育现状及对策分析：基于广东省广州市6所高中的调查 [J]. 现代教育科学，2015（8）：24-26

[12] 赵宏伟. 高中实施职业生涯规划教育存在的问题及其对策 [J]. 内蒙古教育（职教版），2016（9）：13-14.

[13] 张玉婷. 生涯发展规划：让高中生在瞬息万变的时代里寻找自我 [J]. 新课程研究（上旬），2016（11）：88-90.

[14] 邹联克. 高中阶段需要生涯规划教育 [J]. 人民教育，2011（24）：12-14.

[15] 王穗芳，林虹. 让梦想引领成长——首届广雅中学模拟人才招聘会侧记 [J]. 中小学德育，2016（7）：70-71.

[16] 沈之菲，杨彦平. 上海高中学校生涯辅导工作的现状和对策建议 [J]. 中小学心理健康教育，2017（23）：23-29.

[17] 娄俊颖. 深圳中学：构建立体化生涯教育课程体系 [J]. 中小学德育，2017（11）：14-16.

[18] 庞春敏. 高中生涯教育研究述评 [J]. 教育评论，2017（6）：28-33.

[19] 尹梅梅. 探究新高考背景下的高中生职业生涯规划教育 [J]. 新课程（中学），2017（8）：225.

[20] 潘颖，李佳星. 高中生生涯发展指导的探索与实践——以成都市某中学初2015级为例 [J]. 中小学教学研究，2017（6）：59-62.

[21] 张翠翠. 四川省首届新高考学生生涯规划现状调查研究——以成都市某中学初2015级为例 [J]. 教育科学论坛，2016（21）：74-76.

[22] 张黎. 普通高中职业生涯规划教育缺失的思考 [J]. 教育科学论坛，2013（11）：19-20.

[23] 樊丽芳，乔志宏. 新高考改革倒逼高中强化生涯教育 [J]. 中国教育学刊，2017（3）：67-71.

[24] 刘家伟. 新高考背景下我国普高职业生涯规划课程设置的问题研究 [D]. 长沙：湖南师范大学，2016.

[25] 徐向东. 以生涯规划指导促进学生发展——上海交通大学附属中学的

实践探索[J]. 上海教育科研, 2012 (5): 45-48.

[26] 刘静. 高考改革背景下高中生涯规划教育的重新审视[J]. 教育发展研究, 2015, 35 (10): 32-38.

优化学校内外管理　促进学校内涵发展
实现师生共同成长

案例小组名单

小组成员：罗锐杰　广州市第六十五中学

　　　　　曹城锋　广州市启聪中学

　　　　　王万里　广州市第六中学

　　　　　张献杰　广州市第七中学

　　　　　梁毅明　广州市番禺区石楼镇第二中学

导　　师：刘志华　吴海洋

　本章通过文献论述了学校内外管理的含义、国内外学校管理的状况，以及学校内涵发展的含义和途径。结合跟岗学校的案例及校长们所在学校的实际情况，总结反思学校内涵发展的途径和方法。从案例分析回到主题，从案例中总结典型的经验和启示，阐述了促进学校内涵发展和实现师生共同成长的途径和方法，并提出了优化学校内外管理的启示与建议。

第一章 引　言

改革开放以来，我国基础教育发展很快，但是面对新的形势，人才培养的压力比以往更大。正如《国家中长期教育改革和发展纲要（2010—2020年）》（下文简称《纲要》）所指出的："当今世界正处在大发展大变革大调整时期。世界多极化、经济全球化深入发展，科技进步日新月异，人才竞争日趋激烈。我国正处在改革发展的关键阶段，经济建设、政治建设、文化建设、社会建设以及生态文明建设全面推进，工业化、信息化、城镇化、市场化、国际化深入发展，人口、资源、环境压力日益加大，经济发展方式加快转变，都凸显了提高国民素质、培养创新人才的重要性和紧迫性。中国未来发展、中华民族伟大复兴，关键靠人才，基础在教育。"

当前我国中小学教育还存在许多问题，正如《纲要》中所提到："面对前所未有的机遇和挑战，必须清醒认识到，我国教育还不完全适应国家经济社会发展和人民群众接受良好教育的要求。教育观念相对落后，内容方法比较陈旧，中小学生课业负担过重，素质教育推进困难；学生适应社会和就业创业能力不强，创新型、实用型、复合型人才紧缺；教育体制机制不完善，学校办学活力不足……"

要解决上述问题，必须转变教育发展方式和学校发展方式，《纲要》强调："要以学生为主体，以教师为主导，充分发挥学生的主动性，把促进学生健康成长作为学校一切工作的出发点和落脚点。""把提高质量作为教育改革发展的核心任务。树立科学的质量观，把促进人的全面发展、适应社会需要作为衡量教育质量的根本标准。树立以提高质量为核心的教育发展观，注重教育内涵发展，鼓励学校办出特色、办出水平，出名师，育英才。"

对于一个国家来说，提高教育质量的关键在于教师队伍、校长队伍和行政管理人员的素质。其中，校长的素质最为关键。中小学校长是学校改革发展的带头人，一个好校长，可以成就一所好学校。目前，全国31万所普通中小学的校长带领着1000多万专任教师，教育和影响着近2亿中小学生。尽管改革开放以来我国校长的素质已经有很大的提高，但从现状来看还存在一些问题：有些校长的素质还不能完全适应教育改革与发展的要求，职业定位不清，专业意识不强。为了进一步明确和规范校长的专业素质要求，教育部2013年颁布了《义务教育学校校长专业标准》，2015年2月颁布了《普通高中校长专业标准》《中等职业学校校长专业标准》和《幼儿园园长专业标准》。上述专业标准结构相同，由5个基本理念、6项专业职责和4方面实施要求等内容组成。校长专业标准明确提出了规划学校发展、营造育人文化、领导课程教学、引领教师成长、优化内部管理、调适外部环境等6项专业职责,体现了倡导教育家办学的要求,得到了教育理论界和广大中小学的广泛认同。其中,规划学校发展、营造育人文化体现了校长对学校的价值领导,是校长专业职责的灵魂;领导课程教学、引领教师成长体现了校长对学校的教学领导,这是提高教育质量的关键所在;优化内部管理、调适外部环境体现了校长对学校的组织领导,是提升学校办学水平的管理保障。校长的6项专业职责细化为10条专业要求,由专业理解与认识(3条)、专业知识与方法(3条)和专业能力与行为(4条)等3个方面组成,具有较强的指导性和规范性。

2016年,我们参加"广州市卓越校长班第八期"培训,在这期间我们既学习了有关理论,还聆听了许多专家讲座和优秀校长的办学经验分享。在广东第二师范学院培训期间,我们围绕校长专业标准展开小组合作探究。我们小组5名校长在导师吴海洋和刘志华的引领之下,选择《校长专业标准》中的"优化学校内外管理"进行深入的研究。我们通过文献查询,学习学校内外管理的含义和内容,了解当前国内外学校管理的研究现状,分析当前学校管理的现状和问题。我们认为学校内外管理包含的内容很多,对于多数学校来说,内部管理的重点在于各项规章制度的建设,外部管理的重点在于学校要充分利用外部资源协调好与社区的关系,争取家长的支持。经过广泛的调查和研究,我们认为在当前形势下,广州许多学校经过近20年的高速发展,规模已经达到一定的程度,硬件设施也基本完善,下一步提高教育、教学质量的关键是以培养学生的综合素质为目标,以促进学校的内涵发展为途径,以教师的专业发展为核心。经过反复商榷,我们将研究题目确定为"优化内外管理,促进学校内涵发展,实现师生共同成长"。

我们在深圳、重庆、大连、青岛的著名中学跟岗培训,每个学校跟岗1周,深入了解各学校的发展情况、管理经验和办学特色。这些学校都是当地知名的优质学校,共同的特点是:勇于改革、善于创新,以学生发展为本,精细管理、注重内涵。仔细观察和深入了解后,我们发现每所学校各有特点。我们小组5名校长分工合作,以案例研究的形式,围绕"学校内涵发展"这个主题,从不同侧面去收集资料,分析各个学校的先进管理经验。包括5个案例:师德建设促进学校内涵发展——以大连高新一中为例;理念文化促进学校内涵发展——以青岛二中为例;制度管理促进学校内涵发展——以深圳翠园中学为例;职业规划促进学校内涵发展——以青岛四十四中为例;克服职业倦怠,促进教师专业的可持续发展——以深圳龙岗外国语学校、大连八十中为例。案例分析之后,我们总结了各个学校优化内外管理、促进内涵发展的启示和建议。

第二章 文献综述

本文运用案例分析的研究方法，通过理论结合跟岗案例，得出怎样通过优化学校内外管理来促进学校内涵发展，从而实现师生共同成长。目标是实现师生共同成长，途径是"优化内外管理"，核心是"促进学校内涵发展"。

 学校内外管理的含义

（一）学校管理

学校管理是学校管理者通过一定的机构和制度，采用不定期的手段和措施，带领和引导师生员工，充分利用校内外的资源和条件，整体优化学校教育工作，有效实现学校工作目标的组织活动。学校管理的目标与其他物质生产部门不同，以育人为目标，必须要尊重人、理解人、关心人，学校管理具有人性化特征。学校管理表现为两个方面：一是国家和政府所属的各级各类教育机构对学校的管理，二是学校自身的内部管理。

 学校内部管理

（一）学校内部管理的含义

学校管理是教育管理的一部分，从管理学层面上来界定，学校管理是指各级各类学校的领导者和管理者对学校内部的各项事务（如教学、德育、人事、财务、总务后勤工作等）进行组织、协调和控制的管理活动，目的是有效地实现学校的组织目标和教育目标。显然，广义的学校管理包括学校内部管理和学校外部管理，狭义的学校管理指学校内部管理。

2004年2月，《2003—2007年教育振兴行动计划》中明确提出"深化学校内部管理体制改革，探索建立现代学校制度"。这一指导政策出台掀起了国内对建立现代学校制度研究与实验的热潮。2010年7月，教育部颁发《纲要》，系统地提出："适应中国国情和时代要求，建设依法办学、自主管理、民主监督、社会参与的现代学校制度，构建政府、学校、社会之间新型关系。"由此可以看出，学校内部管理主要表现在学校各项规章制度的建设。

（二）学校内部管理的内容

校长是履行学校领导与管理工作职责的专业人员，校长的专业水平和教育观念关系着学校发展和区域的教育教学质量。为贯彻党的十八届三中、四中全会精神，落实《纲要》和《国务院关于加强教师队伍建设的意见》，2015年1月，教育部研究制定了《普通高中校长专业标准》《中等职业学校校长专业标准》《幼儿园园长专业标准》。标准要求校长既要有先进的办学理念，又要有先进的管理水平。要求校长要具备5个方面的办学理念：以德为先、育人为本、引领发展、能力为重、终身学习。校长的专业职责分为6个领域，包括规划学校发展、营造育人文化、领导课程教学、引领教师成长、优化内部管理、调适外部环境。每个领域从专业理解与认识、专业知识与方法、专业能力与行为等3个层面提出10条标准。以《普通高中校长专业标准》为例，优化内部管理包括10条标准①：

（1）坚持依法治校，自觉接受师生员工和社会的依法监督。

（2）崇尚以德立校，廉洁奉公、为人表率、处事公正。

（3）实行科学管理和民主管理，坚持教书育人、管理育人、服务育人。

（4）熟悉国家相关政策及其对校长的职责定位和工作要求。

（5）把握高中学校管理的基本规律，掌握学校管理的基本理论与方法，了解国内外学校管理的先进经验与发展趋势。

（6）熟悉学校人事财务、资产后勤、校园网络、安全保卫与卫生健康等管理实务。

（7）形成学校领导班子的凝聚力，认真听取党组织对学校重大决策的意见，充分发挥党组织的政治核心作用，加强学校管理队伍建设。

（8）尊重和支持教职工代表大会参与学校管理的民主权利，定期向教职工代表大会报告工作，实行校务会议、校务公开等管理制度。鼓励师生员工参与学校管理。

（9）健全学校人事、财务、资产管理等管理制度，将信息化手段引入学校管理，提高学校管理的专业化水平。不得违反国家规定收取费用，不得以向学生推销或者变相推销商品、服务等方式谋取利益。

（10）努力建设平安校园，建立和完善学校各种应急管理机制，定期实施安

---

① 教育部：《教育部关于印发〈普通高中校长专业标准〉〈中等职业学校校长专业标准〉〈幼儿园园长专业标准〉的通知》，中华人民共和国教育部网站，http://www.moe.gov.cn/srcsite/A10/s7151/201501/t20150112_189307.html。

全演练，排查安全隐患，正确应对和妥善处置学校突发事件。

 学校外部管理

（一）学校外部管理的含义

学校的管理活动是在同社会各方面的交往中进行的，是在不断协调内部师生员工人际关系中进行的。从公共关系学层面来说，学校外部管理主要指学校对外部公共关系的管理。学校的公共关系主要包括与地方教育行政部门的关系、与社区间的关系、与学生家长的关系。因此，学校外部管理要做到三个方面。

1. 接受地方教育行政部门的指导和监督

地方教育行政部门指省、地（市）、县（市）、乡（镇）的教育行政机构。《中共中央关于教育体制改革的决定》中指出："基础教育管理权属于地方。除大政方针和宏观规划由中央决定外，具体政策、制度、计划的制定和实施，以及对学校的领导、管理和检查，责任和权力都交给地方。"也就是说，普通中小学与地方教育行政部门的关系是领导与被领导、管理与被管理的关系。因此，普通中小学首先要自觉地接受地方教育行政部门的管理，包括办学方向、培养目标和教育过程都需要得到地方教育行政部门的理解和支持。其次要自觉地接受地方教育行政部门的检查和监督。

2. 协调好与社区的关系

社区是由居民家庭、社团、企业等组成，是学校外部环境的重要组成，对学校的生存和发展有重要的影响。学校的一切活动都有赖于社区的支持与协调。社区的商业活动、文化活动、交通状况、环境卫生对学校都有很大的影响。当前社会上的不良网吧、游戏、电影、书刊、歌曲等对中小学生的危害极大。一些单位以营利为目的，任其泛滥成灾，危害青少年的身心健康。这就需要学校与社区相互沟通，共同治理。同时，学校的各项活动，如体育运动、文艺会演、社会实践，需要社区的支持；学校的安全管理和环境卫生需要社区提供保障；学校的后勤服务如水电供应、公共交通等都需要社区的支持。

3. 争取家长的支持与配合

家庭教育对于中小学生的成长有重要的影响。目前，在校中小学生大多是独生子女，家长对子女的付出多，期望高，对学校和老师的期望很高。如果学校和家长产生隔阂，不能相互沟通，达成目标一致，就会对学生产生不良影响。因此，学校需要争取家长的支持与配合，这样才能共同教育好学生。

（二）学校外部管理的内容

在教育部颁发的《普通高中校长专业标准》中第六项：调适外部环境，要求校长从专业理解与认识、专业知识与方法、专业能力与行为等 3 个层面做到 10 条标准：

（1）坚信营造学校与家庭、社会（社区）支持性的发展环境是学校发展的基础与重要保障。

（2）重视学校与家庭、社会（社区）的沟通，把与社区的良性互动作为办学水平的重要体现，将服务社会（社区）作为学校的重要功能。

（3）坚持学校、家庭、社会（社区）合作共赢的原则，增强学校对外交流的主动性和创新性。

（4）掌握学校公共关系及家校合作的理论与方法。

（5）熟悉社会公共服务机构的教育功能，掌握开发和利用社会资源的知识与方法。

（6）掌握与家庭、社会（社区）、学校、各类媒体等沟通的方法与技巧。

（7）树立学校的良好形象，加强校际合作，整合办学资源，优化育人环境，争取社会（社区）对学校的大力支持。

（8）充分发挥家长委员会的积极作用，接受改进学校工作的合理建议，完善家庭和社会（社区）参与学校管理的机制，主动与社区建立合作关系。

（9）健全家校合作育人机制，建立教师家访制度，通过家长学校、家长会、家长开放日以及信息化通信手段等多种形式，帮助家长了解学校情况和学生身心发展特点，指导家长掌握科学的家庭教育方法。

（10）积极发挥学校在社区建设中的文化引领作用，鼓励并组织学校师生参与服务社会（社区）的有益活动。

国内外学校管理的研究状况

（一）国外关于学校管理的研究

上海师范大学教育管理硕士叶愿愿选取由美国、英国和澳大利亚编辑出版的国际教育管理的顶级综合性刊物（EAQ、EMAL 和 JEA），以此为素材，研究国际教育管理的发展趋势，在 2015 年完成她的研究论文《教育管理研究的当前态势——基于 2011—2014 年国际专业期刊的分析》。从中我们可以了解当前国际上关于学校管理的研究动向。

1. 校长的职业发展是研究重点和热点

2011—2014年，EAQ、EMAL和JEA三本教育管理学生期刊发表最多的文章是有关校长的职业发展，其中论述比较多的主题是校长培养、校长培训和发展研究，这说明如何培养学校领导是各国政府和学术界共同关注的焦点，发达国家多把重心放在设计有效的校长培训和发展项目上。

2. 教师管理和专业发展是学校管理的重心

学校工作的核心是教与学，如何领导课程，如何管理教学，怎样促进教师的专业发展成为学术界关注的另一个热点。

3. 注重教育领导理论的建构与发展

近几年随着社会发展，人们对教育的期望越来越高，传统、单一的领导模式难以适应教育发展的需要，分布式领导是20世纪90年代提出的一种新的教育领导理论，受到许多学者和专家的青睐。美国、英国、澳大利亚、加拿大等国已开始把这一理论应用于学校管理实践，并取得一定的成效。分布式领导是指分布于学校组织中的领导者、追随者和特定情境交互作用的一种领导实践理论，它强调领导的实现是领导者与其他因素交互作用的结果，而不是领导的个人行为的作用。

萨乔万尼对学校领导者的角色进行了重新定位，他认为"校长的第一要务并不是直接改进课堂教学和学生的表现，而是树立目标、培育文化、发展具有共享价值观的学习共同体，然后通过分布于组织中各个工作团队的领导'流'来改进课堂教学和学生的表现"。分布式领导模式更少关注校长个体的能力、技能和才智，更加重视创造性的领导行为、领导活动的集体责任；更少关注"领导者"的特征上，更多集中于创造性学习和培养领导能力的共享环境上。

分布式领导有三种类型：合作式分布（如几个领导者一起工作）、集体式分布（例如同一班级的各科老师共同协商教育学生）、协同式分布（为了完成某些任务，在不同的教育实践中，必须有一个特定的主次顺序）。分布式领导理论对于我国学校管理有一定的启示，近几年有许多地区和学校提倡扁平式管理，就是受这种思潮的影响。

4. 加强学校外部管理

外部环境是影响学校发展的重要因素，加强地方教育行政管理是学校外部管理的热点，其次是学校与社区和家长的关系。20世纪末，英国教育政策扩大了学校的自主权，加强学校自治，外部行政管理有些弱化。相对来说，我国的学校管理对于如何加强外部管理的研究非常欠缺。

5. 关注学校文化建设

有关学校组织的研究主要表现在学校文化的建设，其次表现在学习型组织的研究。学习型组织的建设有助于推动学校发展。

6. 推动社会公平教育

2014年，美国纪念布朗案60周年，EAQ以专刊的形式围绕社会公正展开讨论，目前大量拉美裔和非洲裔学生的教育状况有待改善。

（二）国内关于学校管理的研究

浙江师范大学教育经济与管理硕士王玉以人大复印资料《中小学管理》1982—2010年发表的文章为样本，研究中小学管理研究主题的变化，于2012年发表她的硕士论文。从中我们可以分析国内学校管理近30年来的研究热点和发展趋势。人大复印资料《中小学校管理》从1982年创刊到2010年，总共发表文章3276篇，其中学校行政管理、学校管理思想、教师管理、学生管理四个主题占的比例最大。

学校行政管理的论文1050篇，占32%。行政管理研究覆盖的内容较多，其中校长管理684篇，占65.1%；规范教育行政法规105篇，占10%；学校民主管理23篇，占2.2%；学校档案管理7篇，占0.7%。中小学校管理是实践性很强的应用学科，研究目的是要解决实践中面临的问题，因此多数专家学者都围绕学校行政管理的个案进行行动研究。

教师管理的论文共有882篇，占27%。在课程改革的过程中，新的课程理念对教育工作者提出了新的更高的要求。教师专业发展是教师在充分认识教育意义的基础上，不断提升精神追求，增强职业道德，掌握教育规律，拓展学科知识，强化专业技能和提高教育教学水平的过程。因此，如何加强教师管理，促进教师的专业发展成为推动学校发展的重要途径。

学校管理思想方面的论文804篇，占25%。关注的内容有学校管理理念、人才培养目标和内容等。学校管理理念多关注校长的思想、国家教育政策导向，以及素质教育中的问题。人才培养主要关注素质教育、课程改革、人文素养培养，主要围绕校本、师本、生本，以及如何创建和谐校园。

中小学学生管理的论文相对较少，213篇，占6%。主要原因是从校长管理的层面来说，直接的管理对象是学校中层领导干部和教师。

学校内涵发展的含义和途径

从以上分析可知，当前，无论是国外还是国内，学校管理的重心在于内部管理，怎样促进师生的健康发展、和谐发展这才是学校管理的最终目标。当前中小学校的内涵发展已经成为我国基础教育管理领域的热点，成为广大中小学校深化课程改革、落实素质教育目标的新抓手。

(一) 学校内涵发展的含义

有研究者认为，根据学校的主体、主题、内容以及特点，可以将学校发展的历程分为三个时期：规模扩张期、质量提升期和内涵发展期，在不同时期有不同的侧重点。规模扩张期处在学校发展的低级阶段，内涵发展处在学校发展的高级阶段，更多是出于学校发展的内在需求，是一种精细化的发展。内涵发展是学校内在的、本质的发展，呼应学生全面而有个性的发展诉求，更符合当代社会对学校教育的要求。郑金洲在《学校内涵发展：意蕴与实施》中这样界定学校内涵发展的含义：学校内涵发展是相对于规模发展的质量发展，是相对于粗放发展的精细发展，是相对于同质发展的特色发展，是相对于模仿发展的创新发展。

(二) 学校内涵发展的途径

学校内涵发展的终极目标是促进学生全面而又个性地发展，因此学校内涵发展的途径可以从四个方面考虑。

1. 办学理念提升是学校内涵发展的灵魂

学校内涵的发展，首先要从教育思想的源头抓起，校长要通过集思广益，形成符合本校实际的办学思想。办学理念、培养目标、发展策略和学校特色等的定位都要得到学校共同体，包括校长、领导班子、中层干部、教师、学生、家长，甚至后勤人员，目标确定要得到大家的认可，引导大家形成共同的愿景，将学校的办学思想转化成为学校内涵发展的灯塔，成为教师日常工作的标杆，激励师生努力进取。

2. 教师队伍建设是学校内涵发展的基础

教师的能力发展与课程建设、学生素质的提升，以及学校方方面面的工作息息相关，只有教师发展了，才能带动学生发展。随着现代教育改革的推进，教师专业发展已经被视为教育改革的核心要素，它能重建和振兴一个国家的教育希望。

3. 课程结构优化是学校内涵发展的关键

长期以来，我国对课程改革的思考主要停留在外在形式和表现上，忽视学科内在的教育价值和培养功能，而这是课程改革不能回避的问题。20 世纪 60 年代，美国教育家布鲁纳提出了"学科结构论"，从微观层面理解各学科的结构，并倡导每个学科的课程结构优化。在我国，谈到课程结构改革，人们考虑更多的是学科课程与活动课程、综合课程与分科课程、选修课程与必修课程的比例调整。要在宏观层面上优化课程结构，关键还是要做好顶层设计，要立足于学校的办学理念和培养目标确定国家课程、地方课程与校本课程的结构关系，明确在三类课程的框架下如何拓宽教学领域，形成学校的特色课程，最终实现学校的培养目标。

4. 学生全面发展是学校内涵发展的宗旨

学校所有的发展举措最终还是要落实到学生身上,因此要实现学校的内涵发展,我们首先要弄清楚一个问题:我们期望学生成为怎样的人?尽管目前社会各界对教育的关注主要集中在考试分数上,但作为教育者,我们应该明晰:教育的本质是促进学生全面发展。德国哲学家和教育家雅斯贝尔斯在《什么是教育》中提出:"教育的原则是通过现存世界的全部文化导向人的灵魂觉醒之本源和根基。"随着我国基础教育改革步入深水区,"全面而有个性地发展"成为目前基础教育改革的重要思路。《纲要》指出:"坚持全面发展。坚持文化知识学习与思想品德修养的统一、理论学习与社会实践的统一、全面发展与个性发展的统一。"因此,促进学生"全面而又个性地发展"应该贯穿于学校内涵发展的整个过程之中。

第三章　现状及问题

 当前中小学教育管理普遍存在的问题

（一）重教学，轻教育

当前受应试教育思想的影响，中小学阶段过分重视知识教育，忽视对学生品德和习惯的养成，对学生评价主要看考试分数，生活中的其他问题由学校和家长大包大揽，导致学生缺乏意志薄弱，难以与人合作，进入了大学或者成人之后，难以适应社会，难以独立承担责任。教育问题说到底还是培养什么样的人、怎样培养人的问题。学校和教师的一切努力，最终要转化为学生的自觉行动，这才是教育的成功。因为我们培养的是未来事业的接班人，所以我们不仅要关心学生的学习结果，更要关心学生的学习动机和学习目的；不仅要关心学生的学习成绩，更要关心学生的学习行为和学习习惯。今天的教育管理中的众多失败，首要原因就是我们的教育过多强调教学内容的科学性和思想性，淡化了教学过程的教育性。

（二）重眼前，轻发展

学校是为未来社会培养人的，学校教育的公益性与功利性是相悖的。学校管理和学生教育工作中只顾眼前而不顾将来的行为是很危险的，特别是对学生世界观、人生观、价值观的形成是极其有害的。邓小平同志曾经说过，"宁可牺牲一点儿速度，也要把我们的教育问题解决好"。在学校的管理中，特别是涉及学校、教师和学生的发展的问题，存在着众多的以牺牲将来的可持续发展而换取眼前成绩和效益的现象，这与兴办学校的初衷相违背。这其中既有管理者的理念问题，也有管理者的思想问题。

（三）重使用，轻培养

在教师的教育、培养、使用和管理中，很多的学校重视了教师的使用，忽视了教师的培养；强化教师的业绩考核，淡化教师的专业引领。究其原因，不仅是教师培养成本的问题，很大程度上是对教师培养的观念问题。学校内部教师的整体素质提高，才是学校持久发展的动力。促进教师的专业发展不仅关系到一个学校的生存与发展问题，也关系到整个教育事业的兴衰。

（四）重形式，轻落实

重形式而轻落实存在于学校管理的诸多的方面。在学校行政工作中的计划、总结、管理，教学工作中的教研活动管理，德育工作中的思想教育管理等方面，普遍存在着这种重计划、轻落实、重总结的"两头重、中间轻"的现象，到头来只能流于形式，玩文字游戏，做表面文章。落实过程不认真是因为我们对执行过程没有给予足够的重视。看起来是淡化了具体的落实，实际上是淡化了责任意识。

（五）重考核，轻过程

目前，许多地区、许多学校都很重视量化考核。注重"考核"，强调细节，这本身无可厚非，但是教育是"良心工程"，过于强化考核的评价和甄别作用，就会弱化考核的监控和教育功能。正如有的老师说："运动会前一通练，运动会后就解散；卫生评比忙一通，评比之后乱哄哄；检查来时一通忙，检查过后回原样……"更可怕的是，这样的管理、教育，会给学生留下什么？这种重考核、轻过程的管理使德育、智育、体育、美育、劳动教育的功能降低，甚至是失去了其应有的教育性。重考核、轻过程的管理，不仅违背了养成教育的原则，甚至可能诱导出"为达目的不择手段"的恶果。

（六）重学生，轻教师

新课程改革的过程中，为了纠正过去"重传授轻引导"，为了培养学生的自主学习能力，有的学校提出"一切为了学生""学生是上帝"等教育信条，矫枉过正，这个提法不够理性。作为学校的管理者，我们除了要重视学生的自主发展，更要重视教师的发展。就学生和教师地位而言，教师作为学校管理者和学生的教育者，对师生双边关系应承担更多的责任。但是，作为学校管理者，不能因此而忽视对教师的教育、引导和必要的帮助。特别是在价值观念多元化的时期，教师的价值观念也会出现混乱，需要学校管理者加以及时的引导，否则会造成教师严重的认知失衡和心理障碍。据调查，目前我国教师队伍中60%以上（中学教师70%以上）都存在着各种各样的心理健康和职业倦怠问题，这不能不引起我们教育管理者足够的重视。

"立德树人"的时代要求

2012年，党的十八大报告强调：把立德树人作为教育的根本任务，培养造就中国特色社会主义事业的建设者和接班人。将"立德树人"的定位置于"全面发展"之上，这是以习近平同志为核心的党中央继承、丰富和发展党的教育方针的集中体现，是对党的全面发展的教育方针的重大发展，是党的教育理论创新的最新成果。

（一）"立德树人"的内涵

"立德树人"具有三个层面的深刻含义：

（1）立德树人揭示了教育的本质，是对教育本质的最新认识。教育的本质是培养人，这是古今中外的共同认识。党的十八大把立德树人作为教育的根本任务，无疑是对教育如何培养人这一本质的新认识。

（2）立德树人揭示了德育在人的全面发展中的突出地位，强调促进人的德行成长是教育的首要任务。

（3）立德树人揭示了道德发展与人的全面发展的辩证关系，强调德行成长是人的全面发展的根本保障，体现了党对教育规律的深刻认识。习近平总书记要求各级各类学校必须坚持立德树人。习近平总书记在会见中国少年先锋队第七次全国代表大会代表时寄语全国各族少年儿童，广大青少年要从小学习做人。要学会做人的准则，就要学习和传承中华民族传统美德，学习和弘扬社会主义新风尚，热爱生活，懂得感恩，与人为善，明礼诚信，争当学习和实践社会主义核心价值观的小模范。2013年10月1日，习近平总书记在给中央民族大学附属中学全校学生的回信中，要求学校承担好立德树人、教书育人的神圣职责。在致清华大学建校105周年贺信中，习近平总书记强调，站在新的起点上，清华大学要坚持正确方向，坚持立德树人，坚持服务国家，坚持改革创新。

（二）"立德树人"是实施素质教育的根本目的

党的十八大以来，习近平总书记多次强调，要深化教育改革，推进素质教育，创新教育方法，提高人才培养质量，努力形成有利于创新人才成长的育人环境。2016年9月9日，习近平总书记在视察北京市八一学校时指出，"素质教育是教育的核心"。坚持立德树人，实施素质教育，需要推进五个方面的改革。

1. 建立协调各方的共同育人观

习近平总书记强调，基础教育是全社会的事业，需要学校、家庭、社会密切配合。立德树人包含在德育、体育、美育之中，包含在各门课程之中，包含在课内课外活动之中。

2. 建立育人为本的教师职业观

习近平总书记反复强调教师的职业道德建设，教师的工作是塑造灵魂、塑造生命、塑造人的工作。他要求广大教师必须把立德树人作为自己的根本任务，要做"四有"好老师，要做"四个"引路人。

3. 建立育人为本的学科教育观

人类早期教育是与社会生活实践融为一体的，教育的功能也是融知识、技能、做人教育于一体的。只是伴随着人类社会生产力的提高，特别是现代工业社会的出现，学校才逐渐从社会生产实践中独立出来，并随着科学的发展，形成了日益鲜明的分科教育。就教育本质而言，任何学科都是教育的工具，都是以学科为载体培养人的，而不是相反，把学科知识传承作为学科教育的主要任务。从这个意义上讲，每位教师都必须树立育人为本的学科教育观，在承担学科知识传承任务的同时，担负起学科教师育人的基本职责。各级教育行政部门要大力推进"全员育人导师制"。

4. 统筹推进学生的全面发展，加强德育

习近平总书记强调，要用好课堂教学这个主渠道，思想政治理论课要坚持在改进中加强，提升思想政治教育亲和力和针对性，满足学生成长发展需求和期待，其他各门课都要守好一段渠，种好责任田，使各类课程与思想政治理论课同向同行，形成协同效应。一要改进智育。要注重学思结合。要勤学，下得苦功夫，求得真学问；要坚持知行合一；要注重因材施教；要注重运用现代信息技术，构建网络化、数字化、个性化、终身化的教育体系，建设"人人皆学、处处能学、时时可学"的学习型社会。二要强化体育。身体是人生一切奋斗成功的本钱，少年儿童要注意加强体育锻炼，家庭、学校、社会都要为少年儿童增强体魄创造条件，让他们像小树那样健康成长，长大后成为建设祖国的栋梁之材。三要更加重视美育。美育是审美教育，也是情操教育和心灵教育。党的十八届三中全会强调："改进美育教学，提高学生审美和人文素养。"四要加强劳动教育和文化育人。习近平同志强调，劳动是人类的本质活动，劳动光荣、创造伟大是对人类文明进步规律的重要诠释。要教育孩子们从小热爱劳动、热爱创造，通过劳动和创造播种希望、收获果实。与此同时，习近平总书记特别强调要更加注重以文化人以文育人，加强中华优秀传统文化和革命文化、社会主义先进文化教育。

5. 树立育人为本的教育政绩观和教育评价观

一要建立育人为本的教育政绩观。用单纯的考试升学"指挥棒"指挥学校教育，结果导致学校教育违背"育人为本"的教育本质，背离党的全面发展教育方针，脱离了科学发展的基本轨道。《纲要》强调："要把推进教育事业科学发展作为各级党委和政府政绩考核的重要内容，完善考核机制和问责制度。"二要建立育人为本的教育评价观。各级教育行政部门要建立符合全面依法治教、贯彻党的教育方针、实施课程方案、促进学生全面而有个性发展的教育质量评价体系。要建立健全学生素质档案评价制度，把过程性评价作为学生毕业的基本要求；深化考试招生制度改革，形成分类考试、综合评价、多元录取的考试招生模式，构建衔接沟通各级各类教育，认可多种学习成果的终身学习立交桥。

第四章 案例分析与借鉴反思

案例1：师德建设促进学校内涵发展——用党建带动全局，用红色辐射全体，大连高新一中师德建设

党的十九大报告提出加强思想道德建设，人民有信仰，国家有力量，民族有希望。优先发展教育事业。建设教育强国是中华民族伟大复兴的基础工程，必须把教育事业放在优先位置，加快教育现代化，办好人民满意的教育。要全面贯彻党的教育方针，落实立德树人根本任务，发展素质教育，推进教育公平，培养德智体美全面发展的社会主义建设者和接班人。加强师德师风建设，培养高素质教师队伍，倡导全社会尊师重教。从国家对教育的顶层设计可以看出，加强师德师风建设，立德树人是教育管理中核心要解决的问题。大连高新区第一中学从党建工作出发，让每一个党员团结在党支部周围，每一个群众团结在党员周围，充分发挥社区和党员家长的辐射作用，形成合力，凝聚力量。

大连高新区第一中学成立于2010年9月。建校伊始，面对一支来自四面八方的教师队伍，首要之事就是统一思想、化零为整、凝聚力量，让大家找到共同的精神家园，达共识同理想，齐迈进成一体。于是，学校党政领导班子进行调研，调研后发现学校近半数教师是党员，多人获得不同级别的优秀共产党员称号。因此，学校决定从党建做起，从党员抓起，红色凝聚，红色引领，建立了"用党建带动全局，用红色辐射全体"的发展格局，明确提出了"红色一中，党员学校"的奋斗目标，并从"组织建设""思想建设""队伍建设""作风建设""阵地建设"和"制度建设"等六个方面开启了党建工作的里程。目标明确之后，学校开始建组织、构体系，构建自己的"红"图。

一、组织建设着力"两个规范"

（一）规范组织架构

学校形成了书记、副书记和组织委员、宣传委员、纪检委员五人核心支委，又以年级为单位成立了三个党小组。每次党员活动前支部都召开支委会，认真研究会议的内容、形式，甚至可能出现的情况。凡事想在前头，会前商议，会中带动，会后小结。分合有序，点面相连。

（二）规范组织活动

学校的日常教育教学工作都很繁重，每一个新学期前都对党员的活动时间和方案进行细致安排，按计划完成相应的任务。同时建立严格的学习考勤制度。为保证学习效果，支部每次都把学习的时间安排和具体内容事先通知全体党员，请

大家提前安排好工作，按时参加学习，并就讨论内容做好发言准备。力争做到每月必开，每开必至，每至必得，每得必效。有了组织架构的支撑，就像有了播种的田园，冬酿、春种、夏育、秋收。时时有计划，处处见精神，人人播火种，事事显光荣，仿佛一片广袤的田野，耕耘红色的希望。

二、思想建设强化"四个意识"

要把党员这支队伍建设成"政治坚定、公正清廉、纪律严明、业务精湛、作风优良"的战斗集体，在工作中强化"四个意识"。

（一）强化队伍的创新意识

结合社会科学发展规律和学校办学理念，要求大家多读书、勤思考，多从文化、红色、创新的角度和高度上研究学校发展"文化党建、红色一中"的新途径、新方法，明确"创新就是生命力""创新就是一中"的使命感。

（二）强化服务意识

党员工作的落脚点就是服务，从这样的站位出发，坚持围绕学校党支部和行政的中心任务，服务学校工作大局，找准工作的切入点，正确处理抓党风廉政建设和促进教育教学改革发展的关系，为学校的改革、发展和稳定创造了良好的软环境。

（三）强化责任意识

为时刻牢记自己的光荣身份，每一次大型党员活动都要重温入党誓词，铭刻"我们是党员"的思想，强化"我们必须担当"的意识。誓言如钟，党员如松。每一个党员都清醒着责任，践行着誓言，带动着前进。

（四）强化"以人为本"意识

贯彻"植养人文气韵"的办学治校理念，在日常教育教学中，注意保护调动积极因素，化解矛盾和消极因素。在学校教师职务聘任等工作中主持公正和公平，维护党员干部和广大教职工的利益，关爱教职员工思想、身体和生活，确保学校事业的和谐发展。

思想建设集结了思想，统一了认识，每一个党员团结在党支部周围，每一个群众团结在党员周围，形成了合力，成了一中的"定海神针""中流砥柱"，支撑着学校的发展，为纯正校风、红色教育奠定了牢固的思想基础。

三、阵地建设打造"三个地方"

（一）活动的地方

党员学习活动是非常严肃庄重的事情，为了增强其神圣感，学校党支部特别建设了党员活动的固定地方——红色基地。党员亲手为这个基地摆花树、铺红毯、置党旗、写主题、献红歌。如今，这个红色基地也正在被党员们建设成有国旗党旗背衬，有党史党徽铭刻，有先进模范激励，有一中荣誉见证的精神家园。很多党员都说，每一次迈进"红色基地"，头上都像有太阳照耀，光环闪烁，顿时产生一种使命感、责任感。如今，为了使党员的"红色基地"更具红色与文化，党员们正在设计改造着其格局和布施，以期用红色和文化的环境熏陶与感染，让心灵更近，让灵魂更红，让使命感更强，让责任感更大。

（二）宣传的地方

学校的宣传橱窗，每一期都有"党员天地"，每一期都有一个主题，有关党的理论知识、校内外党员的先进事迹、学校党员的文学创作、教育教学的闪光镜头……特别是在建党90周年的日子里，党支部特创了"党员专号"，整个橱窗以迎风飘扬的党旗为背景，上面用每一个党员的名字组成了一个金光闪闪的"镰刀斧头"形状，又在其余的空间镶嵌上了党员精心选择的见证中华民族走向伟大复兴的励志照片以及每一个党员写给祖国、党的美好祝福和铮铮誓言。橱窗设计好后，每一个党员都分外自豪，每一个来访者都为之感叹。这个小小的橱窗，打开了热爱的窗口，熏陶着每一个向阳的心，激励着每一个奋斗的人，成为校园里燃烧的红霞。

（三）工作的地方

党员工作的地方，设置党员光荣岗。在办公室里，党员的位置上都有一个写着"共产党员"的红色的标志牌。每一个党员都把这个牌子放在自己座位的正前方，时刻提醒着自己是党员，引领并带动着其他的老师共同进步。同时，也对学生起到了榜样的作用，使他们树立起正确的人生价值观，憧憬热爱并追随我们的党。党员的阵地，都以"我们是党员"命名，走在前列，感染群体，形成较浓郁的红色气场，熏陶每一个向上的生命。目所及处，不是鲜活的党员群体，就是校园文化中跳跃着的中国红。纯洁、忠诚、阳光、乐观、奉献、团结、激情、友爱，红色元素在一中凝聚成生命的主题，升腾着活力与希望。

四、作风建设凝结"三个风气"

（一）做人的风气

教师首先要做好自己。"其身正，不令而行，其身不正，虽令不从。"面对诱惑，党员领导首先严词拒绝，不但自己不图、不拿、不收、不用，还时时提醒教育大家要"光明磊落""身正心轻""心底无私天地宽"。为此，党支部还特意召开了"纯洁党性，坚守本心"的讨论活动，大家学习党中央的"七一"讲话精神和"保持党员纯洁性"的讲话精神，预防腐蚀、拒绝贪图、深入剖析、警醒自律，相互监督，保持党员的纯洁性，保持党的肌体健康。在党员领导的带动下，"廉洁"已在学校蔚然成风。

（二）学习的风气

党的发展历程告诉我们：理论上的成熟是政治上坚定的基础，理论上的与时俱进是行动上锐意进取的前提，思想上的统一是全党步调一致的重要保证。这些都要通过学习获得。在一中，党支部每学期都有"读书交流会"，教学部门有

"科研峰会"，德育部门有"文化德育"的科研课题和"班主任论坛""读书文化节"。每一次学习任务，每一次论坛峰会，党员都一马当先，誓做学习和改革的先导。在党员的带动下，全校读书学习的气氛越加浓郁，师生都已喜欢上阅读，大家在读书中醒悟，在学习中提升。读书学习已成为一中美好的习惯。

（三）教学的风气

践行科学发展观，教学思想、教育改革必然与时俱进，勇立潮头。建校伊始，一中党支部就确定了有一中特色的教育教学改革之路，党员带动教师，通过对省级科研课题"情动五环"的确立和深入实践研究，形成了较为浓郁的教研风气，党员走在教改的前列，科学践行着科研立校的发展方向，使学校成为辽宁省课改示范校。

在一中，党员干部带动大家倡导"正气凛然"，倡议"拒绝诱惑"，倡学"莲花高洁"，倡做"党员高风亮节"。有的多是学习的事、红色的事、读书的事、创新的事。我们纠正着偏斜，刚正着人格，引领着科学发展，简单而纯粹，干净而美好。

五、队伍建设塑造"三个典型"

（一）典型人物

每一个榜样都会让人敬而效仿，形成无声的效力，让美好蔚然成风。在一中，我们已形成了"发现典型、跟踪典型、树立典型、学习典型、争做典型"的美好习惯。每一个党员的每一点星光，都会在这里得到尊重、赞誉，熠熠生辉。党员牵引着群众前行，群众环绕着典范迈进。前者呼后者应，在榜样的感召下，前赴后继。

（二）典型活动

围绕学校党建"红色、文化、创新"的主题和特色，结合国内外时事政治，结合国家党建政策，结合学校办学理念和党员发展特点，一中党支部定期进行学习活动。每学期五个月，每个月一个小主题。

（三）典型培养

习近平总书记在"七一"讲话中谈道："源源不断培养造就大批优秀年轻干部，是关系党和人民事业继往开来、薪火相传的根本大计。"在一中，坚持以更宽的视野、更高的境界、更大的气魄，广开进贤之路，把各方面优秀人才及时发现出来，合理使用起来。对于教师，选拔任用那些政治坚定、有真才实学、实绩突出、群众公认的干部，形成"以德修身、以德服众、以德领才、以德润才、德才兼备"的用人机制。对于学生，党员群体始终关注着学校的共青团组织，关爱着青少年健康蓬勃的发展。让优秀的团员紧密团结在党员的周围，热爱党、向往党，带动全校学生向美好共进。通过这些建设，一中党员筑起了心的长城。他们的真诚和热爱与岁月常在，与良心共鸣，与信仰同辉。

六、制度建设做实"三段管理"

一段从纪律开始。美好是一种自觉，必须以纪律为前提。旁逸必究，斜出必正。建校伊始，党支部就建立了"高新一中党员守则"：一是多奉献，不贪图；二是多带头，不滞后；三是多服务，不算计；四是多自律，不自私；五是多自省，不抱怨；六是多信任，不猜疑；七是多团结，不诋毁；八是多纯真，不复杂；九是多学习，不落伍；十是多创造，不固守。大家把守则铭记于心，落实于行，心得于册，用时间见证着考验，用习惯塑造着光荣。

二段从常规进行。常规是一种习惯，是日常工作常态的美好。平常日子，学校会采取"三会一课"制度、党员汇报制度听取建议、落实任务、发现问题、解决困惑、学习理论、提升修养……这些严格充实我们的美好常态。

三段是后期评议。党支部听取党员的建议，建立了简单、人文的党员"创先争优"制度——"一亮二比三评四成"。一亮：亮形象；二比：比红色、比文化；三评：领导评议、党员互评、群众评议；四成：成习惯、成风气、成旗帜、成精神。根据这个评比制度，在学期末党员民主生活会的时候展开讨论和评议。一中党员带动全体在简单中真诚，在真诚中向上，在向上中自觉，在自觉中提升，在提升中光荣！

一路走来，在红色精神的带领下，学校70%的老师是党员，一中的浩然正气有口皆碑。红色已成为一中的颜色，为发展和壮大奠定了深厚的根基。红色也已成为一中行走的力量和风景，激励一中人为实现梦想而不断追寻！

七、反思与借鉴

教师所从事的职业是教育人，塑造人的事业。教师的道德观、世界观、人生观、价值观都潜移默化地影响学生。因此，教师道德素质比教师文化素质更为重要，作为教师必须加强自我道德修养，向更高的道德水平发展。《中共中央国务院关于全面深化新时代教师队伍建设改革的意见》中关于教师师德的要求如下：突出师德，把提高教师思想政治素质和职业道德水平摆在首要位置，把社会主义核心价值观贯穿教书育人全过程，突出全员、全方位、全过程师德养成，推动教师成为先进思想文化的传播者、党执政的坚定支持者、学生健康成长的指导者。着力提升思想政治素质，全面加强师德师风建设，具体做好三个方面的工作。

（一）加强教师党支部和党员队伍建设

将全面从严治党要求落实到每个教师党支部和教师党员，把党的政治建设摆在首位，用习近平新时代中国特色社会主义思想武装头脑，充分发挥教师党支部教育管理监督党员和宣传引导凝聚师生的战斗堡垒作用，充分发挥党员教师的先锋模范作用。选优配强教师党支部书记，注重选拔党性强、业务精、有威信、肯奉献的优秀党员教师担任教师党支部书记，实施教师党支部书记"双带头人"培育工程，定期开展教师党支部书记轮训。坚持党的组织生活各项制度，创新方式方法，增强党的组织生活活力。健全主题党日活动制度，加强党员教师日常管理监督。推进"两学一做"学习教育常态化制度化，开展"不忘初心、牢记使命"主题教育，引导党员教师增强政治意识、大局意识、核心意识、看齐意识，自觉爱党、护党、为党，敬业修德，奉献社会，争做"四有"好教师的示范标杆。重视做好在优秀青年教师中发展党员工作。健全把骨干教师培养成党员，把党员教师培养成教学、科研、管理骨干的"双培养"机制。思想建设集结了思想，统一了认识，每一个党员团结在党支部周围，每一个群众团结在党员周围，形成了合力，确保学校可持续发展。在家长这个群体中也要发挥党员的模范带头作用，形成管理合力。

（二）提高教师思想政治素质

加强理想信念教育，深入学习领会习近平新时代中国特色社会主义思想，引导教师树立正确的历史观、民族观、国家观、文化观，坚定中国特色社会主义道路自信、理论自信、制度自信、文化自信。引导教师准确理解和把握社会主义核心价值观的深刻内涵，增强价值判断、选择、塑造能力，带头践行社会主义核心价值观。引导广大教师充分认识中国教育辉煌成就，扎根中国大地，办好中国教育。要着眼青年教师群体特点，有针对性地加强思想政治教育。落实党的知识分子政策，政治上充分信任，思想上主动引导，工作上创造条件，生活上关心照顾，使思想政治工作接地气、入人心。

（三）弘扬高尚师德，健全师德建设长效机制

推动师德建设常态化长效化，创新师德教育，完善师德规范，引导广大教师以德立身、以德立学、以德施教、以德育德，坚持教书与育人相统一、言传与身教相统一、潜心问道与关注社会相统一、学术自由与学术规范相统一，争做"四有"好教师，全心全意做学生锤炼品格、学习知识、创新思维、奉献祖国的引路人。实施师德师风建设工程。发掘师德典型、讲好师德故事，加强引领，注重感召，弘扬楷模，形成强大正能量。注重加强对教师思想政治素质、师德师风等的监察监督，强化师德考评，体现奖优罚劣，推行师德考核负面清单制度，建立教师个人信用记录，完善诚信承诺和失信惩戒机制，着力解决师德失范、学术不端等问题。

案例2：理念文化促进学校内涵发展——做新时代教育的领航者，以青岛二中为例

青岛二中是当地知名的优质学校，其办学特点是：勇于改革、善于创新，以学生发展为本，精细管理、注重内涵。除了骄人的办学成绩，青岛二中先进的办学理念和高效的管理办法让人惊叹。

一、办学条件：历史悠久，基础深厚

青岛第二中学坐落于青岛市崂山区松岭路，背依崂山，南临黄海，学校占地

面积为264亩，总建筑面积为6万多平方米，教学楼、办公楼共17座。学校创建于1925年，原名"胶澳商埠公立女子中学"，1950年改名为"山东省青岛第二中学"，1953年被评为首批山东省重点中学，在20世纪90年代被评为山东省文明单位、全国健康绿色学校，2014年成为中国大学先修课程项目首批64所试点学校之一。学校各方面的条件在山东省位居前列。

青岛二中有48个教学班，在校学生2600余人。学校拥有近千平方米的体育馆、标准的短池游泳馆、400米塑胶田径场，有高尔夫训练基地、网球场、室外篮球场、排球场、旱冰场、健身房、乒乓球馆等设施，还有高大气派的独体艺术楼，其中有20余间专门的琴房、舞蹈室、美术室和陶艺室。学校占据2个山头，建有攀岩基地和素质拓展基地。学校的师资力量雄厚，全校教职员工170人，其中有省特级教师和教学能手20人，市特级教师和教学能手32人，全日制硕士研究生30人。

二、教育理念：造就终身发展之生命主体

青岛二中的校长孙先亮，1987年毕业于山东师范大学政治系，同年进入青岛二中担任政治教师，先后担任过教导处副主任、校长助理、党总支副书记、副校长、青岛育才中学校长等职务，2002年1月起担任青岛二中校长。在学校发展过程中，孙先亮提出了"造就终身发展之生命主体"的教育理念，努力为学生的终身发展和幸福人生奠基。学校从四个方面去践行。

（一）激发兴趣——造就终身发展之生命主体

青岛二中在1999年东迁之后，学校的基础设施大为改善，进入一个新的发展平台，老师的教学水平和专业素养都很高。校长孙先亮认为二中应当突破传统的应试教育，立足于人的全面发展去思考教育目标。于是他提出了"造就终身发展之生命主体"的育人目标。他认为每个孩子作为生命主体都有其存在的价值，并且有自身的发展规律。教育的目的不应该是单纯追求办学成绩，终极目标应该是让每个孩子都活得精彩。

（二）激活思维——深化素质教育之自主开放

苏联教育家苏霍姆林斯基说："让学生体验一种自己亲自参与掌握知识的情感，乃是唤起少年特有的知识兴趣的重要条件。"孙先亮提出育人目标之后，接着提出了学校的办学目标："深化素质教育，优化教育资源，凸显办学特色，创建国际名校。"他说，二中之前已经有素质教育，深化就是要求学校的教育更符合学生生命成长的内在规律，将教育规律和学生发展规律有机结合起来。然后就是要优化教育资源，学校的教师是一种资源，学校的文化是一种资源，课程也是一种资源，如何能把这些资源整合起来，发挥其最大的潜力，这是我们办学的难点。

青岛二中的办学特色主要表现为"自主、开放"，从校运会、艺术节、科技节到主题班会、课外实践，都是学生自己设计、实施、管理。课堂教学也是开放的，不提倡老师做"知识权威"，提倡老师激发学生质疑，引导学生探究，让学生参与到教学活动中来。学校的管理也是开放的，从规章制度的制定到教学评价，让学生成为主体，充分地参与到学校的各项事务中来。

（三）激励创新——追求卓越创新之办学精神

孙先亮说，"领先一步，追求卓越"是二中的办学精神。1999年青岛二中从老区迁到崂山区，当时学校的规模扩大，老师青黄不接，师资队伍严重短缺，虽然自2001年开始每年面向全国招聘，但是培养人才还是要立足自主培养，激励内部创新。孙先亮说，二中的老师基本上有三个发展阶段：自发—自觉—自主。

（四）激扬生命——铸就以人为本之系统教育

用理念激活知识，用知识激扬心灵。孙先亮说："二中几乎所有的活动都是由学生自己来组织的，刚开始经历过一些家长的质疑和舆论的指责，他们以为是老师为了偷懒。但是坚持下来了，大家就慢慢认可我们的做法，孩子总是要经历磨炼，天天护着怎么可能指望他茁壮成长。我认为学生是生命的主体，他的未来靠自己去掌握，不经历风雨怎么能见彩虹。"

据青岛二中学生二处的主任介绍，现在学校有50多个学生社团，大部分社团都是学生自己建设的，校园氛围是一种生活化的状态，而不是一种拼分数、拼成绩、死记硬背的竞争。学生的个性化发展是素质化教育最主要的一个方向，所以二中不管是社团还是学生会、团委、班级、年级，基本的管理措施都是由学生自己商量、制定、实施、评价。这个过程促进了学生的自我管理，也增强了学生的智慧，促进他们自我发展。

三、课程体系：以创新人才培养为目标推动课程改革

我们在青岛跟岗培训期间，多次与同学及朋友聚会聊天，席间青岛人一致赞赏二中的素质教育，他们说孩子要是能考入青岛二中就意味着前程无量，是全家的荣幸！这说明青岛二中在当地老百姓心目中口碑极好，学校的素质教育深入人心。

一般来说，学校的发展要经历三个阶段：一是以教学质量的提升为基础的学生培养阶段；二是以素质教育为基础的人才培养阶段；三是以创新人才培养为追求的国际化教育阶段。青岛二中历史悠久，办学水平高，显然已经进入第二、第三个阶段。这样的阶段应该如何围绕办学目标构建现代化的课程体系呢？

当前，在中国经济高速发展以及全球化加快的背景下，学生要适应未来需要具备五项基本素质：人文素养、科学素养、身体素质、人际交往能力、自我认知及反思能力。在五项素质的基础上，学生要谋求更好的发展，需要具备五项特色素质：独特的思维品质、卓越的领袖气质、执着的创新精神、自主研究的能力、开阔的国际视野。围绕这些能力培养，青岛二中从五个方面着手构建课程体系，

提升教学质量：一是课堂教学理念，以创新人才培养为基础；二是课堂教学目标，以思维能力培养为追求；三是课堂教学原则，低起点、高观点、高目标；四是课堂教学文化，还知识以情感，还课堂以灵性；五是构建立体化的课程体系，满足学生的个性发展需求。

近年来，青岛二中进一步围绕学生创新素养的培养目标，挖掘与优化现有课程资源，在100多门校本课程的基础上，形成了人文素养类、科学研究类、工程技术类、体验感悟类等四大类的校本课程体系。每周星期二下午是校本选修课程的时间，每周星期五下午还有2节活动课时间。

（1）人文创新类课程。以"模拟文化"为代表，通过开展模拟联合国、模拟经济协会、模拟法庭、模拟人大代表会、模拟新闻大赛等形式，丰富学生的知识，开阔学生的视野。例如模拟联合国课程，需要学生系统学习联合国的运作模式、国际争端解决和磋商的基本流程、学习国际政治经济知识等，并且需要练习英语辩论和演讲口才，在活动中学生需要像一名外交官一样去思考和解决国际热点问题。

（2）科学研究类课程。引导学生自由组合，开展研究性学习，老师指导，并且进行过程跟踪。多学科教师联袂进行"创意思维训练"的课程开发，他们基于苏联工程专家阿奇舒勒"萃智理论"40条发明的基本原理，通过案例展示的方式进行思维培养。学校定期开展"创意改变生活"科技创新展示活动，学生每年提出创意成果800余项，申请国家专利100余项。

（3）工程技术类课程。此类课程以机器人原理与设计、单片机原理与设计、慧鱼工程创新设计、现代加工技术等课程为代表。课程基于项目，利用科研院校的资源，整合多学科知识，激发学生解决工程问题的兴趣，培养学生使用、管理、理解与评价工程技术的能力。

（4）体验感悟类课程。学校大型活动（如体育节、科技节、艺术节等）均通过招标方式由学生参与活动的组织和实施，从活动策划、活动流程、任务分配、经费使用、宣传总结，都由学生去做，大大提高了学生的组织能力和团队合作能力。各类大型活动采用学生竞标方式举行已经成为青岛二中一道靓丽的风景线。

四、教学管理——以提升教师的专业素养为核心

学校的发展和学生的发展依赖于教师的专业化发展，没有教师的发展，学生的发展就成了无源之水，无本之木；离开教师的专业发展，学校发展也就失去了支撑，成为空中楼阁。青岛二中在教学改革的过程中紧紧抓住教师专业发展这个核心，采取一系列的措施，围绕创新人才培养这个目标推动教师的专业化发展。

（一）理念：以教师的创新素养激发学生的创新素养

略。

（二）措施：推进教学改革逐步提升教师的专业素养

1. 再造课堂，使知识"有生命力"

围绕学校的课程改革，青岛二中开展各种主题的公开课比赛，包括"聚焦课堂""达标课堂""精彩课堂""研究课堂""特色课堂""星光课堂"等，每一种形式都体现了学校对课堂教学的价值引领和针对现状的问题解决。通过各种形式的再造课堂，突出学科的文化价值，例如：物理、化学、生物交叉实验课《太空旅行》；政治、历史、地理交叉实验课《走进世博》。在这种育人理念的濡染之下，学生兴趣盎然，思维开阔，认知结构不断调整、优化，单一的学科知识最终内化成个人的综合素质。

2. 翻转课堂，开阔学生视野，提高学习效率

2004年新课程改革之后，青岛二中率先推行注重引导探究的教学"七步曲"。2010年为了适应二期课改，提高课堂教学效率，学校加入全国"C20慕课联盟"，以实施"翻转课堂"为突破点推进网络教学，将课内、课外的学习联系起来，拓宽学生的视野，加强家校联系，促进师生沟通。当前大多数学校因为害怕学生"玩物丧志"而禁止学生用智能手机，限制学生的上网时间。基于互联网的教学在青岛二中已经全面实施，校园内人手一个平板电脑，每个人都有自己的互联网端口，利用平板电脑阅读、小组讨论、自主练习、班级测试。教师用平板电脑不再是简单的课件设计，而是要围绕教学目标设计学习问题、布置作业、引导探究性学习、推送课程资源，还要随时随地利用平板电脑与学生沟通交流，为其答疑解惑。

3. 适应高考变革，实施MT团队分班模式

新一轮的高考制度改革从2016年开始在上海和浙江试行，2018年起将在全国大部分省区市推行。未来的高考不只看分数，还要实行综合评价。根据学生高中三年的在校表现进行评价，形成档案（包含思想品德、学业水平、身心健康、艺术素养、社会实践等内容），供自主招生和高考录取参考。新一轮的高考制度改革要求学校深化课程改革，推行选择性教育，要求学校开设足够的必修课、选修课和校本课程，实施"走班制"，树立以学生为本的理念，促进每一名学生全面而有个性的发展。

当我们还在为新的高考制度而茫然，为怎样开设选修课并实施走班制而纠结的时候，青岛二中从2016年开始积极探索"管理、课程、学术、社团、基地"五位一体的MT组织管理模式，MT是英文"magnetic"的缩写，意思是按照兴趣吸引组建的团队。青岛二中打破常规的年级、班级管理学生模式，将管理权下放给MT团队，成立学生发展一处（教导处）和学生发展二处（德育处），指导MT团队开设课程和实施德育活动。目前高一、高二已经按照学生兴趣编班，学生自己选择，分为数学、理工、生化、外语、人文、经济6个MT团队，每个团

队设首席导师1名,例如高二的数学MT团队,有120多人,分3个小队,数学首席导师1人(中年,有丰富的教学经验),她再招募3个数学助理导师,形成MT导师组,自己设计课程体系,再根据课程需要面向校内外聘请专业导师。各MT团队内部分层实施分层教学,开展主题式、项目式的深度探究性学习。同时MT团队内部建立小组,学生自主管理。MT团队是基于学生兴趣而组建的,因此对学生未来参加高考选择的大学和专业影响很大,例如理工MT通常都会选择理工大学。学校允许学生发现自己不合适时候申请调整团队,并在引导学生选择期间开设生涯课,带领学生走进社会,了解不同专业的就业前景和发展状况。

每个MT团队基本的任务包括五个方面:组织管理、课程建设、社团建设、学术活动、实践基地建设。采访过程中,我们多次跟MT团队教师沟通,我们的疑惑是:这样分班学生的差异很大,不同团队都要上必修课,例如数学MT也要参加数学考试,成绩差异肯定很大,这样怎么去评价班级成绩和教师的业绩呢?团队导师的回答是:"在我们学校已经不按分数来评价学生和老师,重点看学术成绩。对于学生来说,他在团队中的成绩主要看他的研究项目效果如何,他在团队承担的任务和角色完成情况,他获得什么创新大赛的奖励。对于老师来说,则是开发了什么课程,指导了什么研究项目。"

MT团队分班制相比常规的教学分班有六个特点:一是教学管理的权力下放到首席导师,有利于促进团队的个性化发展和创新性;二是老师的教学更有针对性和层次性;三是团队内部成员在学习上有较强的竞争性,利于培养创新人才;四是有助于以小组的形式开展研究性学习;五是拓宽团队队员对于相关专业领域的认知;六是团队成员对未来职业有比较明确的认识,对将来的事业有初步的了解。

4. 分层作业,增加对学生的个性化指导

青岛二中根据学生兴趣差异分班,要求教师设计分层作业。一方面根据学生学习状况分层;另一方面根据学习进度分层,高一设计趣味性、探究性作业,高二、高三侧重设计提升能力的作业,寒暑假则布置侧重研究性、实践性的作业。

5. 改革考试评价,培养学生创新思维

青岛二中学生一处(教导处)设计出台《学生学术素养提升计划》,一方面依托课堂教学全面提升学生学术素养,另一方面要求各学科组依据高考的命题趋势进行改革,尽量联系生活、联系现实设计时代性、基础性、灵活性的试题。

(三)教师培训

学校创设了针对不同年龄、不同层次老师的教育培训项目,例如特级教师牛津大学研修项目、骨干教师美国研修项目、中青年教师新加坡研修项目、教职工卡内基培训项目,通过高端培训打开教师专业发展的视野。

(四)基于核心素养的教学改革

2014年开始,新一轮的课程改革围绕学科素养展开,青岛二中要求每个科组围绕学科素养进行"学科价值研讨""学科使命"建设的定位,引导老师明确"为学生发展创造更大的价值"的教师专业发展目标。每个学科组门口都挂了一个牌,展示学科教学的教育使命。例如,数学组的学科使命是:提升学生的数学思想和方法,磨砺理性思维品质,形成质疑批判的创新思维,促进学生心智和能力的发展。在数学与自然、社会和谐中,用数学思想认识和解决问题,感受数学文化的魅力与乐趣,陶冶完美的道德情操,秉持社会责任,引领学生向着求真、求善、求美的境界不断发展。政治科组的学科使命是:纵览人类智慧成果,启迪学生未来发展,关注现实生活世界,丰富学生的生命体验。培养学生的思维能力,增强创新精神和实践能力,使他们主动参与社会活动,自觉承担社会责任,内化知识,完善人格,提高自我发展能力。丰富学生的精神生活,拓展国际视野,弘扬民族品格,传播人类文明,肩负起创造新世界的历史使命。

五、利用社会资源,培养创新人才

青岛二中注重培养学生的创新能力,建立了多个创新实验室,围绕研究项目展开活动,目前已经建成了工程坊、慧鱼机电工程、机器人、单片机、人体工程等创新实验室。申请的研究项目有:汽车轮胎花纹的设计和无动力小车的设计、人体骨骼的研究、食用蜡的3D打印实现、机械齿轮的原理与设计、克拉尼图案、驻波图案、有丝分裂图案的设计与加工实现、PROTEUS单片机仿真图设计与加工实现等。显然,这些前沿的研究项目跨学科、应用性强、实验设备要求高、知识水平高,单靠一两个中学老师是难以完成指导任务的,需要借助校外的科研院校,需要聘请高层次的专家指导。于是青岛二中从两个方面着手:一方面充分利用校外的高校、企业资源建设创新实践基地,为学生创新素养提升提供有效指导;另一方面尝试"购买"服务,探索与高校、企业合作新模式。近几年,学校与中国海洋大学合作建立"校园起航"计划;与哈尔滨工业大学围绕机器人实验室合作共建实验基地;与电子科技大学围绕电子工程实验室合作共建实验基地;与西安交通大学围绕工程坊实验室合作共建实验基地;与海尔集团、软控股份、南车四方、401医院、海大、青理工、青科大等单位合作共建创新实践基地。这些基地为学生创新活动提供有效支持,学生可以带着课题到上述基地开展调查、访问和研究,得到基地专家的有效指导。学校也聘请校外专家定期到学校来开设大学先修课程,并指导学生探究。虽然青少年科技创新项目立足于学生的自主探究,依靠校外专家指导实验,但是校内的老师在孵化项目、组织学生、管理团队这些方面有着更加重要的作用。因此,学校成立创新教练员团队,围绕项目孵化,开发校本课程来满足学生需要,以实验室为基础提升教师的创新素养,学校成立教育发展基金会提供经费的支持。

六、反思与借鉴

从高考成绩来看，青岛二中并不算突出，每年重本率90%左右，考上北大、清华每年10人左右。但是从以上案例分析可以看出，青岛二中的教育理念、课程设置、校园文化和管理方法确实非常先进，正如二中的学生说："学校赋予了我独立的个性，告诉我心有多大人生的舞台就有多大。"二中的老师说："我们的办学理念是造就终身发展之生命主体，用高中3年为学生的人生发展铺垫30年。"校长孙先亮说："教育的创新说到底是从培养全人的角度，从让每个学生全面发展、个性发展和主动发展的角度不断去提升自己，发展自己。从这个意义上说，二中不担心别人追赶，而是担心无法超越自己。"

案例3：以制度管理促进学校内涵发展——以深圳市翠园中学为例

深圳市翠园中学始建于1964年，是目前深圳市罗湖区最大的区属学校。2007年，学校成为广东省首批国家级示范性普通高中学校之一。作为地处老城区的历史老校，翠园中学美誉度高，属于深圳市民间口口相传的"八大名校"之一。

近年深圳楼价飞涨，寸金尺土，学校位于老区的核心地带，校园已经基本没有扩展提升的空间，宿位不足、硬件设施陈旧成了学校发展的两大硬伤。初中优质生源逐年大量流往其他学校，让该校遇到前所未有的严峻的挑战。但是，该校近3年来，每年都在递增重点本科率。2017年，重本递增幅度为2.53%，重本率达到65.13%，本科率高达98.9%，创造"中进优出"的良好社会形象。学校在群众心目中评价高，社会各类帖子网评学校风气好，老师尽职尽责，学生阳光快乐。

翠园中学初中招生在一些学校不按就近入学的原则而囊括好生源的情况下，高中招生在市属四大名校的推荐、保送等优惠政策的竞争下，凭什么"出口"时能保持名列第一梯队？翠园中学靠什么逆境自强以实现学校的"追梦出彩"和保持高位持续发展？我们可以从该校通过制度管理促进教师内涵发展的工作中窥见一斑。

一、翠园中学的制度管理的特点及做法

（一）人人参与，共同制定管理制度

深圳市近几年来推进集团化办学，现代学校规模逐渐增大，内部分工细，层次多，需要高度的统一，需要有准确、连续、稳定的秩序来保证学校各部门之间的协调一致，从不同的侧面保证学校办学目标的实现。翠园中学通过成立有广泛代表性的"大评审团"，集中教师群体的力量建立和完善学校的规章制度，要求凡是制度实施中所涉及的对象都参与制度的制定，进行全员参与充分研讨，听取和收集不同层次的意见，拟定草案，反复修改，最后确定试行实施方案。比如，《翠园中学绩效奖励方案》，前后召开了大小会议30多次，收集意见138条，历时3个多月，基本上对实施方案达成了共识，发挥了学校教师主人翁的积极作用。

翠园中学韩校长认为，学校的发展关键在教师，教师的发展离不开刚性的内部有效的制度管理和外部政策的支持，其中刚性的内部制度管理更为重要。制度要有严格的规定和要求，必然对部分人的习惯和利益造成影响，因此，学校可以利用"第三者的身份"落实管理，因为它（制度）具有普遍认同和约束力。

翠园中学全员参与，共同制定学校管理制度。有的制度由专门的工作小组来制定，但是也要征求群众的意见；有些制度直接由教师们来制定，交给行政会讨论通过就执行，学校领导和行政不参与过程，充分体现民主性和代表性。韩校长说："这样制定出来的制度群众的认可度较高，实操性强，能减少制度执行的难度，更好地发挥制度管理的积极作用。"这几年，翠园中学在充分依靠一线教师、年级组、教研组、中层干部意见的基础上，制定了《教师专业发展五年规划》，完善了《深圳翠园中学中学教学常规要求》《教师教学工作手册》等规章制度，班主任和普通教师代表参与制定了《翠园中学班主任工作评价体系》《翠园中学班主任工作常规工作要求》《深圳市翠园中学教师工作评价方案》《翠园中学备课组管理常规管理要求》《翠园中学社团管理意见》等。

通过多年的努力，学校优化并建立了一套比较系统的管理制度，涉及学校管理的方方面面，制度的制定得到广泛认同，制度执行顺畅，可操作，效果好，保障了学校各组织顺畅运转。

（二）借力政策支持，以评价制度促进教师专业发展

翠园中学名师荟萃，名师总人数居全市前列。现有高级教师108人，特级教师及全国优秀教师14人，省市名班主任6人，省、市、区名师工作室9个，市区学科带头人17人，市区中青年骨干教师47人。他们爱岗敬业，学术能力和专业精神俱佳，在各级各类教育教学比赛中屡屡折桂，是"中进优出""高进高出"的翠园奇迹的创造者。

翠园中学的韩校长说："建立人尽其才的用人制度，让每个教师在自己喜欢和擅长的岗位上工作；建立付出与回报对应的教师绩效薪酬制度，让教师职业成为令人羡慕的职业；建立公平有序的教师职务晋升制度，让专业发展与切身利益结合在一起。这是促进教师专业发展的三项基本制度。"

近几年来，翠园中学参考深圳市每年的评先评优的奖励办法，设立多种评价奖励项目，激励广大老师积极主动争取。如，2017年深圳市表彰优秀教师、优秀班主任、先进教育工作者、优秀督学、优秀法制副校长、优秀法制辅导员（校警）、"年度教师"、功勋园丁、教书育人模范、十佳校长、师德标兵、青年教师标兵等12类奖项，确定了获评为区"年度教师"者给予5万元奖励。翠园中学把教师专业发展和业务成绩与教师的聘用、晋升、待遇等联系起来，制定了12类评优项目，设立名师工作室奖，每项的评选条件都有明确的要求，包括教师主动参与业务比赛（优质竞赛课、教学比武、教学竞赛、技能大赛、综合素

养大赛、班会课比赛、发表论文、辅导获奖等)、师德师风表现和学生成长指导等,鼓励教师争取条件评上优秀,并且给予多项的物质和精神奖励。除此以外,学校在级别晋升、名师评选、绩效奖励、福利优先等方面都建立了与教师专业发展相关的管理制度。几年坚持下来,教师们已经习惯性在每年评价制度当中找到自己的需求和方向,想方设法进行自我发展,而不需要学校强迫代替。学校只需要明确评价条件和教师专业发展的总体方向,确定教师专业发展计划和专业的支持,而具体的发展规划、发展方式都由教师自己决定。例如,《翠园中学班主任工作评价方案》《翠园中学教师工作评价方案》《翠园中学绩效奖励方案》等评价体系试行,有导向性地指引了老师的工作,激励了一大批教师的专业发展。

翠园中学把建立合理的教师管理评价制度作为推动教师专业发展的重要保障。在制定管理制度中明确了教师专业发展的方向和要求以及教师在教学活动的程序、职权和责任,把教师专业发展与教师切身利益联系起来,利用管理制度规范、激励和促进了教师专业发展。

(三) 精细管理,落实内部管理制度

翠园中学的韩校长认为学校的制度管理要做到科学精细化管理。"细",除了工作的细致以外,还应该有"细分"的意思。也就是说,把达成某项工作的具体要求通过制度细分出来,要达到什么的目标需要怎样的要求,哪些事情是必须做的,哪些工作是有发展空间的事情。在进行科学分析的基础上,将其明确出来,让每一项工作都有明确的标准,如果按照要求认真对待,将其做好达到标准,就能够获得工作的肯定和教师专业及等级的晋升。如《学校层级管理内控制度》《市区骨干教师评选意见》《年度教师考核评选制度》等扎实推进,落实到位,产生了正面的导向作用。

精细管理中的"精"字,是"精心"的意思,是指在学校管理过程中,对教育教学过程和具体的事项,哪怕在比较微小的部分或者事项中,也要投入足够的智慧去思考和谋划。当我们走进翠园中学,可发现学校管理的各个层面无不体现精细化管理的思想及其带来的管理效果。例如,翠园的月考班级质量研讨会就安排在午餐时进行,利用午餐的时间,大家对月考、期中检测和班级管理的落实情况进行分析,既节省了大家集中的会议时间,又能充分发挥班级任课教师参与班级管理的作用。

翠园中学在教师专业展的制度管理上还有更精细的要求:

(1) 每天的工作要日清日结,学校要对当天的教师的出勤及上课、会议等工作情况进行登记检查,在每天的晨会中及时公布,每周汇总在周结会上通报,每月定期评价。

(2) 在"教师在教育行动中成长"制订了专业发展规划。一是通过邀请专家主讲和校长进行"用专业发展规划引领教师专业发展"专题培训,让每一位教师明确专业发展规划在教师职业生涯中的作用；二是老师作自我职业现状分析及三到五年发展规划；三是在每年工作安排前全面了解教师自身发展要求，然后组织进行分层分类访谈；四是访谈结束，学校统筹工作及课程资源，为老师提供实践和发展的平台。

（3）围绕"上好每一堂研究课"的主题活动，对教师日常教学水平的评价不再是由具体的专家老师通过几节课的评价来决定，而是由学生、科组及高级教师和教学常规检查三组人员分别从教学常规、教学能力、教师的品质三方面分开进行评价，综合分析提出问题，引导教师在行动中反思：反思教育理念，反思教学规律，反思教学活动，鼓励教师向科研型、专家型教师发展，该项评价对教师的专业发展有针对性和科学性。

（4）学校通过构建"4·15"模式深入落实课堂教学改革。"4·15"中的"4"指的是在新授课教学中有目标展示、自主学习、小组合作探究和当堂测试这四大项内容，"15"指的是每节课老师讲课的时间在15分钟左右。学校每学期通过教工大会让坚持和坚守做好"4·15"模式的老师分享实践体会（2016年开了7次分享会，每次3位老师参加，共有21名老师参与了全校性的分享）。通过交流分享，课堂跟进，目前老师们已经实现了由基本范式到自主优化再到享受课改的转变，规范教学行为，优化教学过程，促进了教师专业发展和教学成绩的稳步提升。

翠园中学对教师精细化管理经过精心安排，细分项目理性分析，最后严格执行。把管理落实到教师个人的身上，变校长一人操心为大家人人操心，将学校管理责任具体化、明确化，人人都管理，处处有管理，事事见管理。老师们说："学校的制度管理是主动吸引不是被动要求，好像有一种无形的力量推着我们走向所要去的地方。"

（四）检查到位，发挥了制度管理的约束力

在落实管理制度检查的过程中，翠园中学遵循三个原则。一是即时检查，及时反馈。对于教师的日常检查，学校分成干部检查、处室检查和学生检查，每周2~3次查岗，不在岗的电话通知，20分钟内用学校的办公电话回复确认。检查必须在行为进行时立即进行，反馈不能有时间差，以达到及时发现错误行为的目的。二是一旦确认，及时警告。只要触犯学校的管理制度，经过确认，检查部门一定会第一时间让其接收到信息，提醒其将要通报处理，第二天就会在晨会上公布。每位教师明确知道，若做了不该做的事或没有做应该做的事，是会受到通报或警告的。三是公平性对待。在规章制度面前要人人平等，管理者要不偏不倚。韩校长认为："翠园中学的教师管理要求让自觉遵守制度的人感受不到制度的存在，让不自觉的人时时处处都感到制度的存在，这保证了学校教育教学的有序开展。"

（五）以人为本，管理过程有温度

翠园中学在管理过程中提出以人为本，把教师的发展放在第一位，管理工作中尊敬教师、爱护教师、发展教师和服务教师，主动给老师们创设民主、和谐、宽松的工作环境。

（1）学校在进行教学评价管理时，学校管理者对"唯教学成绩论"进行了调整，在评先树优时，要参照教学成绩，但更要看教学基础、工作量、教师教学态度以及身体及家庭等因素，这样可激发大多数教师的工作积极性。

（2）这几年中，学校的校级领导和中层干部自觉放弃了评优评先的资格，做到不争不要，把评优的机会让给一线教师，一心一意做好"裁判员"的角色；学校倡导行政人员要有专业的精神和态度，自觉践行"三不"：不抱怨，不平庸，不计较。干部的角色不只在于"做好自己"，更重要的是"成就别人"。因为乐于成就别人甘于奉献，干部的队伍得到群众的认可，干群关系比较和谐。

（3）学校在不同的层面为教师的生活学习创设良好环境。在翠园中学的校园中布满温馨提示语，潜移默化、润物细无声地促进教师成长；在校园角落设置各种开放式温馨书吧，让老师随时阅读交流；学校安排内容充实、实用的教师学术培训，分层分批安排教师参加国内和国外高层次的培训，让老师们开阔视野切实感受专业成长和事业的幸福感。

（4）学校领导和干部主动关心教师，尽其所能解决教师子女读书和各种生活家庭上的困难。近年来，免费给老师们提供丰盛的午餐和水果；利用节假日和教师生日举行庆祝活动；校园社团活动和课程建设形成了对学校管理形成支撑，能调动师生的参与积极性，符合教师专业化和人文化的融合诉求。

教师是学校管理的骨干力量，翠园中学利用人人参与制定管理制度的优势，以教师为基本依托，展开多种形式的有温度的管理，挖掘教师的管理潜能，为学校管理提供丰富的原动力。近几年来，尽管学校不要求点名签到，但大多老师能坚持早到晚走；近几年来，学校无一人申请调离学校，深感学校集体的关怀和温暖，教师们工作投入，尊重和遵守学校的管理，教育管理工作得到有效落实，教学成绩不断提升。

二、翠园中学制度管理借鉴反思

（一）制定制度善于抓住源头

教育专家普遍认为：制定一项制度不能体现制度管理，而成功地推行一项制度才能体现制度管理。制定任何复杂的制度所需花费的时间是有限的，而制度的执行却是长期的过程，有的时候，我们一个月完稿的制度，推行起来却要一年。因此，在制定制度时，首先要考虑制度要解决的问题，所要达到的目的，对学校发展的意义，制度所要涉及的人员有哪些，制度指向的对象是谁，主要的执行者是谁，会面临哪些困难。这样的问题概括起来就是"人"的问题。制度制定、实施、保障要考虑人的存在，这是源头性的问题，必须搞清楚弄明白，然后才能做制度内容上的预设。在这样的反复来回思考的过程中，我们会发现原本认为必要的制度要求未必非制定不可，有些对象还可以减少；去除那些没必要的要求，突出制度所主要服务的人，把主要管理工作中的核心问题集中在主要的服务对象去研究分析，我们制度的针对性和实效性、实操性将会有较大提高。

以翠园中学为例，他们在制定《高中毕业班奖励方案》的时候，明确了主要奖励对象是毕业班一线老师，而一线老师的工作业绩主要体现在教学的成绩和过程的投入，突出优秀老师的成绩和贡献，不能一味地搞平均化，要突显制度中的"主人"，针对制度中的"主要问题"。学校以此为方向拟定了奖励方案，进行反复讨论，达成共识后，成立小组制定制度，在教代会上高票通过。奖励制度具有针对性和代表性，得到上级和同行的认可与借鉴。

（二）出台的制度被认可度要高

制度被广泛认可才有发挥制度的引领作用，重要的一点是制度一定要建立在广泛的民主基础之上，让教师广泛参与到制度建设中来，得到大家的认可，真切地感受到制度的出台是为了促进教师自身专业发展，与自身切身利益相关。

一个制度最终涉及的是教师个体，而每个教师个体情况是不一样的，所以他们对制度的理解和认识不尽相同，甚至大相径庭。教师广泛的参与可以从时间和空间上给教师一定的消化时间，建立广泛的沟通渠道，这样可以避免制度制定的随意性和盲目性，增加教师对制度的认可度。

以翠园中学为例，凡是制度执行必然会涉及的教师都参与并发表意见，在讨论第一稿时人人发表意见，讨论第二稿时有意见者发表意见，讨论第三稿时由代表们发表意见。校长及行政干部根据管理的部门与不同层面的教师交心、谈心、讲清楚政策要求，给教师讲学校的发展目标和规划，客观地分析教师在专业发展方面的不足，给教师阐述清楚制度制定的目的，建立广泛的沟通渠道，先后在备课组、教研组进行讨论，党员会、教师代表会上征求意见，最后通过教代会或校务委员会等形式表决而确定。经过这样的广泛参与，老师们都能充分表达意见，在相互讨论思想碰撞中转变了部分老师错误的思想或顾虑，增加制度的认可度。

（三）借助上级政策，制定核心管理制度

"牵牛要牵牛鼻子"，学校的管理关键在教师，教师的专业发展要抓教师管理制度的建设。教师管理制度实际是一根调节教师思想和行动的杠杆，用好这根杠杆，它就能产生巨大的力量，就可以事半功倍。

由学校发展过程中的实证研究，我们可以得知：一直处于领先地位或者异军崛起的学校，都有着独有的管理制度，这种制度促进教师工作的投入，促进学校发展，这种制度也必然得到上级部门在政策上和资金上的支持。

学校的发展需要关注核心的制度，关键的制度往往对整体的发展起决定性作用，要善于借助国家政策法规和上级部门的要求，制定能促进学校发展且要长期坚持产生实质效果的管理制度，这才是促进学校的内动力所在。通过学习观察，在学校的管理制度中能起到关键作用的往往有几个。比如，翠园中学利用《深圳市校长晋级制》的绩效管理制度明确翠园中学教师晋级制，达标者评优晋级加薪，不达标者原地踏步。这些制度把教师的专业发展与职务晋升、评先评优、分配的利益紧密联系在一起，无形地引领着教师朝着更高的发展目标不断去努力、拼搏。

（四）借助外部的关系，解决教师实际困难，体现学校人性关怀

人是知识经济社会和教育发展中不可缺少的"人力资本"，人是有精神、有情感、有思想的。西方国家的教育管理特点大多是一个"陌生人"的社会，强调在管理中事事处处都有规章制度约束，因此以管理的制度化见常，重视管理方法的科学化；但是东方国家的教育特点在管理上注重人际关系，强调人性化管理。我们始终认为东西方在管理方面互相影响，互相学习，真正的优势互补，才能实现最有效的管理。为此，翠园中学根据当前学校教师面临的生活家庭困难，结合学校集体和领导的社会资源，想办法解决实际困难，体现学校集体的人性关怀。

翠园中学制度实施过程中始终贯彻情感管理，以情感为中介，协调学校的各种人际关系，其目的在于使学校形成相互信任、相互尊重、相互帮助的人际关系。学校管理有了一种民主、和谐、互助的氛围，行政领导更多地与教师沟通，去了解教师的情况、需要和动机，信任和尊重教师，让教师真正成为学校的主人，使教师能安心乐教，是学校获得一个持续发展的动力源泉。

案例4：职业规划促进学校内涵发展——以山东省青岛第四十四中学为例

促进教师的发展是校长优化学校内外管理的一项重要的任务，教师发展的一个重要措施是促进教师的专业发展，而教师职业规划是教师专业发展的一种有效的手段。教师职业规划是时代的需要，是教师专业发展的需要，更是教师自我实现和人生幸福的需要。同时，教师专业发展是提高学校教育质量的关键，是学生发展的根本保障。因此，学校必须通过做好教师的职业规划，促进教师的专业发展，从而优化学校的内外管理，促进学校的内涵发展。

一、案例简介

山东省青岛第四十四中学（以下简称青岛四十四中）始建于1964年，目前有24个教学班，117名教职工，1000余名学生，学校先后获得全国"十一五"教育科研先进集体、全国科技体育传统校、山东省规范化学校、山东省教学示范学校、山东省心理健康教育先进集体、山东省优秀家长学校、青岛市德育工作先进集体、青岛市十佳师德建设先进集体等百余项荣誉称号，学校的教育教学质量也一直在所在地区中名列前茅。

青岛四十四中丰硕的办学成果是与拥有一支优秀的教师队伍密不可分的。在青岛四十四中现有的教职工中，曾获得市级以上荣誉称号的优秀教师有41人，占专任教师总数的近60%。其中，有全国优秀教师、山东省人民教师1人，山东省特级教师1人，省教学能手1人，青岛市拔尖人才1人，市、区优秀教师23人，市、区教学能手17人，青岛市名师培养人选1人，青岛市名校长工作室成员1人，市青年教师优秀专业人才24人。在优质课比赛中，获得全国优质课比赛特等奖1人，一等奖4人；山东省优质课比赛一等奖7人，二等奖5人；青岛市优质课比赛一等奖16人，二等奖14人。是什么造就了青岛四十四中如此优秀的教师队伍？经过分析研究，我们得出的结论是：学校主要是重视优化内外管理，特别是抓好教师的职业规划，促进了教师专业发展，从而促进了教师队伍的成长，取得了显著成效。

二、案例分析

（一）科学分析，确保教师职业规划的准确性

青岛四十四中的张青涛校长在介绍经验中谈到，学校的发展离不开教师的发展。学校的领导要清晰学校教师的状况，工作要做到有的放矢，否则，工作可能做了，但收效甚微。因此，该校在开始做教师职业规划的时候，就组织人员对学校教师的情况进行认真的分析研究，找准学校教师存在的问题及根源。在研究中，学校发现很多教师发现不了自己的优点、缺点，很多教师缺乏个人的目标，对个人没有太高的期望，特别是工作了十年以上的教师普遍进入了发展的高原期，教师的专业发展缓慢，有的工作了二三十年的教师工作缺乏激情，出现职业倦怠。经过对教师专业发展存在的问题进行分析，学校领导发现主要的原因是学校虽然在每一年的工作计划中都有制订教师专业的发展计划，但在系统地指导教师做好职业规划这一块做得并不好，没有帮助教师做好职业规划，缺乏有效的引领和指导，教师专业发展缺乏内驱力，制约了教师的发展。通过专业和科学的分析研究，青岛四十四中找到了制约教师专业发展的主要问题，为教师职业规划工作指明了方向，避免了工作的盲目性，确保了教师职业规划的准确性。

（二）科学规划，保障教师职业规划的合理性

1. 整体规划，引领教师职业规划的方向

经过科学分析，找到了制约教师发展的主要原因之后，青岛四十四中为了确保教师职业规划能够做到科学、合理，以顶层设计的方式对教师的专业发展进行了科学合理的规划。在张青涛校长的带领下，学校在制订的五年发展规划中确定了把教师专业发展作为教师队伍建设的一个核心工作任务，专门制订了教师专业发展的5年规划，而在规划中，将帮助教师做好职业规划作为一个重要的工作措施。在教师专业发展的5年规划的制订过程中，学校先制定初案，然后将初案下发到每个科组、年级组让教师们充分讨论，广泛征询教师们的意见，在此基础上

对规划进行修订。接下来，学校邀请市、区的教育专家对规划进行论证并收集改进意见，最后才定出规划的终稿并向教师们进行宣传讲解。学校制订教师专业发展五年规划做到科学、合理，为教师指明了职业规划的方向，很好地引领了教师专业发展工作。

2. 精心指导，确保教师职业规划的合理

为了能够帮助教师制订符合个人特点和需求的个人职业发展规划，青岛四十四中的做法是：一方面，学校加强教师的指导，通过引入SWOT分析法，让教师认真分析个人的优势与不足，找准自己的职业发展方向，制定自己详细的实施措施，撰写个人的职业发展规划；另一方面，学校提供制订规划的统一模板，让教师作为参考，避免了教师在撰写个人职业发展规划过程中出现的随意性和不合理性。此外，在教师制订个人发展规划的过程中，学校随时给予指导，教师在形成自己的职业发展规划初稿后，要将其上交学校，经学校审核、专家指导修改后才成为正式的文稿开展实施。通过以上措施，青岛四十四中的教师职业规划能够做到科学、合理，为教师的发展提供了有力的保障。

（三）科学调控，保障教师职业规划的实效性

1. 制度保障促进教师职业规划的落实

为保证教师职业规划的落实工作，青岛四十四中制定了相关的制度，在制度上给予保障，如《青岛四十四中教师个人发展规划实施办法》《青岛四十四中教师个人发展规划检查评比制度》等，做到有计划、有检查、有评价，有效的调控使教师的个人发展规划能够落实到位，提高了教师职业规划的实效。

2. 多元评价促进教师职业规划的落实

青岛四十四中为促进教师的专业发展，对教师实施了多元的评价，构建了"尚进教师多元评价体系"，具体如明德全面发展奖、致远专业成长奖、博学特色发展奖等，其中最为突出的是致远专业成长奖，它包括了优秀班主任评选方案、知行班主任评选方案、品牌班主任评选方案、教坛新秀评选方案、骨干教师评选方案、教学能手评选方案等。还有博学特色发展奖，它包括了课改明星评选方案、优秀课题评选方案、优秀学校课程教师（社团优秀指导教师）评选方案等。实行科学多元的评价，为教师指明了发展和努力的方向，使教师的职业规划得以落实，有效地促进了教师的专业发展。

3. 搭建平台促进教师职业规划的落实

在跟岗学习期间，青岛四十四中的张青涛校长为我们安排了多个讲座，有学校文化建设、课程建设、制度建设、科组建设、班级文化建设、小组文化建设等，分别由不同部门不同的老师来负责主讲，老师们水平之高真的让我们佩服和羡慕。在与张校长的交谈中，我们了解到，她之所以安排这么多人主持讲座，是基于培养教师的考虑的。她介绍，以前的老师是没有自信的，不敢在别人面前表

达，为了改变这种状况，更为了提高教师们的写作和表达能力，她为教师们搭建各种平台，除了前面提到的方法外，还有通过举办尚进预见讲堂、尚进教师论坛、成长书院活动、尚进研修苑、跨界吧等有特色的活动，创造一切机会让教师得到锻炼，使教师的个人发展规划得到了落实，同时也促进了教师素质和能力的快速提升。

（四）借助外力，提高教师职业规划的有效性

1. 积极与上级教育主管部门沟通

青岛四十四中能积极与上级教育主管部门沟通，了解教师职业规划制订工作的相关文件、政策，邀请相关部门的负责领导到学校讲解有关的政策，打消教师的顾虑和对抗情绪，并争取上级的支持，派出专家为学校进行的教师职业规划提供指导和支持。

2. 聘请专业的机构对教师个人情况进行科学的分析

青岛四十四中的张青涛校长说，专业的事情应当由专业的人士来做。因此，他们聘请了当地一个教育机构，对学校的全体教师进行了一次详细的调查工作，调查的内容包括了教师的学历、教学风格、性格、习惯、个人兴趣爱好、个人目标等。教育机构对学校每个教师的个人情况进行了详细、科学的分析，使教师们及时了解到自己的优点和不足，从而扬长避短，准确地找到了自己努力和发展的方向，减少了制订职业规划的随意性，也提高了职业规划工作的效率，实效性更强。

3. 加强与教科研单位的合作

青岛四十四中能充分认识到教科研对教师职业规划工作的重要性，积极主动地和当地的教科研单位沟通，邀请专家到校指导学校和教师进行教师职业规划课题的立项和研究的工作，并将教师的职业规划作为一项重要的研究课题进行立项研究，通过课题研究，切实解决学校教师职业规划存在的问题，大大地提高教师职业规划的实效。

4. 加强与外校的沟通和联系

为了开阔教师们的视野，使教师职业规划工作更有效，青岛四十四中的领导们还积极寻找区内、市内、省内或国内在教师职业规划工作中做得较好的学校，主动进行沟通和联系，组织教师到相关的学校进行参观、考察，或邀请相关学校的领导、教师到校进行传授经验，做到取长补短，使教师的职业规划的能力和水平有了更大的提高。

三、借鉴与反思

我们认为，青岛四十四中通过优化内外管理，以教师职业规划工作为抓手，既促进了教师专业的发展，又促进了学校的内涵发展，使学校走上了快速发展的道路，他们的一些好的做法和经验值得我们去借鉴。

1. 与学校领导的重视密不可分

青岛四十四中的领导班子非常重视教师的职业规划工作，能够统一思想认识，把该项工作作为促进教师专业发展的一个重要手段，成立专门的领导小组，制定相关的管理制度，制定学校教师职业规划的方案，拨出专门的研究和培训经费等，有力地保障了教师职业规划工作的开展和落实。

2. 与行政推动密不可分

青岛四十四中从学校层面出发，全面推行教师职业规划，要求除了小部分年龄偏大的教师之外，全校教师都必须开展职业规划的制订工作，这打消了部分教师观望和置身事外的念头。

3. 与借助外力密不可分

一方面，青岛四十四中通过聘请专业的机构对教师个人情况进行科学的分析，帮助教师明晰自己的发展努力方向，同时积极指导教师制定个人的职业规划，减少了教师在进行职业规划的随意性，让教师的职业规划更科学和合理；另一方面，青岛四十四中能积极与上级教育主管部门沟通，争取上级的支持，为学校进行的教师职业规划提供了重要的指导和支持。此外，学校也和当地的教科研单位沟通，将教师的职业规划作为一项重要的研究课题进行立项研究，有效地促进了学校的教师职业规划工作的开展。

4. 与有效的评价密不可分

青岛四十四中通过多元的评价方式，让教师们体验成功带来的乐趣，大大地提高了教师参与职业规划的积极性，激发起教师们渴望获得成功的欲望。

案例5：克服职业倦怠促进学校内涵发展

随着社会快速发展，人民群众对优质教育的需求也越来越高。要促进教育事业的全面、协调、可持续性发展，教师队伍建设是最关键的一环。很多人认为，教师是个很好的职业，工作清闲，假期多，收入稳定，社会地位也比较高，相较其他行业，教师应该比较容易保持一个积极进取的工作状态。可实际情况却并不乐观，据研究资料显示，全国大约有16%的中小学教师存在着职业倦怠的问题。如何帮助教师克服职业倦怠，实现可持续性发展，是学校提升教育质量，内涵发展，培养国际化、创新型人才的关键。在这个问题上，深圳南山外国语学校、深圳龙岗外国语学校、大连第八十中学、重庆第五十七中学等学校给我们提供了许多有益的借鉴。

一、案例分析

（一）优化外部管理，提升办学品质

1. 学校简介

深圳市南山外国语学校由深圳市南山区政府创办于1995年9月，经过多年的发展，学校已成为一所集幼儿、小学、初中、高中为一体的现代化集团学校、省一级学校、省绿色学校。学校位于深圳市高新技术园区,"高中部""高新部""文华小学部""科苑小学部""幼教部"五部六校区星罗分布于深南大道两翼,占地面积为67109.2平方米,建筑面积为43923.84平方米。现有124个教学班,共有学生5481人。在497名(正编191名)教师中,有高级职称69人,中级职称165人;博士1人,硕士27人,学士296人;特级教师5人;海归教师7人;外籍教师5人。

2. 主要做法

深圳市南山外国语学校是一所年轻的实验型的学校,学校战线长,涵盖四个学段,很难用一套标准化系统去管理,容易诱发教师之间的比较,产生不公平感和工作情绪波动,从而产生倦怠,影响学校整体的均衡与协调发展。面对这个问题,该校积极探索集团化办学,充分借用外部之力,促学校内涵发展,缓解教师职业倦怠,实现师生共同成长,成为政府主导下的集团化探索先行者。

(1) 营造良好办学环境。加强组织领导,成立南山区集团化办学领导小组;建立政策协调、上下联动、各方协同创新的改革推进机制,加大支持力度;充分发挥新闻媒体作用,加大宣传力度,坚持典型示范、以点带面,对集团化办学中涌现出的"家门口的好学校",以及推进集团化办学的经验与成效的及时总结和宣传,引导和动员全社会重视、关心、支持基础教育改革和发展,形成全社会理解、支持集团化办学的良好环境。

(2) 理顺外部关系,突出办学自主权。发挥政府对集团化办学的统筹规划、综合协调、政策保障和监督管理作用,创新教育行政部门对教育集团管理模式,建立科学评价机制,引导教育集团健康发展。赋予教育集团更多自主发展和内部管理权,鼓励教育集团灵活选择发展模式,激发办学活力。一是坚持全区统筹,特色发展,落实"一校一策"。设点布局教育集团,强化顶层设计。针对不同类型集团制定不同的扶持方案,鼓励优先发展、特色发展。二是坚持"放管服"结合,完善机制,激发办学活力。强校放权、放管结合、优化服务,激发学校发展的积极性、创造性,形成办学优势。三是坚持科学管理,内涵发展,提升教育品质。改革集团化办学内部治理体系和治理模式,打破校际壁垒,通过办学理念辐射、骨干教师流动、教学资源共享、设备场地共用等,加强集团内涵建设,提升教育品质。

(3) 强化学段衔接,锻造优质基础教育"全链条"。优化现有模式,先行先试,探索多元办学,不断完善南山集团化办学模式,凝练南山经验。积极探索优质小学向九年一贯制扩展、优质初中和高中连体办学,或相同学段学校一体发展的"教育联盟""教育共同体"等新模式。加强幼儿园与小学,小学与初中,初中与高中的衔接教育。强化九年一贯制在培养目标、课程设置、办学特色等方面一脉相承,一以贯之,使人才培养更加持续连贯。

(4) 引导社会参与，形成教育合力。学校充分利用南山高等院校、科研院所、高新企业聚集，社会贤达办学意愿强烈等优势，按照"积极鼓励，大力支持，正确引导，依法管理"的要求，鼓励社会力量参与集团化办学，引入基金会参与办学，在全区形成政府主导、多方支持和参与教育的良好局面。

(5) 促进教师流动，打造名优教师成长"加速器"。进一步完善集团各类教育资源共建共享机制，建立集团智库，完善集团内人才流动制度，以名师工作室、挂职锻炼等形式走校上课，建立集团内教师常态交流机制，充分发挥名优教师辐射引领作用。

(6) 丰富办学内涵，担当发展素质教育"试验田"。充分发挥集团优势，落实开放、共享发展理念，遵循教育规律，注重构建校际联动、协同推进、合力育人的体制机制，创新教育教学内容和方式。聚焦学生核心素养和关键能力，构建科学的教育教学质量评价体系，立德树人、全面发展，使集团各成员校成为全面实施创新教育和素质教育的"试验田"。

这所年轻的、绿色的、充满活力的、富有特色的学校，正在集团化办学的组织架构下，以精心的规划、精细的管理、精干的领导团队、精美的文本系统、精良的教学设施、精深的文化积淀、精彩的校园生活、精湛的教艺、精英的学生，打造精品学校，信心百倍地向"跻身全国知名外语学校行列"迈进。

(二) 强化内部管理，打造优良文化

1. 学校简介

(1) 深圳市龙岗区外国语学校。该校是龙岗区直属学校。学校自然景色优美，人文环境优越。学校占地面积为3.64万平方米，建筑面积为2.24万平方米。办学规模：小学部24个班，初中部24个班。秉承"与美好同行，与国际接轨"办学理念，遵循"至善至美"的校训，以"引领师生走向美好"为办学使命，以文化引领发展，以名师培养学生，以特色彰显品质，以把学生培育成"有民族灵魂、有国际视野、有优雅气质"的学子为办学目标。

(2) 大连市第八十中学。该校是一所九年一贯制学校，学校总占地面积为3万余平方米，建筑面积为21289平方米，校园内古木参天，绿树成荫，有着幽雅宁静治学环境。学校不断完善管理措施和制度，坚持依法治校，依法治教，以"发展学生特长，弘扬学生个性，培养适应未来社会发展需要的人才"为办学目标，以"创建规范加特色学校，培育合格加特长学生，培训胜任加特点教师"为宗旨，实现了学校管理规范化、教学设施现代化、师资队伍建设系统化、教研教改系列化、监测评估科学化。

2. 主要做法

(1) 文化引领，形成良好价值观。

深圳龙岗外国语学校（以下简称龙外）崇尚道家的万物自然化生，主张道法自然，提倡亲静守柔，以柔克刚，设计了一个"不尚贤，使民不争；不贵难得之货，使民不为盗；不见可欲，使民心不乱"的管理氛围，全校教师精力不再关注在个人利益得失的争斗上，而是更多地集中到了专业提升、课程研究、科研课题、学生研究等方面来，全校氛围和谐，教师面貌积极向上，群体战斗力较强，故龙外在2014—2017年连续三年中考成绩名列龙岗区第一，深圳市前列。

学校提倡教师从三个方面来调适自身应对职业倦怠的能力：

一是导入正能量，树立正确的价值观，生活有奔头，才会珍惜生命、热爱生活，保持积极向上的心态。

二是鼓励老师做一个拥有生活情趣的人，或养花、垂钓，或读书、写作，再或是摄影、旅游等。老师们都会从自己感兴趣的事情中体味到精神的满足，提高了生活质量，职业倦怠发生的概率也就下降了。

三是强调反思，帮助老师培养辩证思维，提高认识能力。学校非常强调反思，鼓励老师做一个有内省能力的人。比如要求老师们常常反思自己的教学是否适合教学对象的实际、教学内容是否合理、目标是否明确、方法是否得当以及自身在教学中的模范作用是否得到了发挥。在整个教学前、中、后反思的每个环节中，学校指导教师可以采取一些简单方便的反思形式，如撰写教学案例、个人成长经历和教学日记等，可以采用较为直观有效的方式，如进行教学录音或录像等，也可以采用多维的方式，如针对学生的教学态度、方法而发放的学生问卷调查以及同行的教学意见及建议调查表等。

教学反思促进了教师对教学中出现的问题进行主动积极地探究并找到解决问题的方法，有助于丰富他们的教学知识、方法和经验，不断提升教学的科学性和合理性，最终促进教师专业自我发展能力的提高，减少教师职业倦怠的产生。

（2）科研兴教，推动专业发展。

"科研兴教、科研兴校、科研兴人"是大连第八十中学的响亮口号。在这所学校，教师的职业发展与学校的内涵发展紧密结合，形成了良好的循环，呈现出欣欣向荣的面貌。帮助教师找到职业发展的道路，不断提高教师职业生涯的天花板，一方面克服了教师的倦怠的心理，另一方面推动了学校的教育教学工作的跨越式发展。

该校坚持向科研要质量，以科研求发展，先后承担国家级科研课题4个、省级课题6个、市级课题8个，并取得了阶段性成果。教科研促进了教师教育观念的更新，促进了教学改革，促进了校本教研如火如荼开展，使课堂焕发出了生命的活力，创造了教育的高质量。连续十多年来，学生升学考试成绩均名列区前茅，该校多次获得"最佳教学成绩奖"。

该校积极鼓励教师精研国家课程，有计划、有步骤地组织教师编写与之配套的校本教材。教师们分学科内部以现行国家教材设计的学习单元为主，以学科课程标准要求为依据，以遵循学生思维发展规律为原则，以学生体验为线索，对课程进行多种路径的整合，在具体实施时，尽量保留教材设计的单元主题，认真研读课程目标，明确一个单元在教材、整个学段知识结构中的地位和作用，对其课时目标进行细分，做到课程目标准确全面、整合目标明确细致；然后，再对该单元的学习内容进行增删、调序、重组、融合，使之转化为"自己的课程"，也便于创造性驾驭教材，变以往的"教教材"为"用教材"，在学科之间找到整合的联系点，年级间统筹规划，形成整合性课程，减少因学科间教学内容重复而造成的课时浪费和负担加重。在这样的教材整合过程中，教师的个人能力得到提升，教学充满活力和激情，增强了教师的成就感和幸福感，降低了职业倦怠感，同时也提升了办学水平。

二、分析与思考

（一）职业倦怠的发生

职业倦怠是指个体长期处于工作压力情境下所出现的躯体、情感和认知的综合衰竭状态。职业倦怠往往发生在那些与"人"相关的工作的人身上，是在处理与"人"相关的问题时产生的压力以及情感郁结的反应，尤其当这些人陷于困境之中或遇到问题之时，职业倦怠更容易发生。教师正是这样一个容易产生倦怠的高危群体。

1. 自身因素

教师的自身个性因素，如心理控制源、人格的不同、对教师本身工作的期望、面临问题时的应对策略、自尊和自信和对人生意义的理解等，都会影响教师职业倦怠的产生。

相关研究数据表明：心理控制源是职业倦怠的有效预测变量，外控的教师因其将事件和成就归因于他人或机遇，因此其职业倦怠程度要高于内控的教师；A型人格的人由于个性争强好胜，具有时间紧迫感和充满成功的理想特点，通常认为更容易产生职业倦怠；个体对工作以及自身过高的期望也会影响其职业倦怠程度，过高的期望会增加职业倦怠的发生的概率；但自尊和自信都与职业倦怠呈显著的负相关。职业倦怠的存在主义理论认为，职业倦怠是由于个体在生活和工作中存在意义的需要未能实现所致，有关人生意义与职业倦怠关系的量化研究也充分支持了这一观点。

2. 组织因素

职业倦怠是在工作中产生的，工作压力源以及其他组织水平上的变量是其产生的根本原因，也是需要重点关注的因素。学校作为一个复杂的社会组织，其组织氛围是教师个体心理的调节器，对个体行为既有助长作用，又有削弱作用。

首先是学生的行为的影响。学生是教师的服务对象，也是教师职业倦怠产生的重要因素。人口统计学变量中也指出：中学教师的职业倦怠发生率要明显高于小学教师和高等学校的教师，主要就是因为处于青春叛逆期的学生的不良行为较多，会直接增加教师的职业倦怠感。

其次是学校文化的氛围。学校是教师工作和活动的主要场所，如果学校的发展目标不明确，无法给予教师一个不断学习的环境，教师的职业倦怠水平就会很高。

3. 社会因素

教师职业倦怠的产生也是教师在全社会范围内进行比较产生不协调的表现。教师要在社会生活与教育过程中产生幸福感，避免主观的失落，产生职业满意、喜欢教育事业的情感，一方面需要使全社会对教师与教育有比较高的认可，另一方面也许更需要教师的行业与教师的角色在全社会的职业比较中处于比较有利的地位。正因如此，当全社会没有形成良好的尊师重教的风气，教育投入与教师收入不能得到充分保证时，教师的社会比较就会出现不协调的结果，产生职业倦怠。

（二）职业倦怠的影响

根据国际标准，职业倦怠包括三项指标：情绪衰竭、去人性化和低成就感。职业倦怠是一种明显的负面情绪，它会通过影响个体的身心健康进而影响工作绩效。职业倦怠不仅会影响教师个人的身心健康，还会对学校的教育质量和学生的未来发展带来消极影响。首先，在不良情绪的直接影响下，教师的日常教学管理工作将面临停滞不前的局面。其次，教师的职业倦怠严重影响到师生关系的和谐。职业倦怠非常容易导致情绪异常、易怒等问题，破坏了师生之间的关系平衡和信任感，学生非常容易产生逆反情绪。最后，教师的职业倦怠还会影响到人际关系的和谐。

我国教师职业倦怠现象相当严重，典型症状是工作满意度低、工作热情和兴趣的丧失以及情感的疏离和冷漠。如果不重视教师的职业倦怠问题，将会严重阻碍学校的正常发展。

三、借鉴与策略

从上文的分析可以看出，教师职业倦怠的产生源于社会、学校、教育工作与教师个人人格等多方面的因素，是一个综合性的问题。解决职业倦怠的最好办法，就是引导教师将个人发展与学校发展相结合，与教书育人相结合，提升教师工作的满足感、幸福感、成功感，进而推动学校的内涵发展。上文提到的几所学校，都从不同的角度给我们提供了有益的借鉴。

（一）优化外部管理层面

1. 塑造教师正面形象，创造优良育人环境

一方面要提倡全社会尊师重道，塑造教师新形象，增加教师对自己职业的认同感；对于教师在日常工作中取得的成就，应给予充分的肯定，让教师感到工作的意义，从而在工作中保持激情。另一方面，应加大宏观调控的力度，集中力

量，加大对基础设施与设备的投入力度，让办学条件得到进一步改善，增强学校综合实力，像南山区模式，通过集团化办学打造地方品牌教育，提高教师的就业满意度，从而促使教师在工作中保持较高的积极性和主动性。

2. 构建社会支点，提高教师地位

首先有关部门应该完善相应政策，提高教师待遇，减轻教师经济压力，让教师群体生活得更有尊严；其次要建立完善的社会支持系统，加强有关教育问题的立法力度，帮助教师分担压力，更好地维护教师们的正当权益，减轻教师对于职业前景的迷茫感。

3. 引导社会参与，整合各类资源，形成教育合力

深圳市南山区就充分利用南山高等院校、科研院所、高新企业聚集，社会贤达办学意愿强烈等优势，按照"积极鼓励，大力支持，正确引导，依法管理"的要求，鼓励社会力量参与集团化办学，引入基金会参与办学，在全区形成政府主导、多方支持和参与教育的良好局面。正是在全社会参与和集团化办学的大背景下，诞生了南山区外国语学校这样的优秀范例。

4. 促进教师成长，增加职业自豪感

只要每个人都能获得最好的成长，就能培养整个教师群体对职业的最强的认同感，这种认同感是驱散倦怠的重要力量。深圳南山外国语学校的人才培养网络非常完善，通过名师工作室、挂职锻炼等形式，提供多层次的个人提升渠道。建立集团内教师常态交流机制，充分发挥名优教师辐射引领作用，培养了健康的人才梯队，为集团的可持续发展提供了源源不绝的动力。

（二）强化内部管理层面

从学校管理层面看，应该要为教师创造良好的工作、学习和生活环境。这个环境不仅包括学校的软、硬件建设，还包括心理方面的良好氛围。要从制度合理、自主参与、肯定付出、改进评价等方面去帮助教师克服倦怠，更好地从事教育教学工作，在学校内部形成良性循环，不断促进学校的内涵发展。从我们走访的学校看，为了克服教师的职业倦怠，这些学校都在内部管理上下了很大的功夫，提供了富有本校特色的解决方案。

1. 营造积极、民主、和谐的学校氛围，培养心胸开阔、积极工作、快乐生活的教师群体

学校要注重文化建设与价值引领，多开展有益身心的活动，既可以缓解教师在教学过程中积累的压力，同时也可以促进同事之间的交流，增进集体的和谐。

比如，深圳南山外国语学校在全校倡导"四欣赏"。①领导四欣赏：欣赏下属、欣赏学生、欣赏家长、欣赏自己。②教师四欣赏：欣赏学生、欣赏同事、欣赏领导、欣赏自己。③学生四欣赏：欣赏老师、欣赏同学、欣赏父母、欣赏自己。④家长四欣赏：欣赏孩子、欣赏教师、欣赏学校、欣赏自己。这为学校营造

了良好的育人氛围，使以"科研引领，人才强校"为学校发展理念，以"教师和学生同步成才，个人与学校共赢发展"为教师队伍建设理念，以"为学生的终身发展奠基，对学生的一生幸福负责"为工作理念，以"做学生喜欢的老师，上学生喜欢的课"为工作目标的学校顶层设计得到较好的落实和实施。

2. 关注教师心理健康，帮助教师保持良好的自我调适能力

"打铁还需自身硬"不是一句无的放矢的话。身为人民教师，只有自身拥有一颗积极乐观的心，才能最大限度地缓解职业心理倦怠，更好地教书育人。身为人类灵魂的工程师，要面对各种纷繁复杂的状况，各种成长的问题，拥有高于普通人群的心理调适是非常重要的。法国作家罗曼·罗兰曾这样说："要撒播阳光到别人心中，自己总得心中有阳光。"在面对调皮的学生或者让自己变得焦虑的事情时，一颗从容的心会起到很大的作用。只有人民教师们都拥有积极乐观的态度，才能培育出阳光健康的四有新人。

深圳龙岗外国语学校以关注教师心态为出发点的做法也非常值得学习和推崇。在前文已经提到，该校鼓励教师回归本真，指向内部精神世界的充盈和丰富，主张道法自然，提倡亲静守柔，以柔克刚。弘扬"不尚贤，使民不争；不贵难得之货，使民不为盗；不见可欲，使民心不乱"的从容、平和的管理氛围，在潜移默化中引导全校教师把精力从关注个人利益转向专业提升、课程研究、科研课题、学生心理等方面来。全校氛围和谐，教师面貌积极向上，群体战斗力较强，在学校的发展中，每个老师也获得了比个人"单打独斗"更大的成长。老师们也就更加铆足了劲去推动集体的发展。学校还提倡教师们热爱生活、珍惜生命，做一个拥有高尚情操与高雅情趣的人，自觉地与低级趣味划清界限。为了提高生活质量和排遣在工作中产生的负面情绪，学校还鼓励老师在工作之余，培养积极健康的兴趣爱好，如养花、垂钓、读书、写作、摄影、旅游等。教师们从自己感兴趣的事情中体会到精神的满足和愉悦，个人生活得到了丰富，躁动的心态得到了平复，家庭氛围变得平和，生活质量得到很大提高，职业倦怠也于不知不觉中被驱散了。

3. 帮助教师保持提升专业水平的不懈动力

目前，影响我国教师专业发展的因素既有内在的因素，如教师的知识结构、理念和学习策略等，也有外在的因素，如学校的教学评教体系、培训政策、体系和途径等。从教师专业水平来说，提升自己的专业水平，在学术上不断创新都可以在一定程度上预防职业倦怠的产生。

身为教师，我们应该具备较高的专业理论水平，必须掌握系统的现代教育理论、学科理论和扎实的教育学知识，并以此指导自己的实践教学计划；同时要具有运用教育心理学知识提升自己教书育人素养的能力；此外要拥有较强的科研创新能力。有部分教师觉得自己已经拿到了相应的职称或是觉得自己所任教的科目

都吃透了，教学方法也已经掌握了，没有再继续进步的必要，于是就开始按部就班，职业倦怠自然而然产生了。其实，教育事业永远是年轻的，对教师来说，每一天都是不断学习新知识的过程，都是不断成长的。有这样观念的教师会有强烈的使命感、责任感，会拥有不断创新的能力，即使面对教过很多次的教材，也会重新备课、重新思考。在具有创新精神的教师眼里，太阳每天都是新的。

教学曾被比喻为"鸡蛋盒式专业"。因为一旦教室大门关上，教师就与外面的世界隔离，容易导致封闭。而保持敏锐，保持探索的心态，保持创新的能力，持续追求专业化发展是每个教师不可推卸的责任。孜孜不倦、精益求精、与时俱进的精神风貌，依然是教学之树常青的源泉。我们可以参与形式多样的教师专业化发展（教师的专业化发展是一个广泛的范畴，有个体的、合作的、观摩的、行动的等多个维度，是指以自己为资源，在教师整个职业生涯中，在知识、经验、态度等方面得到良性的、持续不断的发展）活动，比如参加教师研讨会、阅读教师杂志或学习新知识等。我们还可以通过网络教学来强化教师的专业技能，也可以便于我们对网络教学的组织形式、考核方式等都有更明确的了解。俗话说"知识就是力量"，通过增加知识，我们可以获得超越知识本身的力量，鼓舞士气。一旦教师对自己的专业成长负责，便能够使我们对自己的工作充满兴趣，避免职业倦怠的发生。

比如重庆第五十七中非常重视对教师专业水平提升的打造，学校以培养"文明修身、儒雅睿智、个性创新"的教师队伍为主线，以精神引领、课堂实效、智慧教学、提供展示平台等四大抓手促进教师队伍成长，学校内涵发展和教育教学品质的提升。伴随科学的制度导向和有效的过程管理，学校大力强化广大干部教师的质量意识、责任意识、课程意识、研究意识、发展意识、大局意识、全局意识，形成了全校良好的工作氛围和师生蓬勃进取的精神状态，教育教学不断实现跨越式发展。为避免教师职业倦怠的产生，针对教学模式的探索，重庆五十七中的理念是"教育不可移植，教学方式可以学习借鉴"，着重培养教师不同的充满个性特色的教学方法。重庆五十七中近年来迅速崛起，得益于教师队伍的打造，得益于学校探索符合自身特色的教学模式，可以用"团队、集体、智慧"三个关键词对教学模式进行解读。

教师产生职业倦怠，不是由某一件事情造成的，而是由来自社会、学校、工作任务、教学对象的以及人际关系等各个方面的压力共同造成的。这个问题的解决与学校发展紧紧相连，是促进学校内涵发展的重要因素。从上述学校的成功案例可以看出，帮助教师缓解职业倦怠，建设状态的良好教师队伍，进而推动学校的内涵发展，最终促进师生全面发展的理念、思路和做法是经得起实践考验的。

四、结论

总而言之，要减少教师职业倦怠，实现学校可持续性发展，必须优化育人环境，缓解教师的职业困惑与从业压力；优化内外管理，提高办学品质，提高教师对职业的认同感和自豪感；提供上升的渠道，保持教师认真工作的积极性和主动性。学校要重视教师的心理健康，把如何控制和缓解教师职业倦怠视为学校内涵发展的重要课题，积极探索、建立和实行立足于教师自主发展的综合发展模式，帮助教师全方位提升职业能力。只有教师发展了，才有学校的内涵发展，才有师生的共同成长。作为主体的教师本身要注重培养良好的心态，以良好的精神面貌积极适应不断变化的教学环境，善于学习、勤于反思、乐于合作，面对一切困难都能够做到从容应对；同时，以深刻的自我意识和自我观察为基础，不断进行反思性、合作型教学，通过切实的行动，追求并促进可持续性专业化发展。唯有如此，才能做到克服职业倦怠，促进教师专业的可持续性发展，促进学校内涵发展，最终实现师生共同成长。

第五章　优化学校内外管理的启示与建议

优化学校内外管理是学校内涵发展的驱动力，是提高办学质量和办学效益的需要。通过深圳、重庆、大连、青岛四座城市不同学校的实践案例，我们从五个方面进行了深入分析，结合广州学校的实际，借鉴成功的经验和做法，对加强本地学校内部管理、优化外部环境、促进内涵发展提出可借鉴的实践启示与建议。

 弘扬高尚师德，加强党建工作，健全师德长效机制

《国家教育事业发展"十三五"规划》明确指出：办好中国特色社会主义教育事业关键在党，必须牢牢掌握党对教育工作的领导权，为教育改革发展提供坚强的政治保证和组织保障。在新时期的教育发展中，通过加强党建工作，强化队伍的创新意识、服务意识、责任意识和"以人为本"意识，将全面从严治党要求落实到每个教师党支部和教师党员，把党的政治建设摆在首位，用习近平新时代中国特色社会主义思想武装头脑，充分发挥教师党支部教育管理监督党员和宣传引导凝聚师生的战斗堡垒作用，充分发挥党员教师的先锋模范作用。开展"不忘初心、牢记使命"主题教育，引导党员教师增强政治意识、大局意识、核心意识、看齐意识，自觉爱党、护党、为党，敬业修德，奉献社会，树立争做"四有"好教师的示范标杆。

通过加强党的领导，实施师德师风建设工程，发掘师德典型、讲好师德故事，加强引领，注重感召，弘扬楷模，形成强大正能量，是学校队伍建设的重要内容；注重加强对教师思想政治素质、师德师风等的监察监督，强化师德考评，体现奖优罚劣，推行师德考核负面清单制度，建立教师个人信用记录，健全师德长效机制，是促进新时代广州区域学校内涵发展的重要制度保障。

师德建设是学校工作中的重中之重，充分认识新形势下师德建设工作的重要性和紧迫性，要以加强党建工作为基础，集结思想，统一认识，让每一个党员团结在党支部周围，每一个群众团结在党员周围，形成合力，为师生的共同成长做好管理服务工作。

 树立一个高度，践行一种理念，统领学校内涵发展

办好教育必然要有理想追求。一所学校的校长，要以精神力量为核心，树立一个高度，树立正确的教育观和远大的目标。以"精神凝聚人心、爱心和责任激励奋斗进取、理念引领发展"的精神内涵，为学校发展提供精神支持。青岛二中能够取得巨大的办学成绩，成为国内素质教育的一面旗帜，主要得益于校长的教育理念和顶层设计——造就终身发展之生命主体，它根植于深邃的思考和办学的实践，是对学校文化的一种重要诠释。

当我们分析青岛二中的经验时，发现它始终从学生、教师、学校三个层面去设计育人目标、课程目标和教学目标，从可持续发展的角度去思考、提炼出学校的办学理念，在践行过程中转变了教师的教育观，树立以教师为本、以学生为本的理念，相信老师的潜力，激发了教师的内在动力。学校围绕"以创新人才培养"为基础的课堂教学理念，制定了"以思维能力培养为追求"的课堂教学目标，构建立体化的课程体系，制定发展性和过程性的教学评价办法，引领、激励、促进老师主动发展。

理念是一所学校的灵魂，理念可以引领教师发展，促进学校内涵发展。有思想的校长紧紧抓住办学理念的价值追求，构建基于核心素养的课程体系，实施有效的校本培训，着眼于学生的可持续发展，办出有灵魂的学校，带出有思想的教师，从而培养出一代有作为的学生。

三 借力政策支持，落实制度管理，促进教师专业发展

学校的发展需要关注核心的制度，关键的制度往往对整体的发展起决定性作用，要善于借助国家政策法规和上级部门的要求，制定能促进学校发展且要长期坚持产生实质效果的管理制度，这才是促进学校的内动力所在。在学校的管理制度中，往往有一些能起到关键的作用，这些制度把教师的专业发展与职务晋升、评先评优、分配的利益紧密联系在一起，无形地引领着教师朝着更高的发展目标不断去努力、拼搏。

借鉴深圳市翠园中学的经验做法，可以推行五项机制：年度目标处室责任制、常规工作部门负责制、重点工作民主议事制、创新工作集中点评制、绩效考核奖惩制，以充满生机和活力的竞争、激励、约束机制，为学校内部管理创新提供有效载体。

1. 年度目标处室责任制

每年开学初，学校根据上级教育部门的工作计划与各处室签订《处室工作年度目标责任书》，校长、分管领导、处室主任三方签字，制定详细的年度工作常规目标和创新目标。各处室围绕目标开展工作，学校定期召开目标调度会，加强过程监督、考核，学期末做好总结评价，目标完成情况透明公开，结果作为干部评价和任用依据。

2. 日常工作部门负责制

根据上级教育部门的管理要求，学校成立教育教学中心和服务督导中心，校长办公会成员兼任中心主任，全权负责学校的教育教学和后勤服务保障及检查督导工作，发现问题直接处理。两个中心成立后，德育与教学工作有了统筹安排，后勤服务质量与水平明显提高。日常教育教学工作实行级部负责制。级部是学校的基层管理单位，学校划分为六个级部，级部之间从常规工作、临时性工作、创新性工作三个方面开展竞赛，每月考核、中期调度、期末考评。级部负责制的推行，有利于团队精神的发挥，特别是级部开展的集体备课研讨活动，促进了教师的专业发展及课堂教学效率的提高。

3. 重点工作民主管理制

学校根据上级教育部门的工作管理要求，经全体教职工大会民主选举，成立校长议事委员会和学校民主管理委员会，每年换届选举。校长议事委员会是学校的参谋部，学校的重大决策先征求校长议事委员会的意见，然后讨论通过。民主管理委员会是领导与群众之间的连心桥，学校的各项规章制度经民主管理委员会广泛讨论、修改后公布。评优、晋级等涉及教职工切身利益的事情由民主管理委员会落实。每年度对学校领导干部的满意度测评、学校的所有大型采购和教职工的福利待遇，都交由民主管理委员会讨论、授权办理。

4. 创新工作集中点评制

由校长办公会牵头，定期或不定期地组织召开管理人员创新工作集中点评会议，级部主任、处室主任对分管工作进行阶段汇报总结，两个中心的主任、分管领导、校长分别点评。会上对问题提出解决方案，会后抓好督查落实。这样既监督调控了基层工作，又鼓励了工作创新，很好地落实了学校"常规工作抓落实，创新工作出精品"的工作思路，涌现出了很多有价值的创新案例。

5. 绩效考核奖惩制

根据上级教育部制定的教师绩效奖励方案和各级政策分规定，制定科学有效的考核评价方案，加强各种考核的过程管理，落实监督检查，及时公示结果，兑现奖惩。设立突出贡献奖、最佳成就奖、科研创新奖、教学成就奖等诸多奖项，学期末自我评价、自主申报，考核小组评审，民主管理委员会全程监督、全面参与，办公会审核通过，根据考核结果落实绩效奖励。

（四）关注个人发展，做好职业规划，克服教师职业倦怠

教师是学校的主人翁，学校可以利用校内外的有利条件，为他们提供良好的办公和生活环境。比如：装修、装饰个性化办公室，每周开展"温馨办公室"评选；为每间办公室配备摆设鲜花，发放咖啡、水果等，让教师们在温馨如家的氛围

中舒心工作；开设温馨舒适的教工餐厅，结合学校集体和领导的社会资源，想办法解决家庭和个人生活上的实际困难，解除教师们的后顾之忧；大型节日集体会餐，在亲如一家的氛围中，温暖人心，凝聚力量；装修温馨舒适的教工之家，购买体育锻炼器材，定期举办丰富多彩的文体活动，帮助教师调适心理、增强体质。

学校还可以为教师个人发展创造条件，做好职业生涯规划。学校领导班子要重视教师的职业规划工作，统一思想认识，把该项工作作为促进教师专业发展的一个重要手段，成立专门的领导小组，制定相关的管理制度，拨出专门的研究和培训经费全面推行教师职业规划；学校要借助外力，聘请专业的机构对教师个人情况进行科学的分析，帮助教师明晰自己的发展努力方向，同时积极指导教师制订个人的职业规划，减少教师职业规划的随意性，让教师的职业规划更科学和合理。学校在实施教师职业规划过程中，还应该与有效的培训和评价结合起来，提倡自我反思，倡导内省，在充满人性化的管理中，提高工作效率；全力支持教师外出培训学习，实行菜单式自选制，每位教师根据个人发展需要提出申请，进行针对性的职业培训，以增强职业的认同感，克服职业倦怠。

 利用校外资源，丰富课程体系，促进师生共同成长

为满足学生多样化、多层次的需求，充分利用校外大学及社区环境的优势，可以进行联合育人，合作开发、开设课程，丰富学校课程体系，拓宽学校多样化的育人渠道。

青岛二中充分利用校外的高校、企业资源建设创新实践基地，为学生创新素养提升提供有效指导；学校还通过"购买"服务，探索与高校、企业合作新模式。近几年，学校与中国海洋大学合作建立"校园起航"计划；与哈尔滨工业大学围绕机器人实验室合作共建实验基地；与电子科技大学围绕电子工程实验室合作共建实验基地；与海尔集团、软控股份、南车四方、401医院、海大、青理工、青科大等单位合作共建创新实践基地，这些基地为学生创新活动提供有效支持。学校也聘请校外专家定期到学校来进行教师培训以及大学先修课程的指导。丰富的校外课程资源、师资力量和优质的教育平台成为每一位青岛二中学生的共享资源。

教育的新发展，要满足学生个性化的发展，"让能飞得飞起来，让会飞的飞得更高"。学校单靠自身的力量开发课程、开设课程显然难以完全满足学生多样化、多层次的需求，必须敞开校门，统筹社会资源，建立开放性的课程体系。每一所学校周边总有其不可复制的与众不同的特色资源优势，学校要通过有意识发掘和统筹学校的特色地域资源，采取普高与高校合作，与科研机构合作，与当地的社会团体合作，与社区街道合作，与家长合作等适合自己学校实际情况的形式为课程的开发、开设建立长效的合作运行机制，借力外部资源，优化内外管理，

更好促进学校内涵发展。

参考文献

[1] 中华人民共和国教育部. 国家中长期教育改革和发展纲要（2010—2020年）［EB/OL］.（2010-07-29）. http：//old. moe. gov. cn/publicfiles/business/htmlfiles/moe/info_ list/201407/xxgk_171904. html.

[2] 中华人民共和国教育部. 义务教育学校校长专业标准［S/OL］.［2013-02-04］. http：//old. moe. gov. cn/ewebeditor/uploadfile/2013/02/26/20130226143634176. doc.

[3] 中华人民共和国教育部. 普通高中校长专业标准［S/OL］.［2015-01-10］. http：//www. moe. gov. cn/ewebeditor/upoladfile/2015/02/11/201 50211105432438. doc.

[4] 叶愿愿. 教育管理研究的当前态势——基于2011—2014年国际专业期刊的分析［D］. 上海：上海师范大学，2015.

[5] 王玉. 中小学管理研究主题的变化分析：以人大复印资料《中小学管理》为样本［D］. 金华：浙江师范大学，2012.

[6] 冯骏，陈建华. 学校内涵发展的意蕴与路径探析［J］. 教育科学研究，2016（6）：23-26，31.

[7] 郑金洲. 学校内涵发展：意蕴与实施［J］. 教育科学研究，2007（10）：23-28.

[8] 杨天平，屠江平. 教师专业发展概论：做人民满意的教师［M］. 重庆：重庆大学出版社，2012.

[9] 陈芬萍. 中小学教师专业发展面临的困境及对策研究［J］. 课程·教材·教法，2007（11）：78-81.

[10] 曾庆桂. 教师专业发展的策略研究［J］. 当代教育论坛，2008（12）：83-85.

[11] 车丽娜，韩登亮. 学校制度的规约与教师专业发展［J］. 江西教育科研，2007（3）：80.

[12] 张建伟. 反思——改进教师教学行为的新思路［J］. 北京师范大学学报（人文社会科学版），1997（4）：56-63.

[13] 张越，李斌. 筠连中学教师职业生涯规划影响因素及对策分析［J］. 经营管理者，2014（10）：88-89.

[14] 金连平. 中小学教师职业生涯规划的概念、问题及对策［J］. 上海教育科研，2010（9）：13-16.